"十三五"国家重点出版物出版规划项目

长江三峡工程文物保护项目报告 乙种第四十八号

重庆市文物局 重庆市水利局 主编

万州瓦子坪

山东博物馆
山东省文物考古研究院
重庆市万州区博物馆 编著

科学出版社

内 容 简 介

本书是长江三峡工程文物保护项目——万州瓦子坪遗址的考古发掘报告。瓦子坪遗址是西汉到六朝时期的家族墓地，其中东汉和六朝时期墓葬保存较好，随葬品较为丰富，侧面反映出峡江地区在东汉、六朝时期的文化面貌和生活习俗，尤其精美的青瓷器和金银饰品是峡江地区的首次发现。另外，在墓葬习俗、墓葬形制、砖纹等方面为峡江地区历史文化研究提供了全新的资料。

本书可供考古学、历史学等学科研究者，以及高等院校相关专业师生和广大文物考古爱好者阅读、参考。

图书在版编目（CIP）数据

万州瓦子坪 / 山东博物馆，山东省文物考古研究院，重庆市万州区博物馆编著. —北京：科学出版社，2024.6.
ISBN 978-7-03-078746-0

Ⅰ. K878.85

中国国家版本馆CIP数据核字第20241N0H74号

责任编辑：郝莎莎 / 责任校对：邹慧卿
责任印制：肖　兴 / 封面设计：陈　敬

科学出版社 出版
北京东黄城根北街 16 号
邮政编码：100717
http://www.sciencep.com

北京中科印刷有限公司印刷
科学出版社发行　各地新华书店经销

*

2024年6月第　一　版　开本：880×1230　1/16
2024年6月第一次印刷　印张：8 1/4　插页：34
字数：420 000

定价：280.00元
（如有印装质量问题，我社负责调换）

"13th Five-Year Plan" National Key Publications Publishing and Planning Project

Reports on the Cultural Relics Conservation
in the Three Gorges Dam Project
B(site report) Vol.48

Cultural Relics and Heritage Bureau of Chongqing
Chongqing Water Resources Bureau

TGCR

Waziping Site in Wanzhou District

Shandong Museum
Shandong Provincial Institute of Cultural Relics and Archaeology
Wanzhou District Museum of Chongqing

Science Press

长江三峡工程文物保护项目报告

重 庆 库 区 编 委 会

冉华章　江　夏　幸　军　任丽娟　王川平　程武彦　刘豫川　白九江

重庆市人民政府三峡文物保护专家顾问组

张　柏　谢辰生　吕济民　黄景略　黄克忠　苏东海　徐光冀
刘曙光　夏正楷　庄孔韶　王川平　李　季　张　威　高　星

长江三峡工程文物保护项目报告

乙种第四十八号

《万州瓦子坪》

主　　任：刘延常

副 主 任：卢朝辉　张德群　王勇军　高　震

委　　员（以姓氏笔画为序）：

　　　　于　芹　于秋伟　马瑞文　王　霞　王海玉

　　　　庄英博　孙承凯　李小涛　姜慧梅　徐文辰

主　　编：于秋伟　朱　华　刘梦雨

副 主 编：李大营　杨　波　常兴照　肖贵田　禚柏红

绘　　图：朱　华　刘梦雨

摄　　影：于秋伟

项目承担单位

山东博物馆

山东省文物考古研究院

重庆市万州区博物馆

目　录

第一章　地理位置 …………………………………………………………（1）

第二章　发掘经过 …………………………………………………………（2）

第三章　墓葬形制和出土器物 ……………………………………………（4）
　　一、西汉墓 ……………………………………………………………（4）
　　二、东汉墓 ……………………………………………………………（6）
　　三、六朝墓 ……………………………………………………………（70）

第四章　主要收获 …………………………………………………………（105）

第五章　结语 ………………………………………………………………（111）

后记 …………………………………………………………………………（113）

插图目录

图一　地理位置示意图 …………………………………………………………………（1）
图二　发掘区位置图 ……………………………………………………………………（3）
图三　2004CWWM11平、剖面图 ……………………………………………………（5）
图四　2004CWWM11器物组合 ………………………………………………………（5）
图五　2001CWWM1平、剖面图 ………………………………………………………（7）
图六　2001CWWM1器物组合 …………………………………………………………（8）
图七　2001CWWM4平、剖面图 ………………………………………………………（8）
图八　2001CWWM6平、剖面图 ………………………………………………………（10）
图九　2001CWWM6器物组合 …………………………………………………………（11）
图一〇　2001CWWM7平、剖面图 ……………………………………………………（12）
图一一　2001CWWM7器物组合 ………………………………………………………（13）
图一二　2001CWWM9平、剖面图 ……………………………………………………（14）
图一三　2001CWWM9器物组合（一） ………………………………………………（15）
图一四　2001CWWM9器物组合（二） ………………………………………………（17）
图一五　2001CWWM9器物组合（三） ………………………………………………（19）
图一六　2001CWWM10平、剖面图 …………………………………………………（20）
图一七　2001CWWM10器物组合 ……………………………………………………（21）
图一八　2001CWWM12平、剖面图 …………………………………………………（23）
图一九　2001CWWM12器物组合（一） ……………………………………………（24）
图二〇　2001CWWM12器物组合（二） ……………………………………………（25）
图二一　2001CWWM13平、剖面图 …………………………………………………（27）
图二二　2001CWWM13器物组合 ……………………………………………………（27）
图二三　2001CWWM14平、剖面图 …………………………………………………（28）
图二四　2001CWWM14器物组合（一） ……………………………………………（29）
图二五　2001CWWM14器物组合（二） ……………………………………………（31）
图二六　2001CWWM15平、剖面图 …………………………………………………（32）
图二七　2002CWWM1平、剖面图 ……………………………………………………（33）
图二八　2002CWWM1器物组合 ………………………………………………………（34）

图二九	2002CWWM2平、剖面图	（35）
图三〇	2002CWWM2器物组合	（36）
图三一	2002CWWM3平、剖面图	（37）
图三二	2002CWWM3器物组合图	（38）
图三三	2002CWWM5平、剖面图	（39）
图三四	2002CWWM5器物组合	（40）
图三五	2004CWWM3平、剖面图	（42）
图三六	2004CWWM3器物组合（一）	（44）
图三七	2004CWWM3器物组合（二）	（46）
图三八	2004CWWM3器物组合（三）	（47）
图三九	2004CWWM4平、剖面图	（48）
图四〇	2004CWWM4器物组合	（50）
图四一	2004CWWM5平、剖面图	（51）
图四二	2004CWWM5器物组合	（53）
图四三	2004CWWM6平、剖面图	（54）
图四四	2004CWWM6器物组合	（55）
图四五	2004CWWM7平、剖面图	（56）
图四六	2004CWWM7下层平面图	（57）
图四七	2004CWWM7器物组合（一）	（58）
图四八	2004CWWM7器物组合（二）	（59）
图四九	2004CWWM7器物组合（三）	（62）
图五〇	2004CWWM7器物组合（四）	（64）
图五一	2004CWWM8平、剖面图	（66）
图五二	2004CWWM8器物组合	（68）
图五三	2001CWWM8平、剖面图	（71）
图五四	2001CWWM8器物组合	（72）
图五五	2002CWWM6平、剖面图	（74）
图五六	2002CWWM6器物组合	（75）
图五七	2002CWWM7平面图	（76）
图五八	2002CWWM7器物组合	（77）
图五九	2002CWWM8平、剖面图	（78）
图六〇	2002CWWM8器物组合	（79）
图六一	2003CWWM1平、剖面图	（80）
图六二	2003CWWM2平、剖面图	（80）
图六三	2003CWWM4平、剖面图	（81）
图六四	2003CWWM4器物组合	（82）
图六五	2003CWWM5平、剖面图	（83）

图六六	2003CWWM5器物组合	（84）
图六七	2003CWWM6平、剖面图	（86）
图六八	2003CWWM6器物组合	（87）
图六九	2003CWWM7平、剖面图	（89）
图七〇	2003CWWM7器物组合	（90）
图七一	2003CWWM8平、剖面图	（92）
图七二	2003CWWM8器物组合	（93）
图七三	2004CWWM1平、剖面图	（95）
图七四	2004CWWM2平、剖面图	（96）
图七五	2004CWWM2器物组合	（97）
图七六	2004CWWM10平、剖面图	（99）
图七七	2004CWWM10器物组合	（99）
图七八	2001CWWM3平、剖面图	（100）
图七九	2001CWWM3器物组合	（101）
图八〇	2001CWWM5平、剖面图	（102）
图八一	2001CWWM5器物组合	（102）
图八二	2001CWWM11平、剖面图	（103）
图八三	2001CWWM11器物组合	（104）

图 版 目 录

图版一　　瓦子坪遗址全景（由南向北）
图版二　　瓦子坪遗址
图版三　　瓦子坪遗址墓葬场景
图版四　　瓦子坪遗址出土陶器
图版五　　瓦子坪遗址出土陶器
图版六　　瓦子坪遗址出土陶器
图版七　　瓦子坪遗址墓葬场景
图版八　　瓦子坪遗址出土器物
图版九　　瓦子坪遗址出土陶器
图版一〇　瓦子坪遗址出土陶器
图版一一　瓦子坪遗址出土陶器
图版一二　瓦子坪遗址出土陶器
图版一三　瓦子坪遗址出土陶器
图版一四　瓦子坪遗址出土陶器
图版一五　瓦子坪遗址出土器物
图版一六　瓦子坪遗址墓葬场景
图版一七　瓦子坪遗址出土器物
图版一八　瓦子坪遗址出土陶器
图版一九　瓦子坪遗址出土器物
图版二〇　瓦子坪遗址墓葬场景
图版二一　瓦子坪遗址出土陶器
图版二二　瓦子坪遗址出土陶器
图版二三　瓦子坪遗址出土陶器
图版二四　瓦子坪遗址墓葬场景
图版二五　瓦子坪遗址出土陶器
图版二六　瓦子坪遗址出土器物
图版二七　瓦子坪遗址出土陶器
图版二八　瓦子坪遗址出土陶器

图版二九　瓦子坪遗址墓葬场景
图版三〇　瓦子坪遗址出土陶器
图版三一　瓦子坪遗址出土陶器
图版三二　瓦子坪遗址出土陶器
图版三三　瓦子坪遗址出土器物
图版三四　瓦子坪遗址出土陶器
图版三五　瓦子坪遗址墓葬场景
图版三六　瓦子坪遗址出土陶器
图版三七　瓦子坪遗址出土器物
图版三八　瓦子坪遗址出土器物
图版三九　瓦子坪遗址出土陶器
图版四〇　瓦子坪遗址出土陶器
图版四一　瓦子坪遗址出土陶器
图版四二　瓦子坪遗址出土器物
图版四三　瓦子坪遗址墓葬场景
图版四四　瓦子坪遗址出土陶器
图版四五　瓦子坪遗址出土器物
图版四六　瓦子坪遗址出土器物
图版四七　瓦子坪遗址出土器物
图版四八　瓦子坪遗址出土瓷器
图版四九　瓦子坪遗址墓葬场景
图版五〇　瓦子坪遗址墓葬场景
图版五一　瓦子坪遗址出土瓷器
图版五二　瓦子坪遗址出土瓷器
图版五三　瓦子坪遗址出土器物
图版五四　瓦子坪遗址出土器物
图版五五　瓦子坪遗址墓葬场景
图版五六　瓦子坪遗址出土瓷器
图版五七　瓦子坪遗址出土瓷器
图版五八　瓦子坪遗址出土器物
图版五九　瓦子坪遗址墓葬场景
图版六〇　瓦子坪遗址墓葬场景
图版六一　瓦子坪遗址出土瓷器
图版六二　瓦子坪遗址出土器物
图版六三　瓦子坪遗址出土瓷器
图版六四　瓦子坪遗址出土器物
图版六五　瓦子坪遗址墓葬墓砖

图版六六　瓦子坪遗址发掘工作照
图版六七　瓦子坪遗址发掘工作照
图版六八　瓦子坪遗址发掘工作照

第一章　地理位置

瓦子坪遗址位于重庆市万州区五桥陈家坝办事处晒网村，地处长江南岸，西距万州市区约10千米。位于东经108°26′30″，北纬30°34′13″，海拔135～152米。整个遗址面积约10万平方米，北靠长江，东、西两面傍小河，南倚山峦，是一处平坦的坪坝，坝子原来传说为三王坝，后因渔民常在此晒渔网，且坝子又像一张撒开的网，故又叫作晒网坝。坝子呈东西狭长的形状，1995年南京大学在此地作考古调查，将坝子按照考古调查惯例分别称为瓦子坪遗址和塘坊墓群（图一；图版一、图版二）。

瓦子坪遗址位于长江岸边的二级台地上，地势平坦，地理位置优越。在考古勘探过程中，因为村庄占压的原因，未能在坪坝上发现先民的居住遗址。发掘成果主要为墓葬，时代延续从汉代到六朝，偶尔还有清代墓，反映出此地在汉代到六朝时期的繁荣场景。

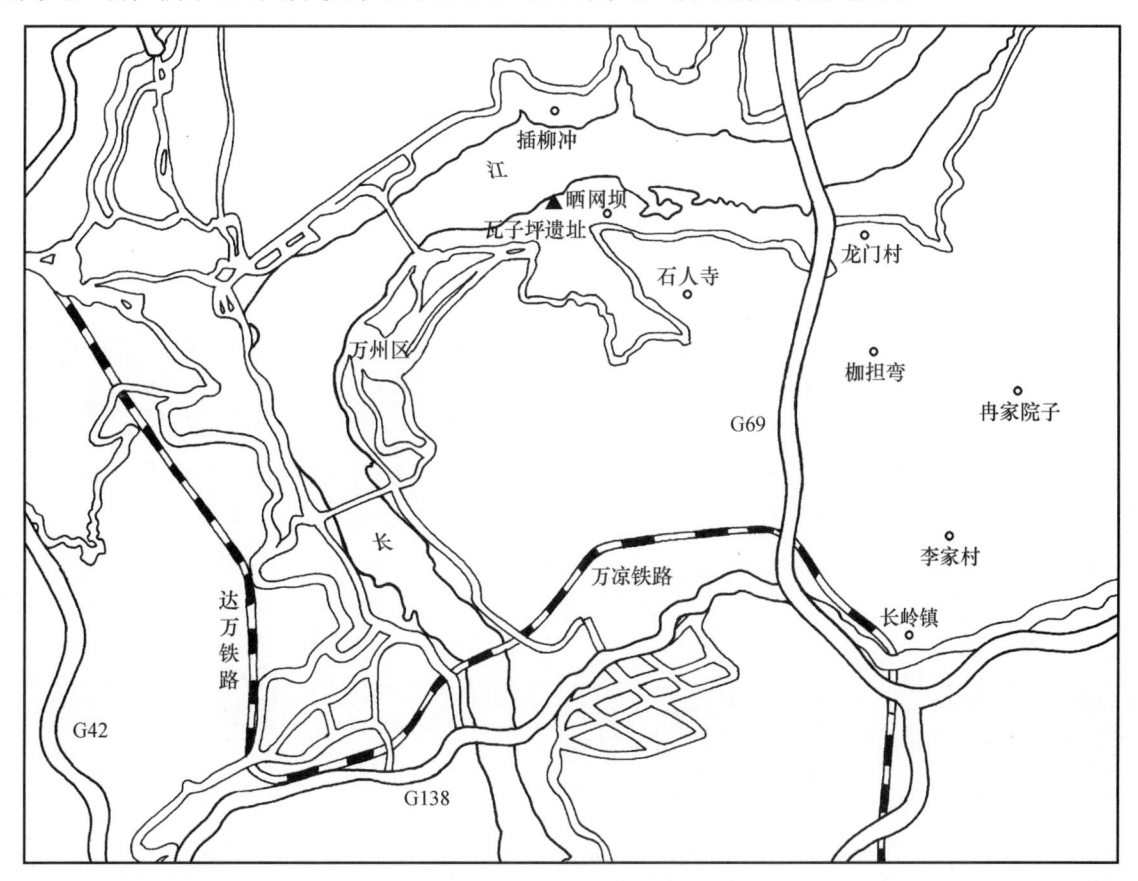

图一　地理位置示意图

第二章 发掘经过

为配合三峡水利工程建设，2001~2004年，山东博物馆考古队连续4年进行考古发掘（图二），发掘面积超过8000平方米，发掘西汉、东汉、蜀、六朝、清代墓葬逾100座，获得了一批重要的考古资料。

由于坝子面积较大，加之其上分布大量的民房，因此考古工作主要是在空地上的柑橘树林中进行的。首先按照年份划定了发掘区，在早期时，发掘区成片分布，面积较大，按照考古规范进行了考古钻探和布方发掘。其后，因为发掘区的不断缩小，加上地层简单，主要是墓葬发掘，因此不再布方，而是以钻探为基础，逐座墓进行发掘，同时进行考古绘图、照相等工作。在后期工作中，随着第一期移民工作的完成，我们在当地村落边缘也进行了部分考古工作。

第二章 发掘经过

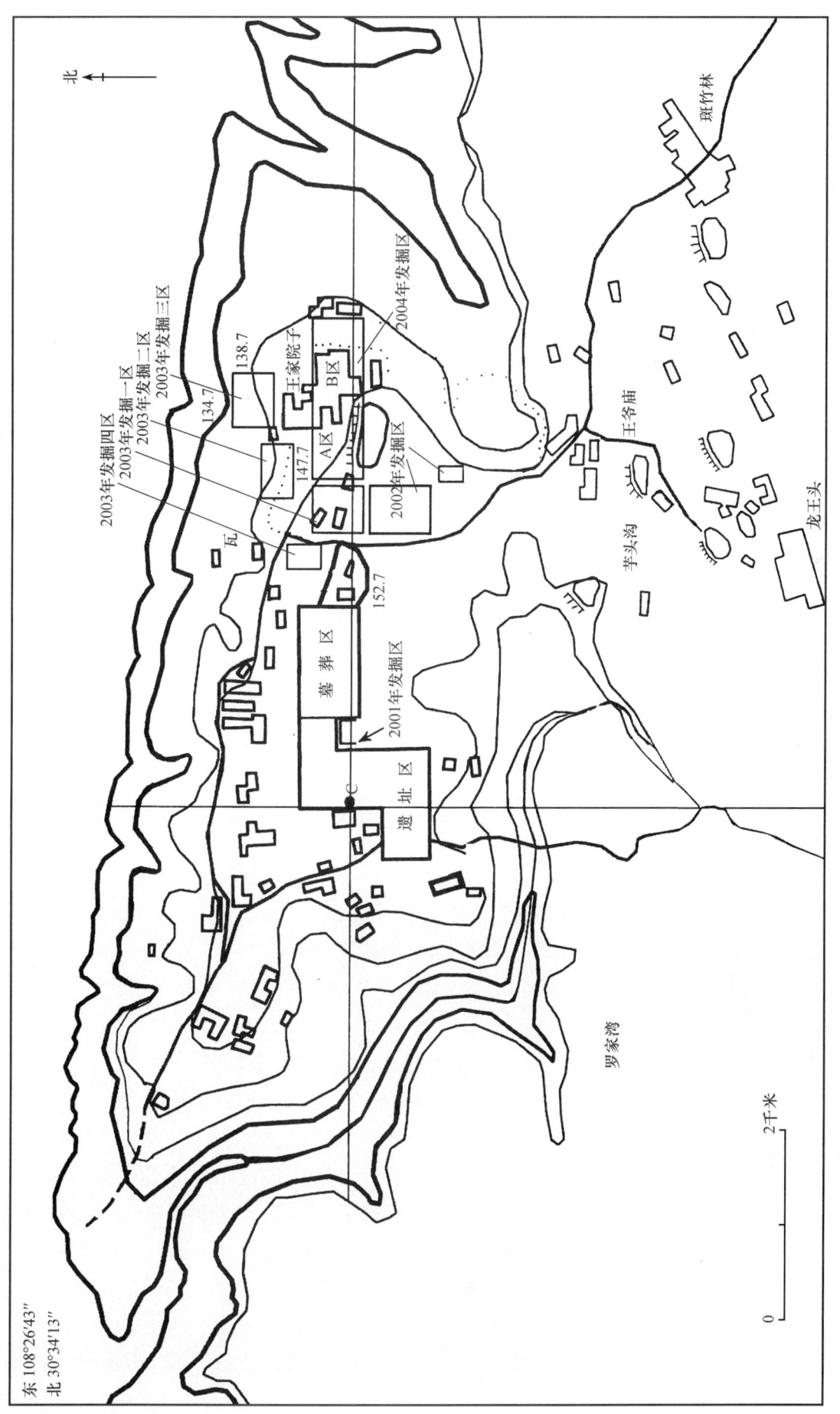

图二 发掘区位置图

第三章 墓葬形制和出土器物

在发掘墓葬中，以汉代墓葬数量最多，分布也最为广泛。汉代墓葬中，西汉墓葬较少，东汉墓数量多。其次是六朝墓葬较多，发现少量的蜀汉墓葬，还有零星清代墓葬。

下面将汉代和六朝墓葬按照墓葬形制和出土器物介绍如下：

墓葬编号采用原编号，就是年份+字母缩写+墓葬编号的形式，其中字母缩写第一位为"C"，代表重庆市；第二位为"W"，代表万州区；第三位"W"代表瓦子坪遗址。这次考古报告沿用原有的编号，不再重新编号。

一、西 汉 墓

瓦子坪遗址共发掘西汉墓1座，为竖穴土坑墓。

2004CWWM11

位于发掘B区的T1801内，墓向18°。

（1）墓葬形制

长方形竖穴土坑墓，墓口呈圆弧状，长1.82、宽0.91米。墓坑深0.18～0.3米。出土8件陶器，1件漆器。漆器腐朽，惟留余痕（图三；图版三，1）。

（2）葬具葬式

发现1件片状骨骼，应为动物骨骼，不见人骨。

（3）出土器物

陶器 8件，均为泥质灰陶，保存完好，鼎、盒、壶应是随葬器物组合。

鼎 1件。2004CWWM11：5，子母口，上腹壁稍直，圜底。三蹄形足略外撇，腹部中央有一道凸棱。圆鼓形盖，盖顶部饰三个"S"形纽。口径12.6、腹径15.8、通高16.6厘米（图四，1；图版四，1）。

盒 2件。2004CWWM11：7，子母口，上腹壁稍直，矮圈足。外壁有两道凹弦纹。盖的形体与盒身相对称，顶部亦有矮圈足。口径13.3、腹径16、底径5.4、通高13厘米（图四，2；图版四，2）。2004CWWM11：1与2004CWWM11：7形制相同。口径12.8、腹径15.6、底径5.4、通高12.2厘米。

壶 1件。2004CWWM11：8，喇叭口，束颈，折腹，圈足。上腹部饰一对铺首衔环和多道弦纹。盖和壶连成一体，盖顶部饰三个"S"形纽。口径7.4、腹径13.8、底径8.2、通高17厘

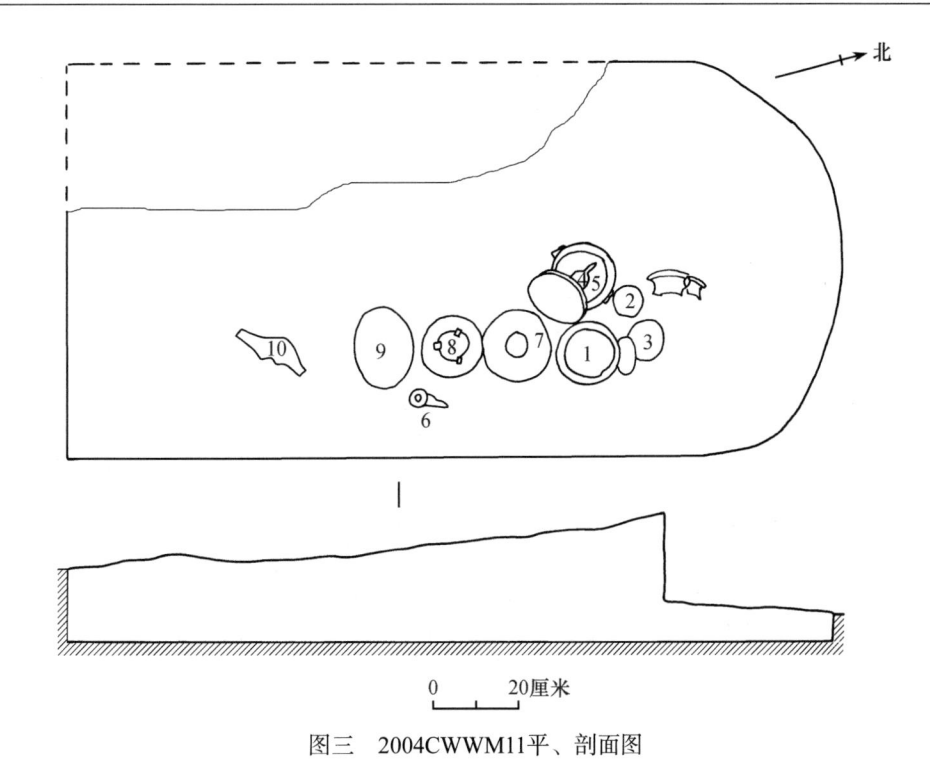

第三章 墓葬形制和出土器物

图三 2004CWWM11平、剖面图
1、7.陶盒 2、3.陶豆 4.陶勺 5.陶鼎 6.陶斗 8.陶壶 9.漆器 10.骨骼

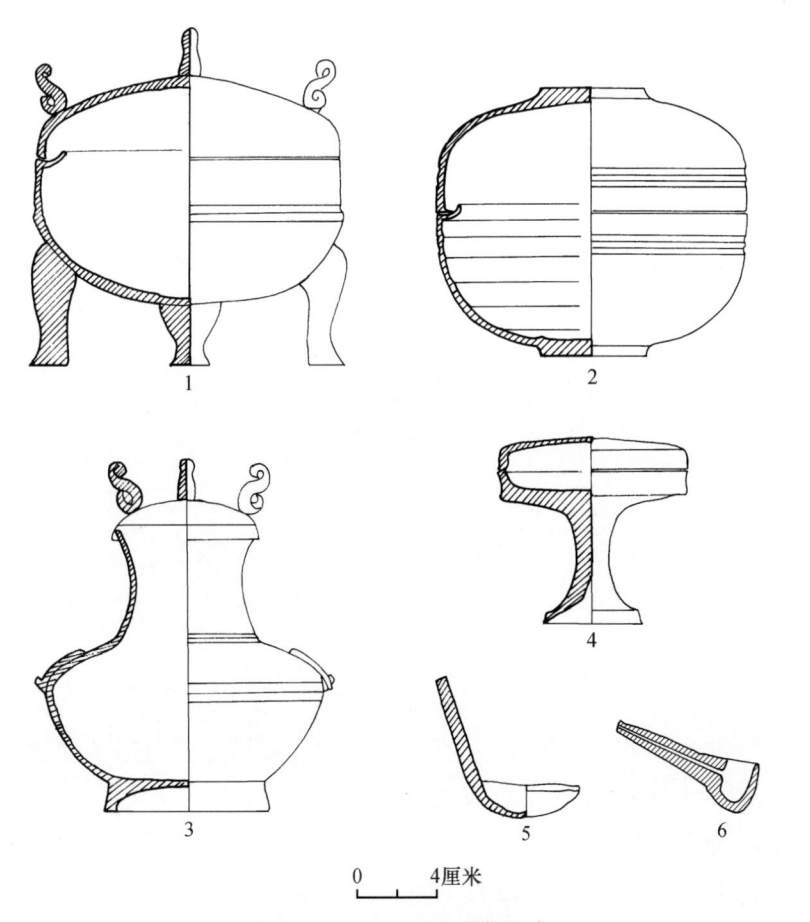

图四 2004CWWM11器物组合
1.陶鼎（2004CWWM11：5） 2.陶盒（2004CWWM11：7） 3.陶壶（2004CWWM11：8） 4.陶豆（2004CWWM11：2）
5.陶勺（2004CWWM11：4） 6.陶斗（2004CWWM11：6）

米（图四，3；图版四，3）。

豆　2件。2004CWWM11∶2，直口，浅盘，盘底近平，细柄，小圈足。有盖，直口，顶部微鼓。口径10、底径5.2、通高9.1厘米（图四，4；图版四，4）。2004CWWM11∶3与2004CWWM11∶2形制相同。口径9.4、底径1.6、通高7.2、器高1.6厘米。

勺　1件。2004CWWM11∶4，勺头平面呈椭圆形，敞口，浅腹，弧壁，圜底。细长柄，上端稍残。通体素面。口径6.4、高6.8厘米。出土时陶勺置于陶鼎（2004CWWM11∶5）内（图四，5；图版四，5）。

斗　1件。2004CWWM11∶6，整体呈烟斗状。平面呈圆形，圜底，长条形柄，中空，与斗相连。通体素面。口径1.7、柄长5.2、总长8厘米（图四，6；图版四，6）。

二、东　汉　墓

1. 2001CWWM1

位于发掘区东南部，方向190°。

（1）墓葬形制

砖室墓，平面呈"凸"字形，由墓道、甬道、墓室组成。墓道和甬道的前端被民房破坏，只残存墓底。甬道残长2.18、残高0.33米，甬道和墓室的东半部被破坏，根据墓葬土圹可以大体复原。墓室残长3.18、宽2.9、残高0.33米。墓室和甬道都采用单层砖错缝平砌，朝向墓室的一面均有模印的车轮网格形花纹。砖长44、宽20、厚10厘米（图五；图版三，2）。

（2）葬具葬式

因墓室被破坏，没有发现尸骨，甬道内发现头骨和肢骨，腐朽较甚，葬式不明。

（3）出土器物

陶器7件、骨环1件、五铢钱7枚。

陶器　7件。

罐　6件。分灰陶和红陶两种。

灰陶罐　2件。均为夹砂陶。2001CWWM1∶1，直口，短颈，直壁，平底。壁饰两道凹弦纹。口径7.6、直径9.8、底径7、高9.3厘米（图六，1；图版五，1）。2001CWWM1∶6，小口，短颈，宽肩，鼓腹，平底。有钵形盖。口径12、腹径16.5、底径10.4、高13.8厘米（图六，2；图版五，2）。

红陶罐　4件。2001CWWM1∶3，泥质陶。敞口，直领，宽肩，平底。口径7.7、腹径9.5、底径5.6、高5.8厘米。2001CWWM1∶7，夹砂陶。敞口，内折沿，凸腹。口径8、腹径7.6、底径4.4、高4.6厘米。2001CWWM1∶5，夹砂陶。小口，短颈，宽肩，直腹，平底。口径7.5、腹径12.4、底径7.6、高8.3厘米。2001CWWM1∶2，泥质陶。直口，溜肩，鼓腹，平底。口径5.8、腹径9.3、底径4.8、高6厘米（图六，3；图版五，3）。

钵　1件。2001CWWM1∶4，泥质灰陶。口微敛，圆唇，弧壁，小平底。口径13.4、底径5.6、高5.6厘米（图六，4；图版五，4）。

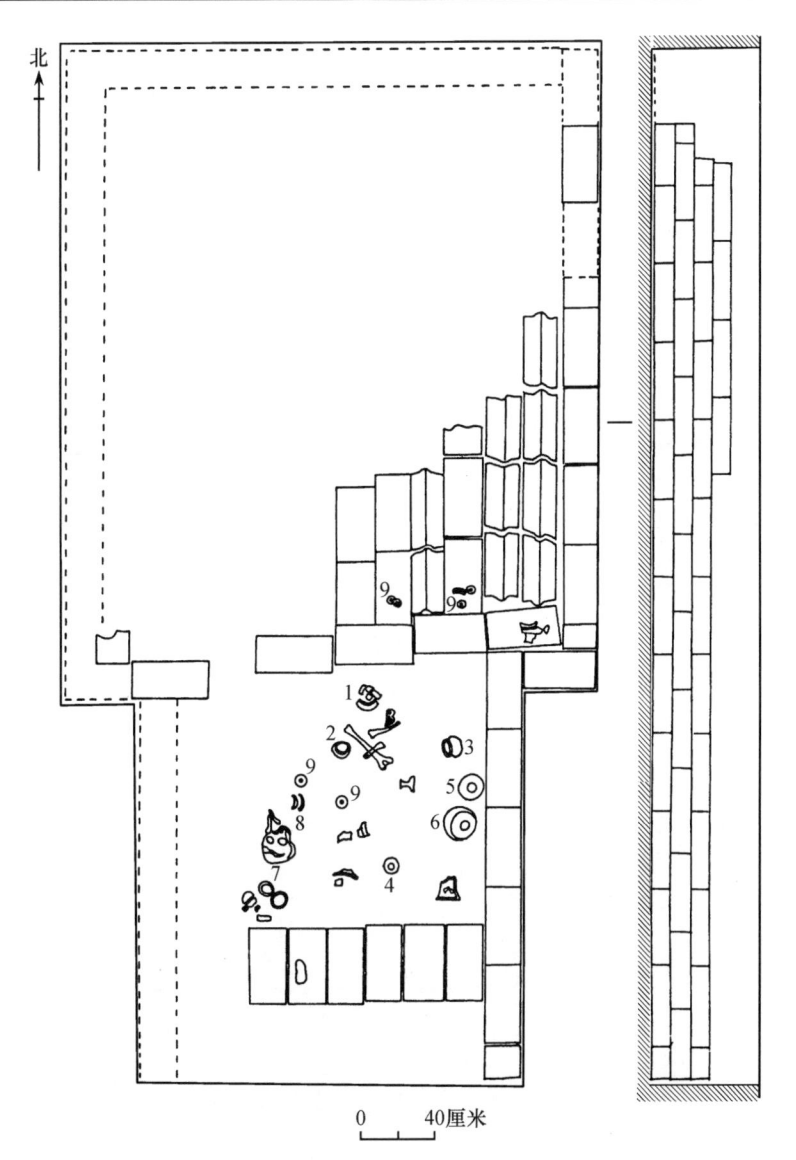

图五　2001CWWM1平、剖面图
1~3、5、7. 陶罐　4. 陶钵　6. 盖罐　8. 骨环　9. 五铢钱

骨环　1件。出土时已经残断，未能复原。

五铢钱　7枚。标本2001CWWM1:9，钱质较差，方孔圆钱，正面有轮无郭，背面轮郭俱全。钱文篆书，文字清晰，字体中宽。"五"字中间两笔交叉弯曲；"铢"字的金字头呈镞形、与"朱"等齐，"朱"字上部圆折、下部方折。直径2.4~2.7厘米。

2. 2001CWWM4

位于发掘区南侧，方向192°。

（1）墓葬形制

砖室墓。因民房占压，导致墓葬甬道被破坏，墓室残长4.16、宽2.84、残高0.66米（图七；图版七，1）。以车轮、钱纹和细密菱形装饰的花纹砖单层起砌（图版七，2），铺地砖也遭破坏，券顶不存，墓室里发现几何纹的榫卯砖，应是券顶砖。

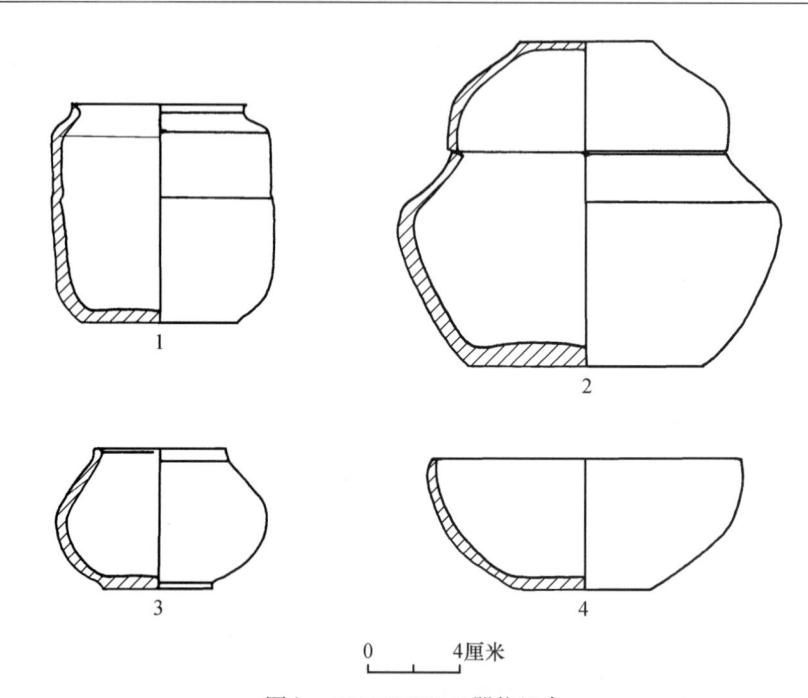

图六　2001CWWM1器物组合
1. 灰陶罐（2001CWWM1：1）　2. 灰陶盖罐（2001CWWM1：6）　3. 红陶罐（2001CWWM1：2）
4. 陶钵（2001CWWM1：4）

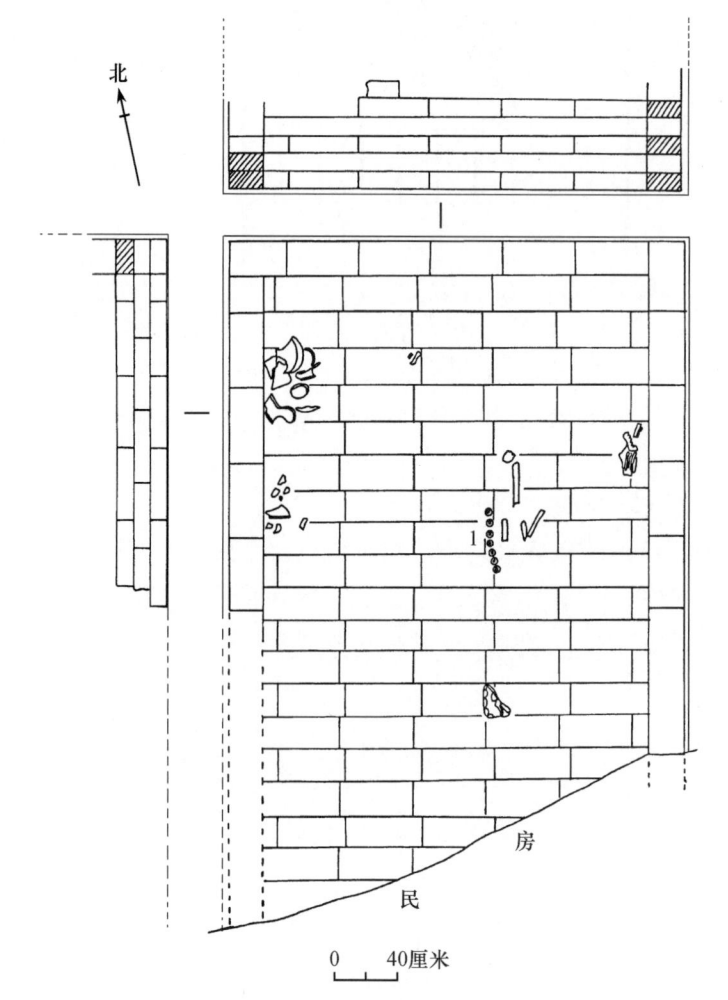

图七　2001CWWM4平、剖面图
1. 铜钱

（2）葬具葬式

墓室内尸骨只有零星的肢骨，腐蚀较重。

（3）出土器物

随葬器物少，残存的也无法修复，五铢钱均锈蚀。

3. 2001CWWM6

位于发掘区北侧，方向346°。

（1）墓葬形制

砖室墓，平面呈长方形。墓室长2.68、宽1.96、残高0.2～1.3米。墓壁采用单层花纹砖错缝平砌，墓砖花纹有四种（A、B、C、D）：A为十字交叉纹，B为网格菱形纹，C为十字车轮纹，D为连续菱形纹。砖长36～42、宽18、厚10～11厘米。铺地砖既有梯形子母口砖，也有平砖，墓口处已经不存（图八；图版七，3）。

（2）葬具葬式

腐朽严重，只见零星尸骨，个体及葬式不清。

（3）出土器物

陶器9件、五铢钱34枚。另外有蜻蜓眼式的料珠出土，惜石质太差，没有保存下来。

陶器　9件。

熏炉　1件。泥质红陶。2001CWWM6：2，子母口，浅盘，短柄，覆钵足。有盖，整体呈覆碗形，半圆形纽。盖上饰刻划网格纹。口径6、底径9.1、盖径8.4、通高11.7厘米（图九，1；图版五，5）。

灯　1件。泥质红陶。2001CWWM6：3，敞口，平沿，圆唇，浅盘，短柄，覆钵足。口径8.5、底径8.7、高7.5厘米（图九，2；图版五，6）。

杯　1件。泥质红陶。2001CWWM6：4，敞口，圆唇，窄平沿，筒形，有单把手。腹部下侧有一周凹槽。口径6.2、底径4.5、高4.5厘米（图九，3；图版六，1）。

魁　2件。泥质红陶。2001CWWM6：5，敛口，平沿，弧腹，平底，整体呈钵形，一侧有把手。腹部饰一周凹弦纹。口径11、底径4.5、高3.9厘米（图九，4；图版六，2）。2001CWWM6：10，敛口，平沿，上腹微鼓，下腹内收，平底。有条形单柄。口径4.5、底径3.8、高3.8厘米（图九，6；图版六，3）。

罐　1件。泥质红陶。2001CWWM6：6，敛口，平沿，宽肩，折腹，平底。内有数十枚铜钱，锈蚀重。口径7.7、腹径9.9、底径4.8、高5.2厘米（图九，7；图版六，4）。

钵　2件。泥质红陶。2001CWWM6：7，敞口，斜壁，平底。口径13.2、底径5.2、高4.1厘米。2001CWWM6：8，方唇，卷沿，斜壁，平底。口径13、底径5、高4.4厘米（图九，5；图版六，5）。

釜　1件。泥质红陶。2001CWWM6：9，侈口，小折沿，圆腹，平底。有两耳（残一）。口径9、腹径9.2、底径7.2、通高6厘米（图九，8；图版六，6）。

五铢钱　34枚。普通五铢29枚，标本2001CWWM6：1-1，直径2.4～2.6厘米。剪轮五铢5枚。标本2001CWWM6：1-2，直径2.2～2.3厘米，质地较差，锈蚀较重（图版八，1）。

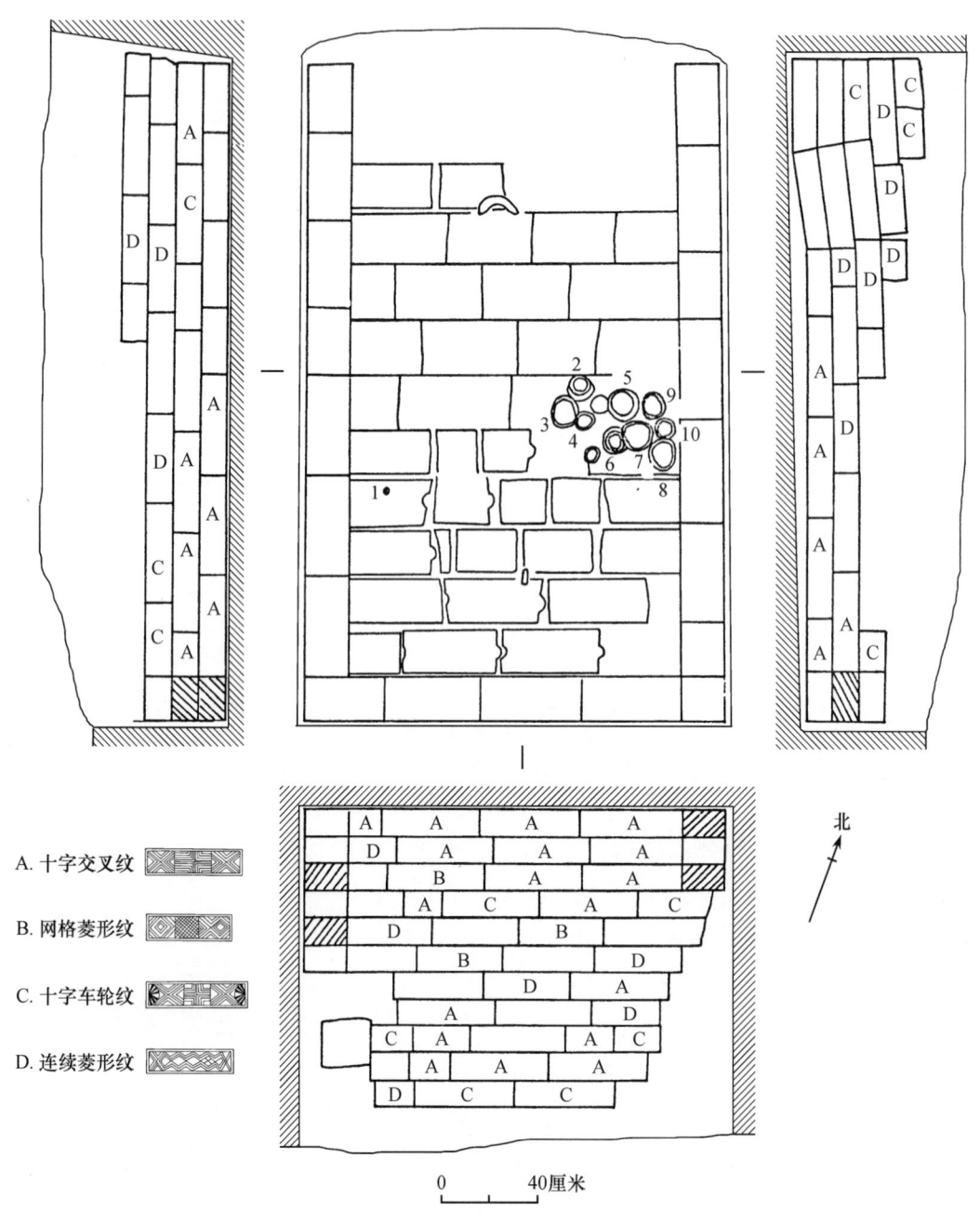

A. 十字交叉纹
B. 网格菱形纹
C. 十字车轮纹
D. 连续菱形纹

图八 2001CWWM6平、剖面图
1.五铢钱 2.陶熏炉 3.陶灯 4.陶杯 5、10.陶魁 6、9.陶罐 7、8.陶钵

4. 2001CWWM7

位于发掘区中心，方向329°。

（1）墓葬形制

砖室墓，平面呈长方形。墓室长3.2、宽1.58、残高0.76米，墓壁采用单层花纹砖错缝平砌，内壁有模印砖纹两种（A、B）：A为菱形纹，B为骑马出行纹。砖长38~42、宽20、厚10~11厘米，铺地砖采用平铺法，缝隙比较整齐，墓口处的铺地砖已经被破坏（图一〇；图版七，4）。

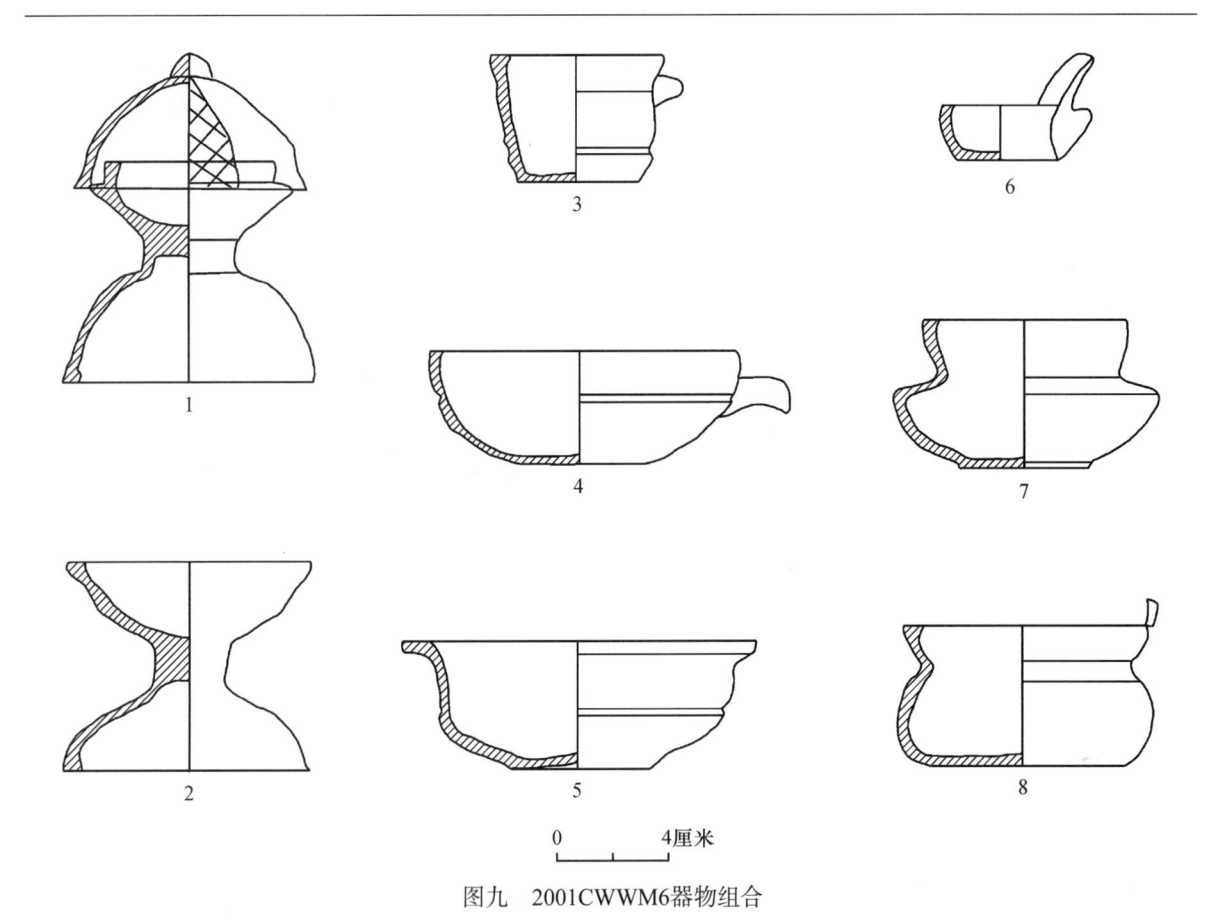

图九　2001CWWM6器物组合

1. 陶熏炉（2001CWWM6∶2）　2. 陶灯（2001CWWM6∶3）　3. 陶杯（2001CWWM6∶4）　4、6. 陶魁（2001CWWM6∶5、2001CWWM6∶10）　5. 陶钵（2001CWWM6∶8）　7. 陶罐（2001CWWM6∶6）　8. 陶釜（2001CWWM6∶9）

（2）葬具葬式

尸骨腐朽较甚，葬式不明。从头骨和肢骨判断，可能为两具尸骨，一具头向北，一具不明。未发现棺木痕迹。

（3）出土器物

陶器12件、铁釜1件、五铢钱12枚。

陶器　12件。

甑　1件。2001CWWM7∶6，夹砂灰陶。敞口，折沿，斜壁深腹，小平底。底有孔。口径29.5、底径13.4、高14.4厘米（图一一，1；图版八，2）。

罐　6件。分灰陶和红陶两种。

灰陶罐　3件。均为泥质陶。2001CWWM7∶3，敛口，平沿，圆唇，折肩，直壁，平底。腹饰凹弦纹。口径8.5、腹径12、底径6.5、高8.5厘米（图一一，2；图版八，3）。2001CWWM7∶8，敛口，折肩，直壁，平底。腹饰凹弦纹，有钵形盖。口径8、腹径11.3、底径6.6、盖径10、通高10.5厘米（图一一，3；图版八，4）。2001CWWM7∶9，敛口，平沿，圆唇，折肩，直壁，平底。口径7.7、腹径11.2、底径6.3、高8.3厘米。

红陶罐　3件。均为泥质陶。2001CWWM7∶2，直口，折沿，鼓腹，平底。口径7.8、腹径8.9、底径5.7、高4.5厘米（图一一，4；图版八，5）。2001CWWM7∶10，直口，折沿，鼓腹，平底。口径7.5、腹径8.9、底径5、高4.8厘米。2001CWWM7∶4，敛口，平沿，宽肩，折

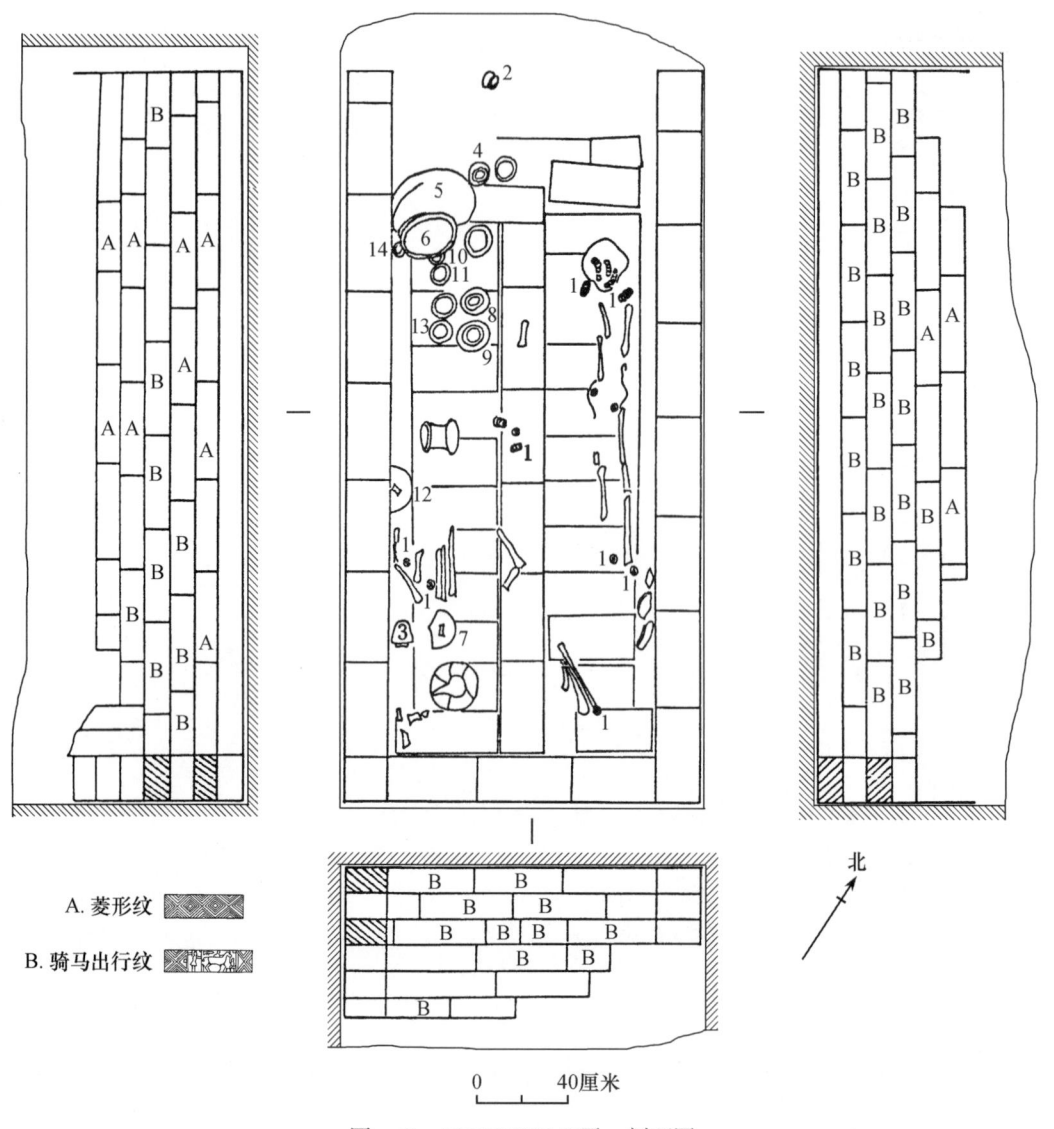

图一〇　2001CWWM7平、剖面图

1.五铢钱　2~4、8、9、14.陶罐　5.铁釜　6.陶甑　7、12.陶壶盖　10.陶杯　11.陶钵　13.陶盘

腹，平底。口径6.8、腹径9.7、底径4.8、高4.3厘米（图一一，5；图版八，6）。

杯　1件。2001CWWM7：14，泥质红陶。侈口，平沿，弧壁，平底。体形较小。口径9.4、底径4.5、高4.5厘米（图一一，6；图版九，1）。

盘　1件。2001CWWM7：13，泥质红陶。敞口，翻沿，弧壁，平底。口径12.2、底径9.7、高2.8厘米（图一一，7；图版九，2）。

钵　1件。2001CWWM7：11，泥质红陶。敞口，卷沿，弧壁，平底。口径9.9、底径7、高4厘米（图一一，8；图版九，3）。

壶盖　2件。均为泥质红陶，壶身残破未修复。2001CWWM7：7，覆钵形，有桥形纽。口径15.6、高4厘米。2001CWWM7：12，覆钵形，有环形纽。口径15.3、高5厘米。

铁釜　1件。2001CWWM7：5，侈口，折沿，鼓腹，圜底。口径22、腹径34.8、高29.8厘米（图一一，9）。

五铢钱　12枚。标本2001CWWM7：1，保存不好，锈蚀严重。直径2.3~2.5厘米。

图一一　2001CWWM7器物组合

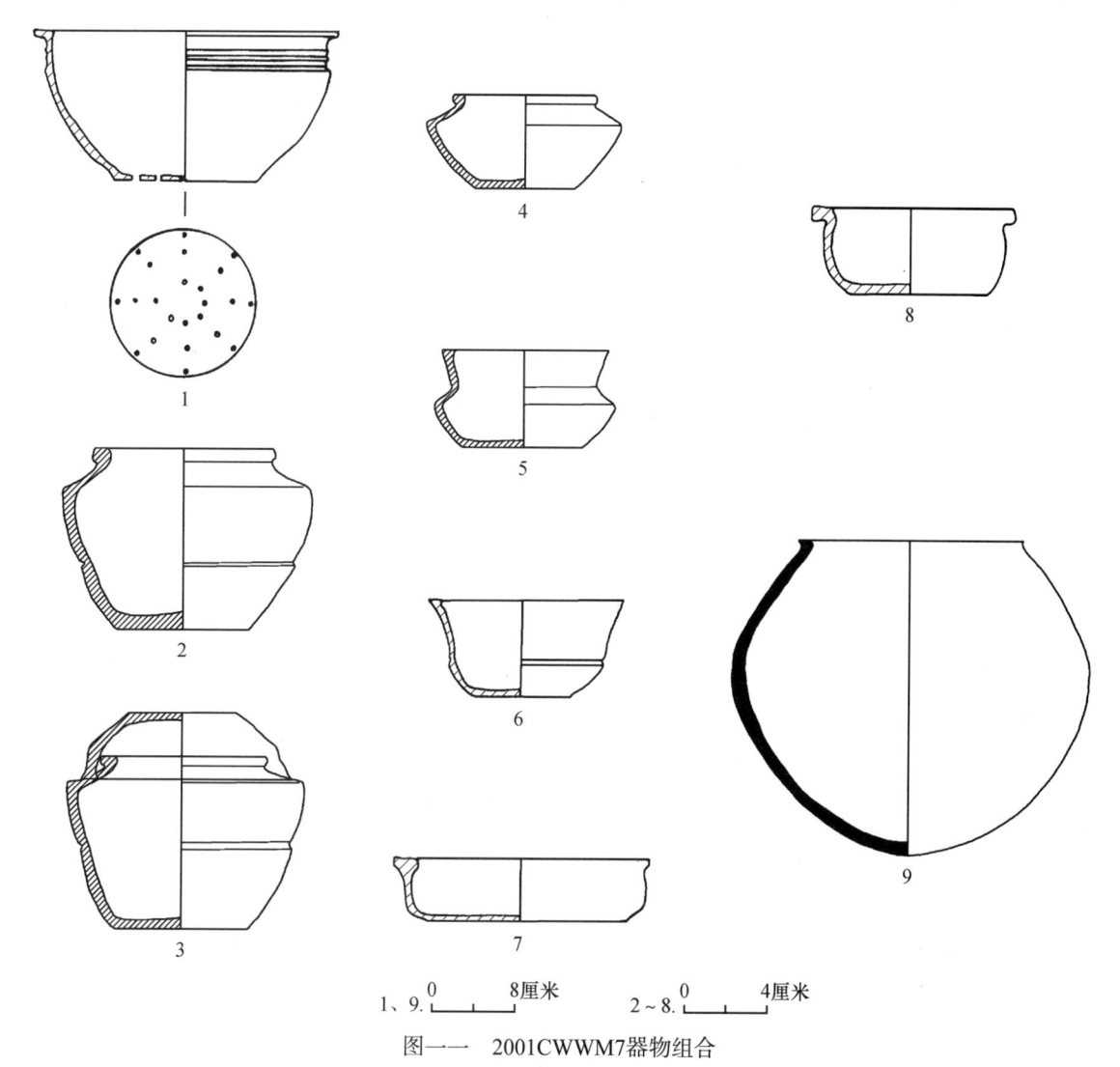

1. 陶甑（2001CWWM7:6）　2、3. 灰陶罐（2001CWWM7:3、2001CWWM7:8）　4、5. 红陶罐（2001CWWM7:2、2001CWWM7:4）　6. 陶杯（2001CWWM7:14）　7. 陶盘（2001CWWM7:13）　8. 陶钵（2001CWWM7:11）　9. 铁釜（2001CWWM7:5）

5. 2001CWWM9

位于发掘区的中心区域，方向342°。

（1）墓葬形制

砖室墓，平面呈刀形，由墓道、甬道、墓室组成。墓道为斜坡土洞式，长1.6、宽1~1.8米，边缘清晰，在墓道里也发现了随葬的陶器，有碗、罐等。甬道保存完好，长1.8、宽1.8、高1.02米，墓道与甬道之间有封门砖，可能是多次开启的缘故，封门砖凌乱不堪，已经无法复原。甬道的券顶保存完整，采用榫卯砖横向起券，顶部比较平整。墓室平面呈长方形，长3.26、宽2.98、残高1.36米。墓室和甬道都采用单层青砖错缝平砌，朝向墓室的一面均有模印的菱形花纹。砖长40、宽18、厚8厘米，铺地砖也采用相同的砖和砌法（图一二；图版一六，1）。

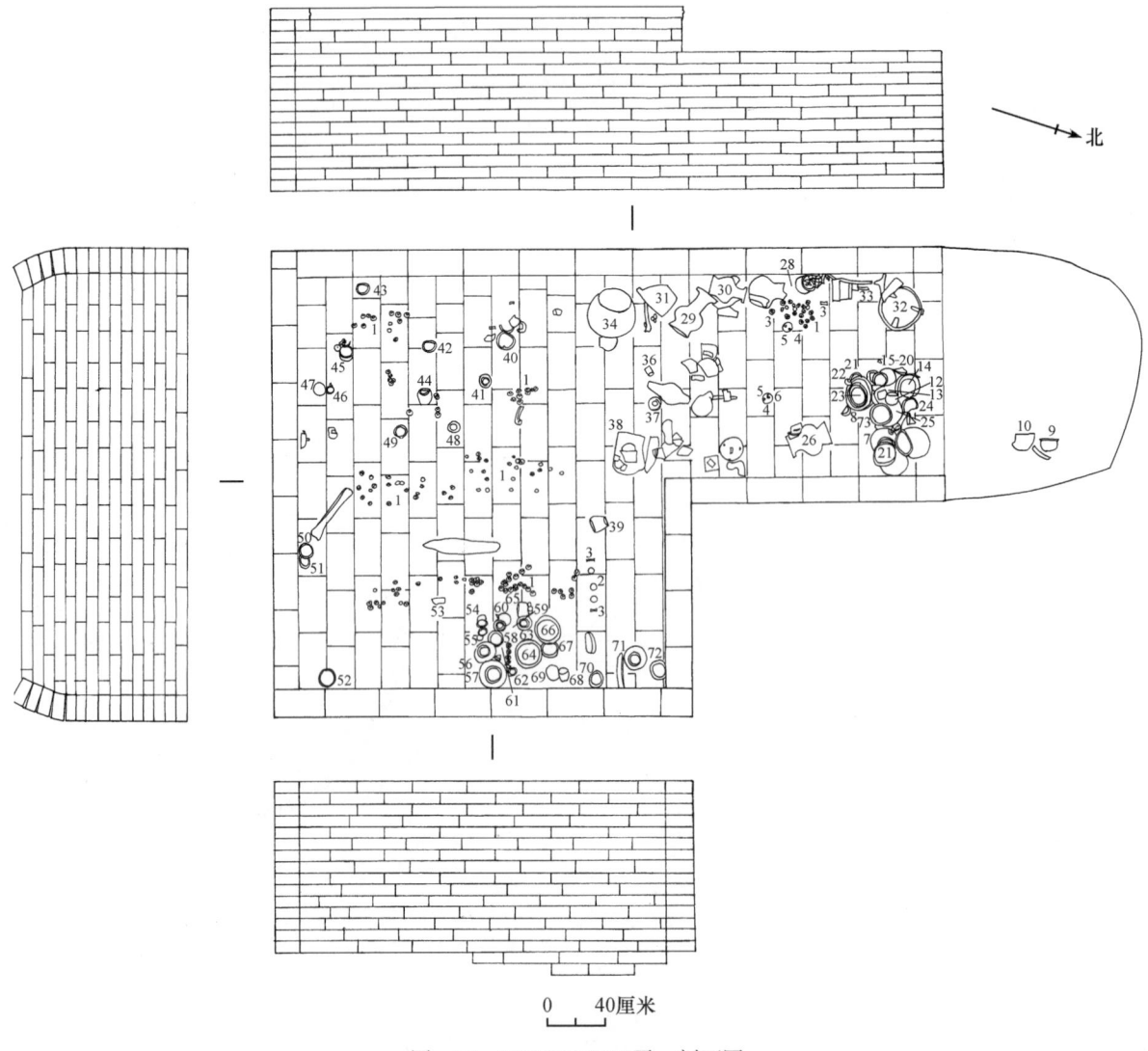

图一二 2001CWWM9平、剖面图

1.铜钱 2.铜泡 3.琉璃耳珰 4.银指环 5.银镯 6.料器串饰 7.铜壶 8.铜鍪 9、10、12、13、17、18、23、37、42、43、51～53、61、67.陶钵 11、14～16、28、35、38～41、44、45、47、49、57、64、65、69.陶罐 19、59.陶熏炉 20、22、24、31、34、58、66.陶甑 25、26、29、30.陶壶 21、27.陶壶盖 32、33.铁支架 36、54、68.陶杯 46、60、62、73.陶魁 48、55、56.陶盂 50、63.陶盘 70、71.陶灯 72.陶釜

（2）葬具葬式

尸骨6具，甬道2具，墓室4具。尸骨腐朽较甚，葬式不明。从墓室东侧遗留的木棺红色漆皮看，似应有棺木，在此区域内发现大量五铢钱，另外在它的西侧也发现有红色漆皮。初步判断东侧的两具尸骨原有棺木盛殓，西侧的两具和甬道的两具没有棺木盛殓。

（3）出土器物

共发现陶器61件、铜器5件、铁器2件、银器2组9件、琉璃耳珰5件、料器串饰1组3件、五铢钱45枚。

陶器 61件。

壶 4件。均为泥质红陶。2001CWWM9：25，盘口，平沿，圆唇，长颈，弧肩，扁圆腹，高圈足。肩饰两对称的铺首。覆钵形盖，上有一环形纽。口径15.5、腹径23.5、底径

17.5、高41.5厘米（图一三，1；图版九，4）。2001CWWM9：29，盘口，平沿，长颈，圆肩，鼓腹，圈足。肩饰两对称的铺首，缺盖。口径15、腹径19.3、底径15.2、高27厘米（图一三，2；图版九，5）。2001CWWM9：30，盘口，平沿，长颈，圆肩，鼓腹，圈足。肩饰两对称的铺首，缺盖。口径16、腹径19.2、底径14.4、高25.2厘米。

甑　7件。分灰陶、红陶两种。

灰陶甑　2件。均为夹砂陶。2001CWWM9：31，敞口，尖唇，折沿，斜壁，深腹，小平底，底有孔。口径34.2、底径16、高19厘米（图一三，3；图版九，6）。2001CWWM9：34，敞口，尖唇，折沿，斜壁，深腹，平底，底有孔。外壁饰两周凹弦纹。口径34.2、腹径33、底径16、高20.6厘米。

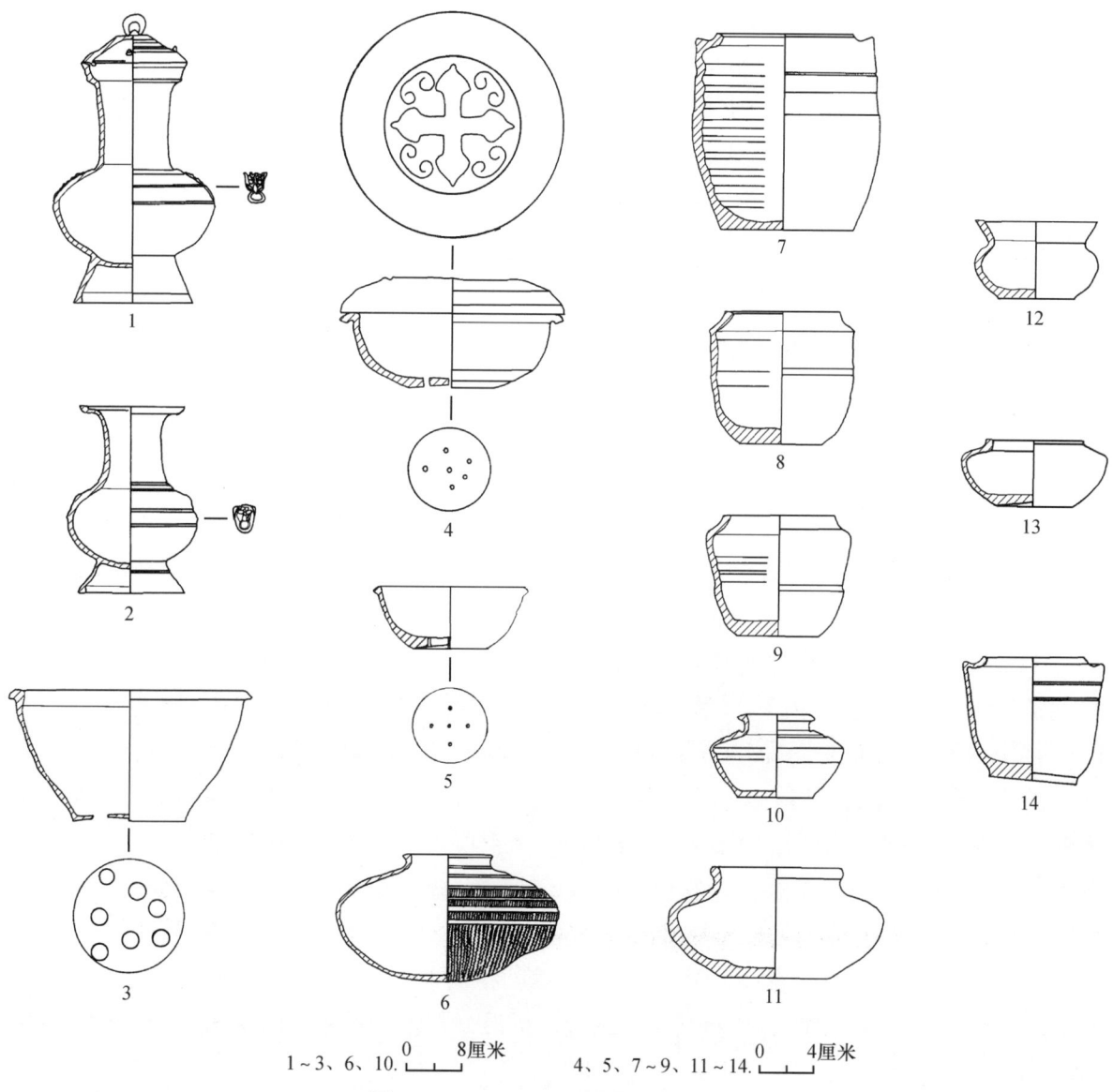

图一三　2001CWWM9器物组合（一）

1、2.陶壶（2001CWWM9：25、2001CWWM9：29）　3.灰陶甑（2001CWWM9：31）　4、5.红陶甑（2001CWWM9：66、2001CWWM9：20）　6.陶圜底罐（2001CWWM9：38）　7～11.灰陶平底罐（2001CWWM9：16、2001CWWM9：11、2001CWWM9：35、2001CWWM9：57、2001CWWM9：14）　12～14.红陶平底罐（2001CWWM9：45、2001CWWM9：65、2001CWWM9：40）

红陶甗　5件。均为泥质陶。2001CWWM9：66，敞口，卷沿，斜壁弧腹，平底微凹，底有孔。有盖，盖上有卷云纹装饰。口径16、腹径13.6、底径6、高7.8厘米（图一三，4；图版一〇，1）。2001CWWM9：20，敞口，圆唇，弧腹，平底，底有孔。口径11、底径5.2、高4.4厘米（图一三，5；图版一〇，2）。2001CWWM9：22，敞口，圆唇，卷沿，弧腹，平底。底有孔。口径10、底径4、高4.2厘米。2001CWWM9：24，敞口，卷沿，斜壁，平底，底有孔。口径10、底径5、高5.2厘米。2001CWWM9：58，敞口，圆唇，平沿，斜壁，平底，底有孔。口径10.4、底径4.4、高4.2厘米。

罐　18件。分圜底罐、平底罐。

圜底罐　1件。夹砂灰陶。2001CWWM9：38，小口，卷沿，广肩，圜底。肩至底饰绳纹。口径12.8、腹径32、高18.6厘米（图一三，6；图版一〇，3）。

平底罐　17件。分灰陶、红陶两种。

灰陶平底罐　9件。均为夹砂陶。2001CWWM9：16，敛口，直折沿，折肩，斜直腹，平底。口径9.6、腹径13.6、底径9.5、高14厘米（图一三，7；图版一〇，4）。2001CWWM9：28，敛口，折肩，直壁，平底。腹上有凹弦纹。口径9.2、腹径12.8、底9.6、高14厘米。2001CWWM9：11，敛口，折肩，直壁，平底。口径8.2、腹径10.4、底径6、高9.4厘米（图一三，8；图版一〇，5）。2001CWWM9：35，敛口，圆唇，圆肩，直壁，平底。腹饰凹弦纹。口径8、腹径10.4、底径6、高8.6厘米（图一三，9；图版一〇，6）。2001CWWM9：15，侈口，圆唇，卷沿，折肩，斜腹，平底。口径9.6、腹径11.2、底径5.6、高7.2厘米。2001CWWM9：39，敛口，折肩，直壁，平底。口径8.6、腹径10.4、底径6、高9.2厘米。2001CWWM9：44，敛口，折肩，直壁，平底。口径7.8、腹径10、底径4.8、高8.4厘米。2001CWWM9：57，小口，平沿，短颈，广肩，折腹，平底。口径11.4、腹径19.4、底径11.2、高12厘米（图一三，10；图版一一，1）。2001CWWM9：14，小口，直折沿，广肩，折腹，平底。口径9.6、腹径15.6、底径7.6、高8厘米（图一三，11；图版一一，2）。

红陶平底罐　8件。均为泥质陶。2001CWWM9：45，侈口，折沿，鼓腹，平底。口径8.8、腹径8.8、底径5.6、高5.4厘米（图一三，12；图版一一，3）。2001CWWM9：47，直口，折沿，折肩，平底。口径7.4、腹径9、底径5、高5.8厘米。2001CWWM9：64，直口，平沿，宽肩，鼓腹，平底。口径8.4、腹径11、底径5.8、高5.2厘米。2001CWWM9：49，敞口，折沿，鼓腹，平底。口径7.8、腹径7.2、底径4.6、高4厘米。2001CWWM9：69，敞口，折沿，鼓腹，平底。口径10.4、腹径10、底径5.6、高5.5厘米。2001CWWM9：65，口微敛，短颈，宽肩，鼓腹，平底内凹。口径7、腹径10.6、底径5.6、高4.8厘米（图一三，13；图版一一，4）。2001CWWM9：41，直口，短颈，折肩，斜腹，平底。口径6、腹径8.4、底径4.6、高4厘米。2001CWWM9：40，器物有变形，敛口，折沿，直腹，平底。口径7.2、腹径10、底径6.4、高9.1厘米（图一三，14；图版一一，5）。

钵　15件。分灰陶、红陶两种。

灰陶钵　4件。均为泥质陶。2001CWWM9：9，敞口，圆唇，斜壁，平底。口径16、底径6、高6.2厘米（图一四，1；图版一一，6）。2001CWWM9：10，敞口，圆唇，斜壁，平底。口径16、底径5、高6.4厘米。2001CWWM9：61，敞口，圆唇，直壁，平底。口径11、底径

4、高4.2厘米。2001CWWM9：23，敞口，圆唇，斜壁，平底。口径17、底径4.6、高7.6厘米。

红陶钵 11件。均为泥质陶。标本2001CWWM9：13，敞口，斜壁，平底。口径11、底径4.4、高4厘米（图一四，2；图版一二，1）。标本2001CWWM9：18，敞口，卷沿，弧腹，平底。口径13、底径4.6、高8.5厘米（图一四，3；图版一二，2）。标本2001CWWM9：42，敞口，卷沿，弧腹，平底。口径10、腹径8.8、底径5.2、高3.8厘米（图一四，4；图版一二，3）。标本2001CWWM9：37，直口，圆唇，弧壁，平底。腹部饰凹弦纹。口径9.6、底径4.8、高3.8厘米（图一四，5；图版一二，4）。标本2001CWWM9：53，敛口，尖唇，斜壁，平底。高3.4、口径8.6、底径4厘米。标本2001CWWM9：51，敞口，平沿，弧壁，平底。腹部饰凹弦纹。口径10.4、底径4.4、高3.2厘米。标本2001CWWM9：52，敞口，圆唇，折沿，平底。口径11、腹径9.2、底径4.6、高3.5厘米（图一四，6；图版一二，5）。标本2001CWWM9：43，敞

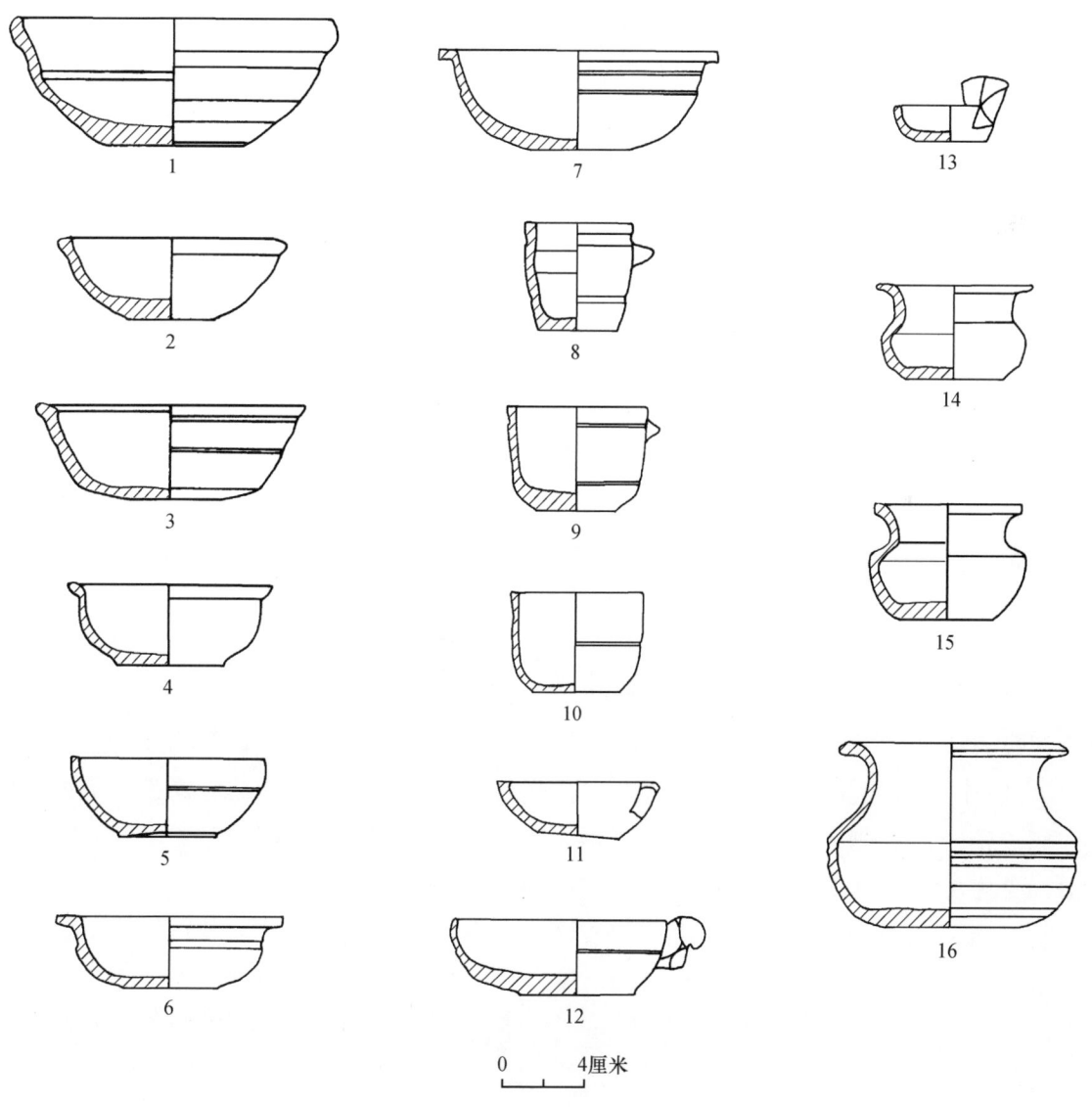

图一四 2001CWWM9器物组合（二）

1. 灰陶钵（2001CWWM9：9） 2～7. 红陶钵（2001CWWM9：13、2001CWWM9：18、2001CWWM9：42、2001CWWM9：37、2001CWWM9：52、2001CWWM9：43） 8～10. 陶杯（2001CWWM9：68、2001CWWM9：54、2001CWWM9：36） 11～13. 陶魁（2001CWWM9：46、2001CWWM9：60、2001CWWM9：73） 14～16. 陶盉（2001CWWM9：48、2001CWWM9：55、2001CWWM9：56）

口，圆唇，卷沿，弧腹，平底。口径13.6、腹径11.6、底径4.8、高4.9厘米（图一四，7；图版一二，6）。

杯　3件。均为泥质红陶。2001CWWM9：68，敞口，直壁，平底，单柄。外壁饰弦纹。口径5.6、底径4、高5.2厘米（图一四，8）。2001CWWM9：54，直口，圆唇，直壁，平底，单柄。口径6.8、底径4、高5厘米（图一四，9；图版一三，1）。2001CWWM9：36，直口，直壁，平底。腹饰凹弦纹。口径6.4、底径4.2、高4.8厘米（图一四，10；图版一三，2）。

魁　4件。均为泥质红陶。2001CWWM9：46，钵形，一侧有捏成的流。口径7.8、底径4、高2.6厘米（图一四，11；图版一三，3）。2001CWWM9：60，钵形，一侧有兽首形柄。口径10.4、底径5.6、高3.8厘米（图一四，12；图版一三，4）。2001CWWM9：73，小碗形，单柄。口径4.1、底径3.6、高3.1厘米（图一四，13；图版一三，5）。2001CWWM9：62，敛口，圆唇，浅腹，下腹内收，平底。一侧有鸟喙形短柄。口径6.8、底径4、高2厘米。

盂　3件。均为泥质红陶。2001CWWM9：48，敞口，平折沿，束颈，弧腹，平底。口径7.6、腹径7.2、底径4.8、高4.6厘米（图一四，14；图版一三，6）。2001CWWM9：55，敞口，平折沿，束颈，折肩，上腹微鼓，下腹内收，平底。口径7.2、腹径7.8、底径4.6、高5.6厘米（图一四，15；图版一四，1）。2001CWWM9：56，敞口，平折沿，束颈，折肩，上腹微鼓，下腹内收，平底。腹部饰两周凹弦纹。外施黄釉。口径11.2、腹径12.2、底径6.6、高8.8厘米（图一四，16；图版一四，2）。

熏炉　2件。均为夹砂红陶。2001CWWM9：19，子母口，圆唇，喇叭形柄，覆碗形底座。口沿有一道弦纹，柄有一道凸弦纹，足二道凹弦纹。有盖，整体呈覆碗形，鸟首形纽。器表刻划网格纹，均呈"Λ"形，下部饰一周弦纹。口径5.3、底径10、盖径8.1、高13厘米（图一五，1；图版一四，3）。2001CWWM9：59，子母口，圆唇，喇叭形柄，覆碗形底座。无盖。口径6.4、底径9、高7.8厘米。

灯　2件。均为泥质红陶。2001CWWM9：71，敞口，圆唇，平沿，浅盘形，短柄，覆钵形圈足。口径8.2、底径9.6、高8.4厘米（图一五，2；图版一四，4）。2001CWWM9：70，敞口，圆唇，平沿，浅盘，短柄，覆盘形矮圈足。口径10.8、底径8.4、高7.5厘米（图一五，3；图版一四，5）。

盘　2件。均为泥质红陶。2001CWWM9：63，敞口，圆唇，平折沿，浅盘，平底。口径13、底径5.1、高3.4厘米（图一五，4；图版一四，6）。2001CWWM9：50，敞口，方唇，平折沿，浅盘，平底。口径9.8、底径4.8、高2.1厘米（图一五，5）。

釜　1件。2001CWWM9：72，泥质红陶。敞口，圆唇，折沿，束颈，扁圆鼓腹，小平底。沿上有两环形附耳。口径11.9、腹径14、底径4、高9.2厘米（图一五，6；图版一五，1）。

铜器　5件。

壶　1件。2001CWWM9：7，盘口内敛，平沿，长颈，溜肩，鼓腹，喇叭形圈足。肩饰两对称铺首衔环并三道凸弦纹，腹部饰四道凸弦纹。口径12.8、腹径21.2、底径17.2、高29厘米（图一五，7；图版一五，2）。

鉴　1件。2001CWWM9：8，敞口，折沿，束颈，弧腹，圜底。肩上两圆形耳，腹部有三

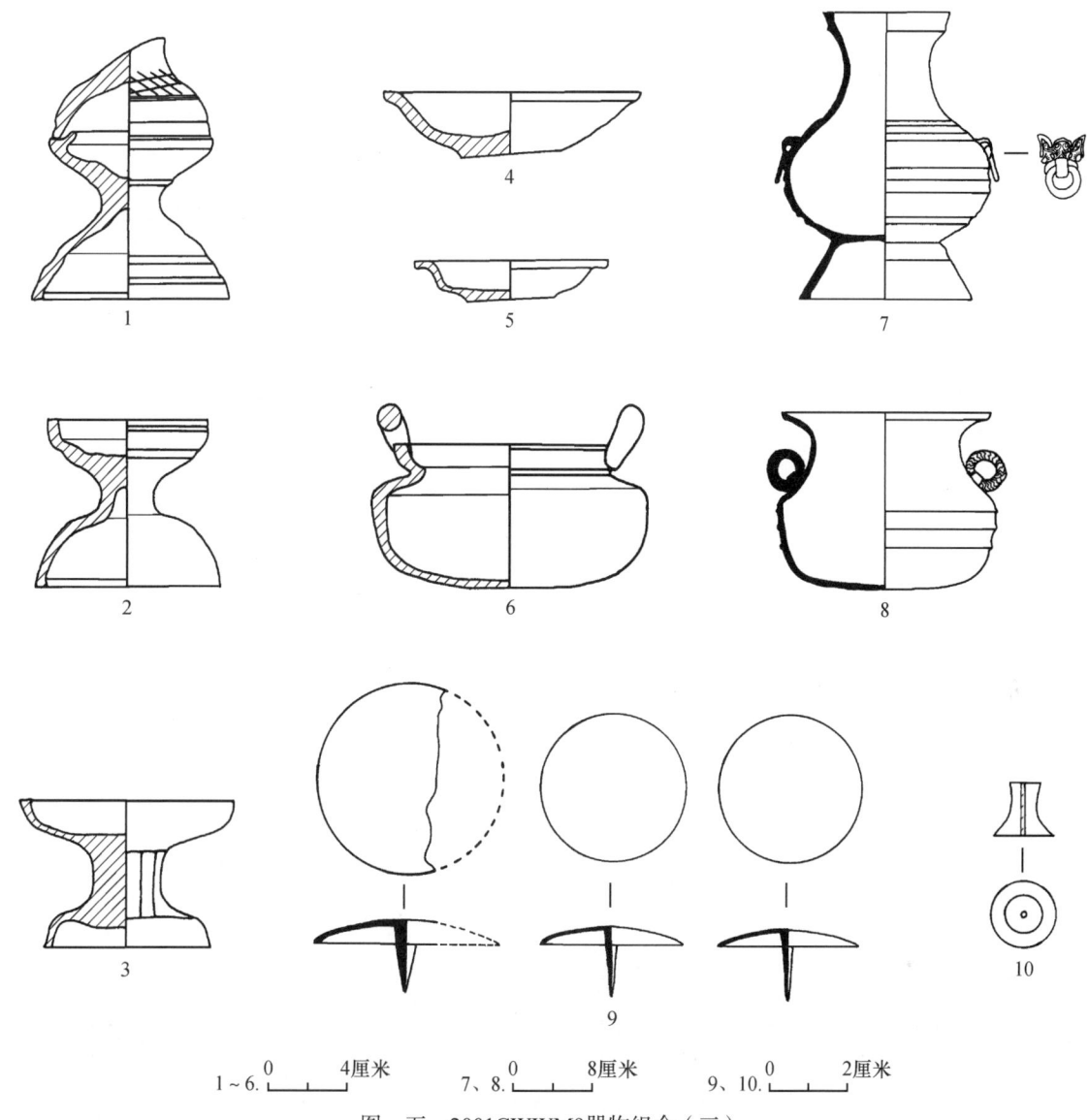

图一五　2001CWWM9器物组合（三）

1. 陶熏炉（2001CWWM9∶19）　2、3. 陶灯（2001CWWM9∶71、2001CWWM9∶70）　4、5. 陶盘（2001CWWM9∶63、2001CWWM9∶50）　6. 陶釜（2001CWWM9∶72）　7. 铜壶（2001CWWM9∶7）　8. 铜鍪（2001CWWM9∶8）　9. 铜泡（2001CWWM9∶2）　10. 琉璃耳珰（2001CWWM9∶3）

道凸弦纹。口径21.6、腹径22.8、高18.1厘米（图一五，8；图版一五，3）。

泡　3件。2001CWWM9∶2，圆形，有钉。泡面鎏金。直径分别为4.9、3.7、3.7厘米，高分别为1.8、1.8、1.7厘米（图一五，9）。

铁支架　2件。2001CWWM9∶32，支架上为圆环，环上另有三个铁托，下为三扁状足，三足外撇，足上有三齿内伸，惜腐朽过甚，未能复原。2001CWWM9∶33和2001CWWM9∶32形制相同。

饰品

银镯　3件。标本2001CWWM9∶5，直径均为6.2、厚0.2厘米（图版一五，4）。

银指环　6件。2001CWWM9∶4，直径分别为1.6、2.1、1.9、2、1.8、1.9厘米，厚分别为0.4、0.4、0.3、0.3、0.5、0.35厘米（图版一五，5）。

琉璃耳珰　5件。尺寸、形状相同。标本2001CWWM9：3，呈亚腰形，中有一穿。蓝色琉璃制成。上部直径0.8、下部直径1.6、腰径0.6、高1.36厘米（图一五，10）。

料器　1组3件。2001CWWM9：6，一件为手握的豚形器，有孔，边长0.2、边宽0.7、高0.6、宽1、孔径0.15厘米；另两件为加工过的串饰，中有孔。一件直径1.8、高1、宽1、孔径0.25厘米，一件直径1.2、高0.65、孔径0.4厘米。

五铢钱　45枚。

标本2001CWWM9：1，钱质较差，保存不好，直径2.5、孔径1厘米左右，"五"字交笔弯曲，"朱"字的上面笔画圆折，没有内郭（图版一五，6）。

6. 2001CWWM10

位于M09西侧，方向148°。

（1）墓葬形制

砖室墓，平面呈刀形，由甬道、墓室组成。墓全长7.96、墓室长不清、宽3.04、最高残高0.88米。甬道长不清，宽1.95米。墓道封门砖保存较好，残高0.98米，甬道和墓室之间（包括铺地砖）被一条现代沟破坏（图一六；图版一六，2）。墓室、甬道和封门砖采用单层砖错缝平砌，朝向墓室的一面封门砖有模印的车轮形和"富贵"字样的花纹（图版一六，3），墓室和甬道采用车轮和细密菱形花纹砖。"富贵"砖长38、宽22、厚11厘米。铺地砖采用错缝平铺法。

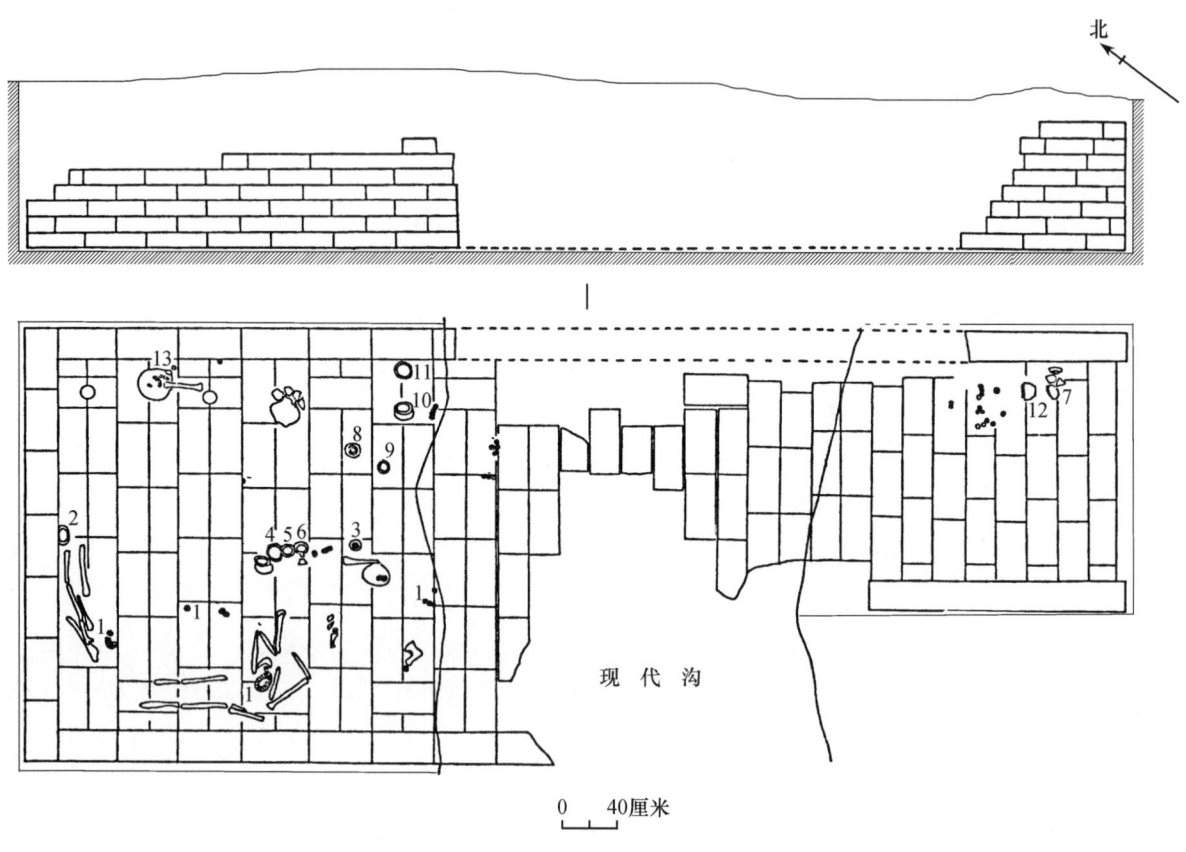

图一六　2001CWWM10平、剖面图
1.铜钱　2.陶壶盖　3、7、8、10、12.陶罐　4.陶甑　5、9.陶钵　6.陶灯　11.陶杯　13.玛瑙珠

（2）葬具葬式

尸骨集中在墓室的后部，比较凌乱，可能属于两个个体。

（3）出土器物

陶器11件，五铢钱70枚。

陶器　11件。

甑　1件。2001CWWM10：4，泥质红陶。敞口，方唇，卷折沿，斜腹，小平底，底有孔。口径12、底径7、高4厘米（图一七，1；图版一七，1）。

罐　5件。2001CWWM10：7，泥质灰陶。侈口，小折沿，短领，折肩，直壁，平底。口径9.4、腹径11.8、底径4.5、高8.7厘米（图一七，2；图版一七，2）。2001CWWM10：10，泥质红陶。侈口，折沿，束颈，宽肩，折腹，平底微凹。下腹有一周凹槽。口径8.6、腹径10.8、底径5.2、高6.8厘米（图一七，3；图版一七，3）。2001CWWM10：8，泥质红陶。直口，圆唇，卷沿，折肩，鼓腹，平底。口径8、腹径10.1、底径5、高5.3厘米。2001CWWM10：3，泥质红陶。侈口，折沿，折腹，平底。口径8.6、腹径10.2、底径8.8、高5.7厘米。2001CWWM10：12，泥质红陶，侈口，卷沿，短领，折肩，直壁，平底。腹部饰一周凹弦纹。口径8.5、腹径11.2、底7.2、高9厘米。

钵　2件。均为泥质红陶。2001CWWM10：5，口微敛，斜壁，平底。口径9.2、底径4.4、高2.9厘米（图一七，4；图版一七，4）。2001CWWM10：9，敞口，圆唇，弧腹，平底。口径8、底径4、高3.6厘米（图一七，5；图版一七，5）。

灯　1件。2001CWWM10：6，泥质红陶。钵形盘，短柄，覆钵形圈足。口径9.5、底径8.3、高9.2厘米（图一七，6；图版一七，6）。

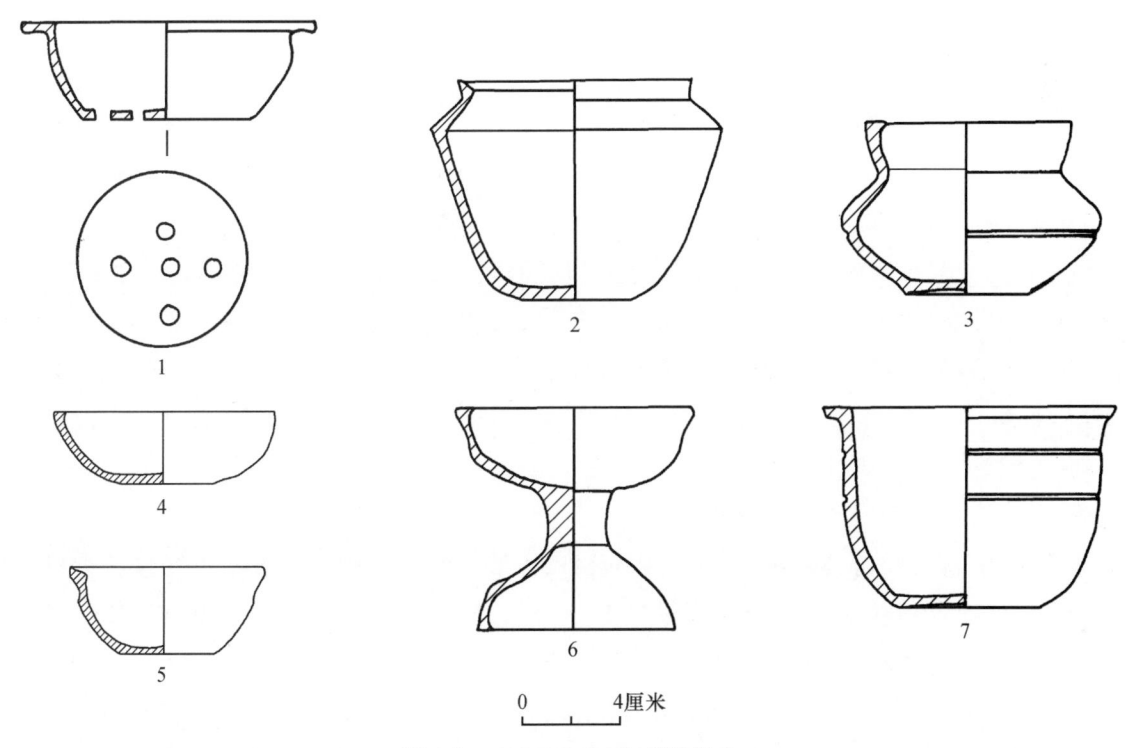

图一七　2001CWWM10器物组合

1.陶甑（2001CWWM10：4）　2、3.陶罐（2001CWWM10：7、2001CWWM10：10）　4、5.陶钵（2001CWWM10：5、2001CWWM10：9）　6.陶灯（2001CWWM10：6）　7.陶杯（2001CWWM10：11）

杯　1件。2001CWWM10：11，泥质红陶。侈口，折沿，直壁，平底微凹，腹饰两道凹弦纹。无柄。口径12、底径5.7、高8厘米（图一七，7；图版一七，7）。

壶盖　1件。2001CWWM10：2，泥质红陶。盖呈覆钵形，圆饼形纽。口径13.6、高5.7厘米。

玛瑙珠　1件。2001CWWM10：13，长圆形，中有穿孔。长1.6、大径1、小径0.5厘米。

五铢钱　1组70枚。

标本2001CWWM10：1，铸造精良，笔画清晰，背有内郭。直径2.6、内径0.9～1厘米（图版一七，8）。

7. 2001CWWM12

位于发掘区西部，方向342°。

（1）墓葬形制

砖室墓，平面呈刀形，由墓道、甬道、墓室组成。墓道已被破坏，甬道和墓室的西侧被现代沟破坏，但形制尚可判断。甬道长1.9、宽2.08、残高0.96米。墓室平面呈正方形，长3、宽3、残高1.1米。墓室和甬道采用单层花纹砖错缝平砌，内部有模印的钱网格花纹和十字交叉纹。十字交叉纹砖用于起券，为子母口券砖呈梯形。砖长40、宽18、厚8厘米，采用榫卯砖纵向起券。铺地砖采用平砖和梯形子母口砖铺成（图一八；图版一六，4）。

（2）葬具葬式

尸骨凌乱，无法判断个体的数量，葬式不明。

（3）出土器物

陶器32件、铜器5件、铁釜2件、铜钱50余枚。

铜器　5件。

耳杯　4件。2001CWWM12：6，椭圆形，盘内另外放置铜鸟1件。鸟长喙短尾，略残。长径10.6、短径6、连耳宽8、高3厘米（图一九，1）。2001CWWM12：2、2001CWWM12：4和2001CWWM12：5与2001CWWM12：6形制大小相同。

盘　1件。2001CWWM12：3，圆形浅盘。口径14、底径6.8、高1.4厘米（图一九，2）。

铁釜　2件。2001CWWM12：38，敞口，折沿，鼓腹，圜底。口径27.8、腹径28.4、高19.6厘米（图一九，3）。2001CWWM12：39，敞口，折沿，鼓腹，圜底。口径15.6、腹径27、高18.3厘米（图一九，4）。

陶器　32件。

罐　15件。分灰陶、红陶两种。

灰陶罐　7件。均为夹砂陶。2001CWWM12：25，侈口，圆唇，卷沿，短颈，折肩，斜壁，平底。腹饰凹弦纹。口径8.5、腹径11.1、底径7.5、高7.4厘米。2001CWWM12：33，侈口，圆唇，卷沿，短领，折肩，斜壁，平底。腹饰凹弦纹。口径9.1、腹径12.5、底径5.5、高9.3厘米。2001CWWM12：40，敞口，卷沿，短颈，宽肩，鼓腹，平底。肩部饰两周凹弦纹。口径11.2、腹径16.8、底径7.5、高12厘米（图一九，5）。2001CWWM12：28，小口，圆唇，卷沿，鼓腹，小平底。肩部饰一周戳印纹。口径11.2、腹径17、底径8、高12厘米（图

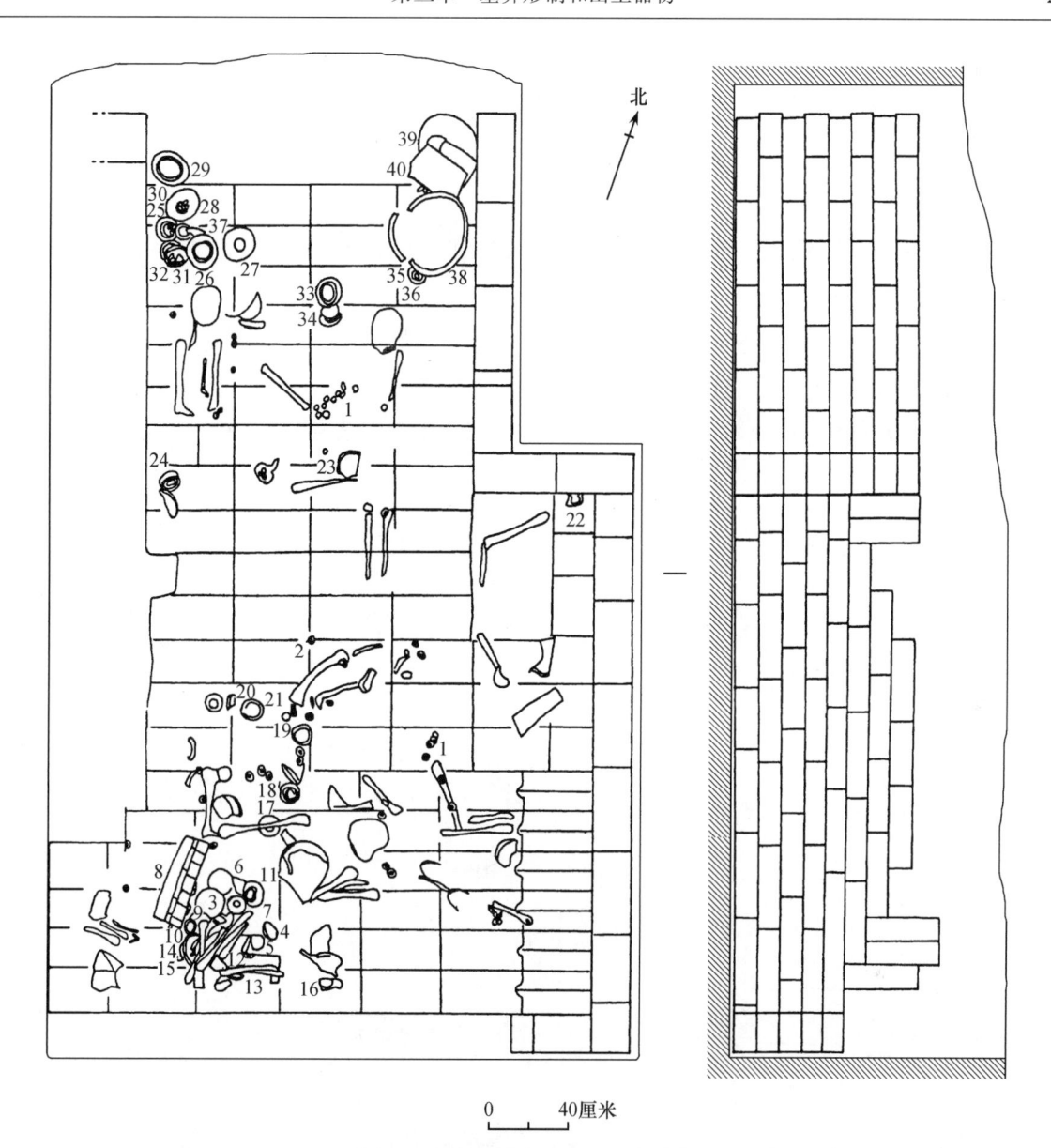

图一八 2001CWWM12平、剖面图

1.铜钱 2、4~6.铜耳杯 3.铜盘 7.陶盖杯 8.陶楼 9、16.陶杯 10、11、17、18、20、22、25、26、28、29、33~35、37、40.陶罐 12、15、23、30~32.陶钵 13.陶盘 14、36.陶灯 19、27.陶盂 21.陶魁 24.陶熏炉 38、39.铁釜

一九，6）。2001CWWM12：37，敛口，鼓腹，平底微凹。肩上有对称的双系。肩上饰多周弦纹。口径9.5、腹径18.2、底径10.5、高15.3厘米（图一九，7）。2001CWWM12：29，大口，圆唇，卷沿，短颈，折肩，斜壁，平底。口径13.5、腹径16、底径11.5、高8.8厘米。2001CWWM12：26，小口，卷沿，宽折肩，收腹，平底微凹。上腹饰网格纹。口径10.8、腹径18.3、底径11.5、高19.8厘米（图一九，8）。

红陶罐 8件。均为夹砂陶。2001CWWM12：10，敛口，圆唇，折沿，束颈，折腹，平底。口径8.3、腹径8.8、底径4、高4.5厘米（图一九，9；图版一八，1）。2001CWWM12：20，侈口，圆唇，折肩，斜腹，平底。口径6、腹径9.2、底径3.9、高4.9厘米。2001CWWM12：22，直口，圆唇，短颈，宽肩，弧腹，平底。口径6.3、腹径9、底径5.6、高5厘米。2001CWWM12：11，直口，圆唇，短颈，圆肩，鼓腹，平底。口径8、腹径10.4、底径5.2、高5厘米。2001CWWM12：18，侈口，圆唇，束颈，折肩，弧腹，平底微凹。口径7.5、腹径9.5、底径5.4、高5厘米。2001CWWM12：34，侈口，卷沿，宽肩，折腹，平底。口径7.7、腹径10.2、底径5、高4.7厘米（图一九，10；图版一八，2）。2001CWWM12：35，口径9.2、腹径11.5、底径6.5、高9.8厘米。2001CWWM12：17，敛口，短领，折沿，宽折肩，弧腹，小平底。口径7.8、腹径11.2、底径5.8、高4.8厘米。

钵　6件。分灰陶、红陶两种。

灰陶钵　1件。2001CWWM12：23，夹砂陶。敞口，圆唇，斜壁，平底内凹。口径18、底径10.5、高5.8厘米（图一九，11；图版一八，3）。

红陶钵　5件。均为泥质陶。2001CWWM12：15，敞口，尖唇，斜壁，平底。腹部饰凹弦

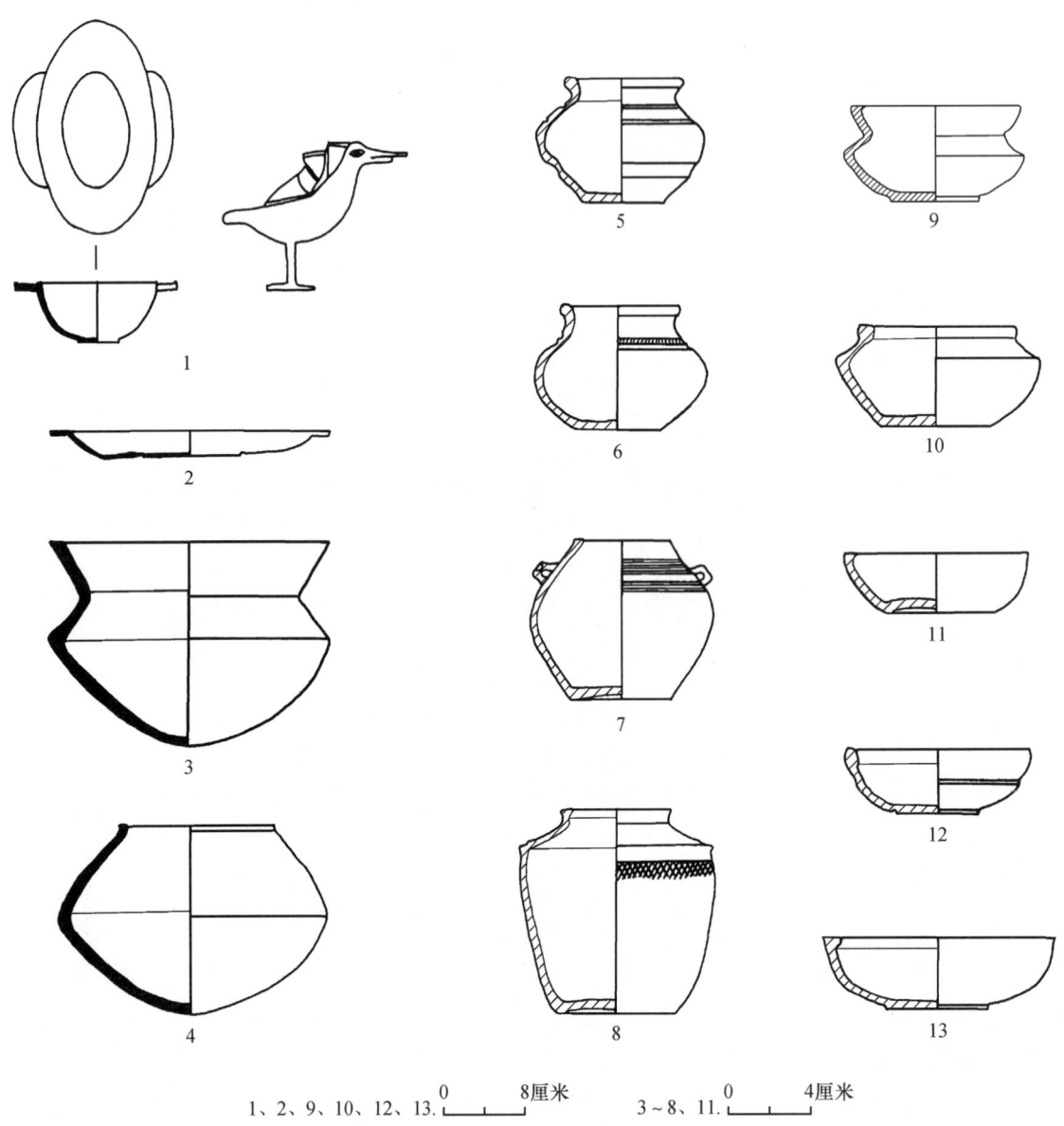

图一九　2001CWWM12器物组合（一）

1. 铜耳杯（2001CWWM12：6）　2. 铜盘（2001CWWM12：3）　3、4. 铁釜（2001CWWM12：38、2001CWWM12：39）　5～8. 灰陶罐（2001CWWM12：40、2001CWWM12：28、2001CWWM12：37、2001CWWM12：26）　9、10. 红陶罐（2001CWWM12：10、2001CWWM12：34）　11. 灰陶钵（2001CWWM12：23）　12、13. 红陶钵（2001CWWM12：15、2001CWWM12：31）

纹。口径8.7、底径4、高3.1厘米（图一九，12）。2001CWWM12：12，敞口，斜壁，平底。腹部饰凹弦纹。口径10.4、底径4.5、高3.7厘米。2001CWWM12：30，敞口，斜壁，平底。腹部饰三周凹弦纹。口径12、底径4.5、高4.4厘米。2001CWWM12：32，敞口，斜壁，平底。口径10.6、底径4、高3厘米。2001CWWM12：31，敞口，斜壁，平底。口径11.5、底径5、高3.5厘米（图一九，13；图版一八，4）。

杯　3件。均为泥质红陶。2001CWWM12：7，敞口，斜肩，鼓腹，平底，体形较小。有盖，盖上有叶纹图案。口径6.9、腹径6.7、底径3.4、通高7.3厘米（图二〇，1；图版一八，5）。2001CWWM12：9，敞口，口下微收，腹微鼓，平底，体形较小。腹部有数周凹槽。口径7.4、腹径9、底径4.5、高5厘米（图二〇，2；图版一八，6）。2001CWWM12：16，侈口，折沿，鼓腹，平底。腹部有一周凹弦纹。口径7.2、腹径6.2、底径4.1、高4厘米。

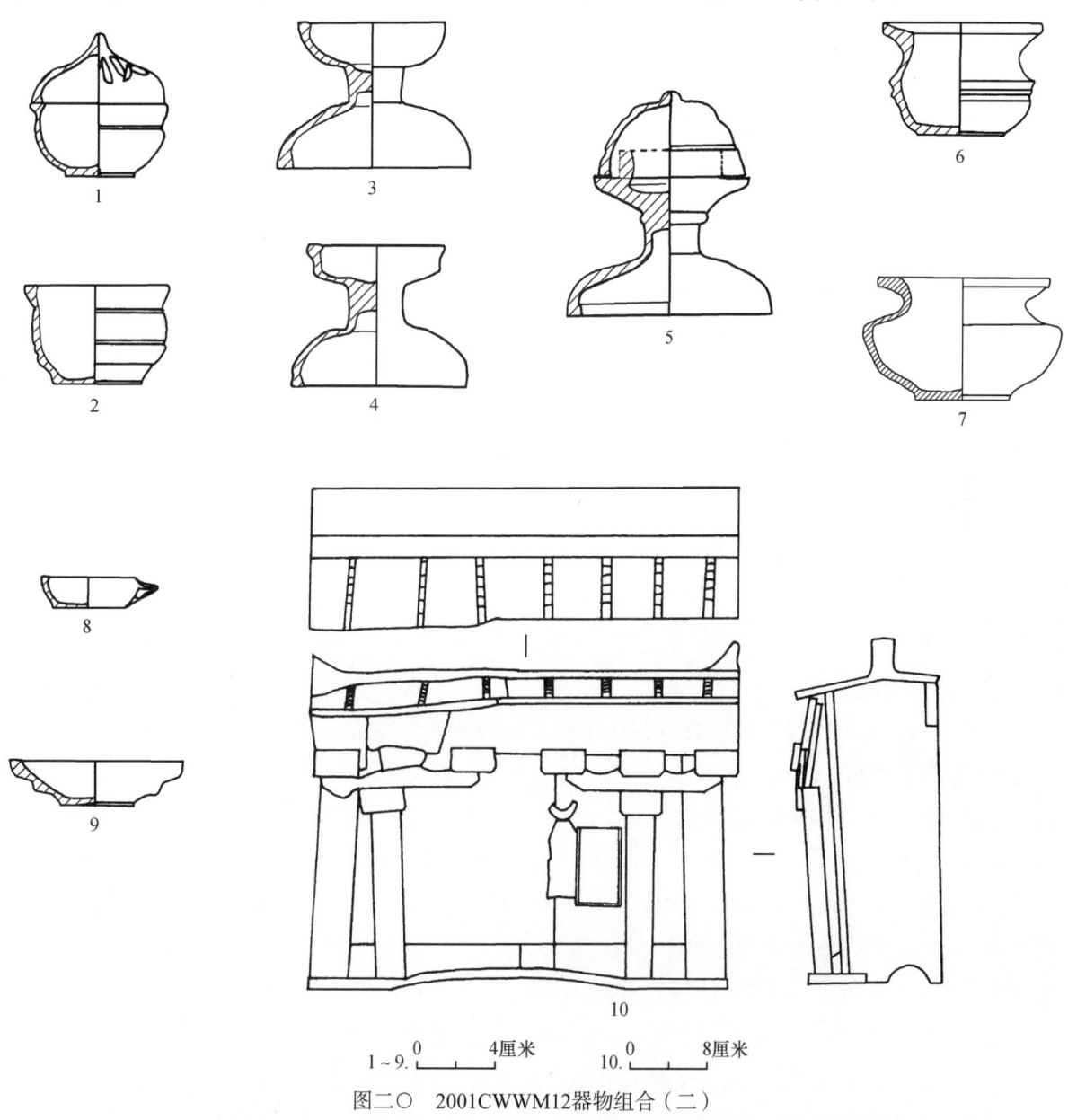

图二〇　2001CWWM12器物组合（二）

1、2.陶杯（2001CWWM12：7、2001CWWM12：9）　3、4.陶灯（2001CWWM12：14、2001CWWM12：36）
5.陶熏炉（2001CWWM12：24）　6、7.陶盂（2001CWWM12：19、2001CWWM12：27）　8.陶魁（2001CWWM12：21）
9.陶盘（2001CWWM12：13）　10.陶楼（2001CWWM12：8）

灯　2件。均为泥质红陶。2001CWWM12：14，钵形盘，短粗柄，覆钵形座。口径7.5、底径10、高7.4厘米（图二〇，3；图版一八，7）。2001CWWM12：36，盘形，短粗柄，覆钵座。口径6.9、底径9.2、高7.1厘米（图二〇，4；图版一八，8）。

熏炉　1件。2001CWWM12：24，泥质红陶。小盘，子母口，短柄，覆钵座，有盖。口径5.2、底径10.5、盖径7.6、通高11.4厘米（图二〇，5；图版一九，1）。

盂　2件。均为泥质红陶。2001CWWM12：19，敞口，圆唇，卷沿，长颈，折肩，平底。腹部饰两周凹槽。口径8.2、腹径7.5、底径4.4、高5.5厘米（图二〇，6；图版一九，2）。2001CWWM12：27，敞口，圆唇，卷沿，鼓腹，平底。口径9、腹径10、底径4.7、高6.2厘米（图二〇，7；图版一九，3）。

魁　1件。2001CWWM12：21，泥质红陶。敞口，圆唇，弧腹，平底。一侧有捏成的流。口径4.8、底径3.5、高1.6厘米（图二〇，8；图版一九，4）。

盘　1件。2001CWWM12：13，泥质红陶。敞口，折沿，平底。口径8.9、底径4、高2.2厘米（图二〇，9）。

楼　1件。2001CWWM12：8，泥质红陶。单层，前有两立柱，一门，楼内有一子母鸡。长44、宽16、高35.2厘米（图二〇，10；图版一九，5）。

五铢钱　50余枚。

标本2001CWWM12：1，钱质较好，钱文清晰，"五"字交笔弯曲，程度略有区别。"朱"字下面笔画有圆折和方折两种。直径2.6厘米（图版一九，6）。

8. 2001CWWM13

位于发掘区西侧，方向163°。

（1）墓葬形制

砖室墓，平面呈长方形。墓室长3.08、残宽1.22、残高0.4米。墓室采用单层花纹砖错缝平砌，内壁模印车轮菱形花纹。砖长42、宽19、厚10厘米，铺地砖也采用相同的砌法（图二一；图版二〇，1）。

（2）葬具葬式

尸骨腐朽，只发现凌乱的肢骨，葬式不明。从残留的痕迹看，墓中并非一个个体。

（3）出土器物

陶器3件、五铢钱70枚。

陶器　3件。

钵　2件。均为夹砂灰陶。2001CWWM13：2，敞口，尖唇，斜沿，弧腹，平底。口径12.4、底径7、高5.7厘米（图二二，1；图版二一，1）。2001CWWM13：4，敞口，圆唇，直壁，大平底。口径17、底径13.3、高6.3厘米（图二二，2；图版二一，2）。

罐　1件。2001CWWM13：3，泥质灰陶。小口，尖唇，折沿，束颈，广肩内折，弧腹，圜底。口径12.2、腹径21.1、高13.6厘米（图二二，3；图版二一，3）。

五铢钱　70枚。

标本2001CWWM13：1，质地较好，字体略肥，"五"字交笔略直。直径2.5～2.7厘米。

第三章　墓葬形制和出土器物

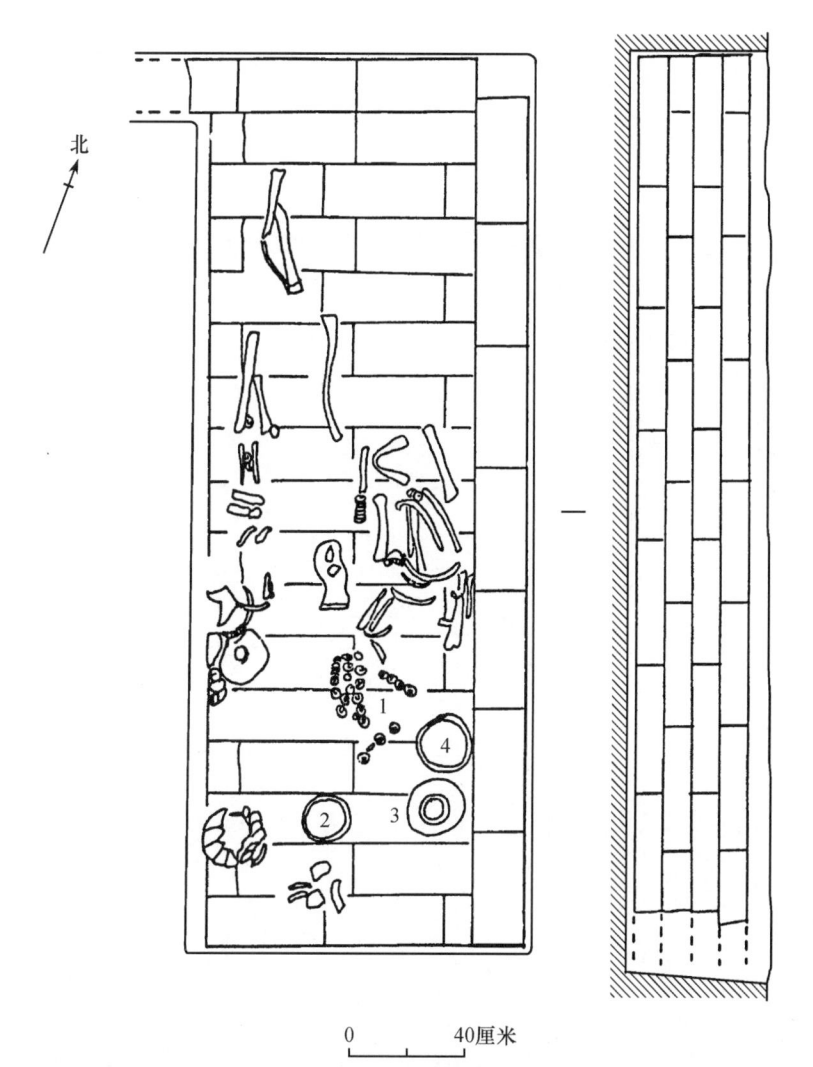

0　　　40厘米

图二一　2001CWWM13平、剖面图
1. 铜钱　2、4. 陶钵　3. 陶罐

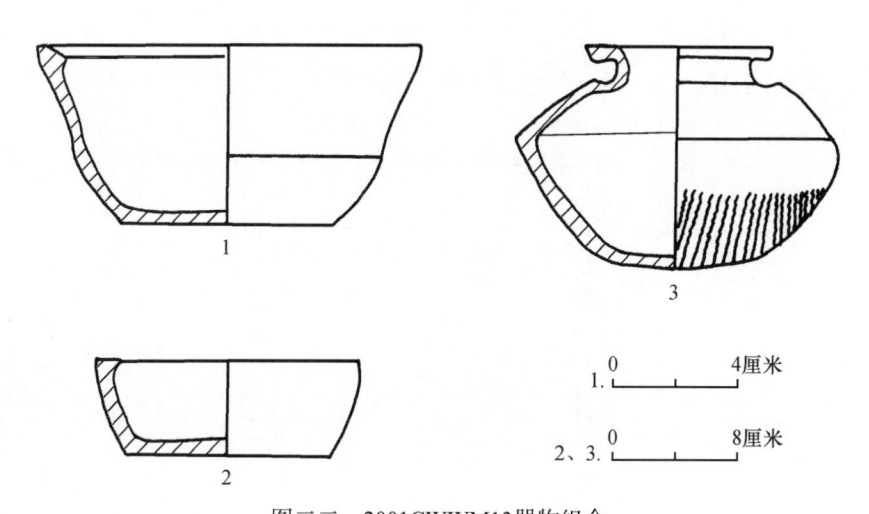

1. 0　　4厘米

2、3. 0　　8厘米

图二二　2001CWWM13器物组合
1、2. 灰陶钵（2001CWWM13：2、2001CWWM13：4）　3. 灰陶罐（2001CWWM13：3）

9. 2001CWWM14

位于发掘区西侧，方向328°。

（1）墓葬形制

砖室墓，平面呈长方形。墓室长2.97、宽2.02、残高1.32米，墓室采用单层花纹砖错缝平砌，内壁有模印的菱形花纹。砖长39、宽18、厚7.5厘米。券顶采用楔形子母口砖起券，仍然保存了9排券砖，铺地砖也采用相同的砖和砌法（图二三；图版二〇，2）。

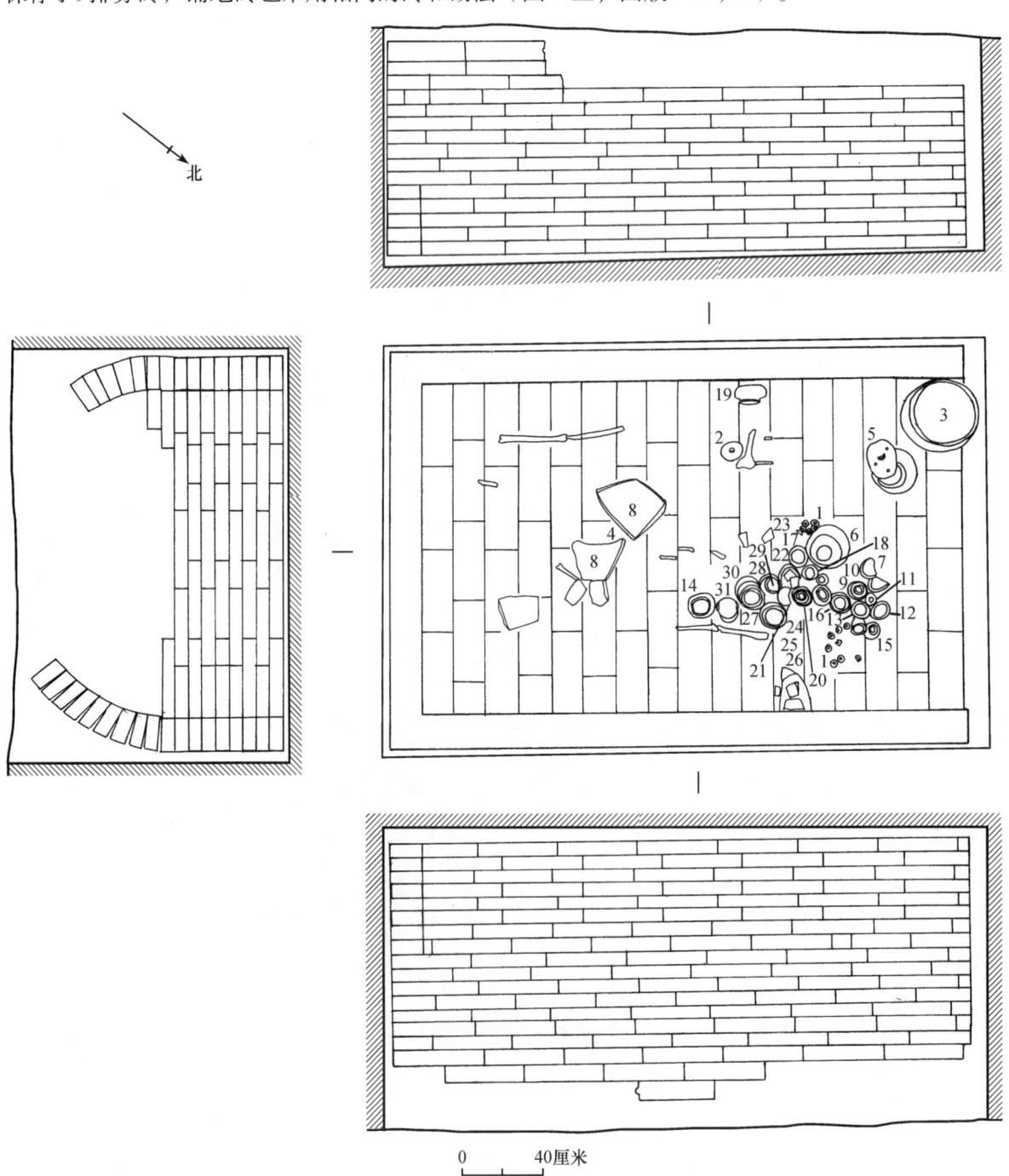

图二三 2001CWWM14平、剖面图

1.铜钱 2.铜镜 3.铁釜 4.料珠 5、6.陶壶 7、13~17、19、20、27.陶罐 8、28、29.陶甑 9、24~26、30.陶钵 10、22.陶魁 11、23.陶灯 12.陶熏炉 18.陶盂 21.陶杯 31.陶釜

第三章　墓葬形制和出土器物

（2）葬具葬式

尸骨腐朽不明，无法确定个体的数量，其中两具保存较好，可以判断至少埋葬了两个个体，未发现棺木痕迹。

（3）出土器物

陶器27件、铜镜1件（破碎，未能复原）、铁釜1件、料珠1组、五铢钱。

陶器　27件。

壶　2件。均为泥质红陶。2001CWWM14：5，盘口，长颈，鼓腹，圈足。肩饰对称两铺首。有盖，覆碟式盖，上有一环形纽。器身上饰多周凹弦纹。外施黄釉。口径15.2、腹径20.2、底径11.2、通高32.6厘米（图二四，1；图版二一，4）。2001CWWM14：6，盘口，长颈，鼓腹，圈足。肩饰对称两铺首。有盖，覆碟式盖，上有一环形纽，周边均匀呈三角形分布三乳丁。器身上饰多周凹弦纹。外施黄釉。口径16.5、腹径19、底径14.3、高33.2厘米。

釜　1件。2001CWWM14：31，泥质红陶。侈口，折沿，鼓腹，平底。沿上有对称的两立耳。口径10.5、腹径10、底径5.7、高9厘米（图二四，2；图版二一，5）。

盂　1件。2001CWWM14：18，夹砂红陶。敞口，圆唇，卷沿，束颈，折肩，弧腹，平

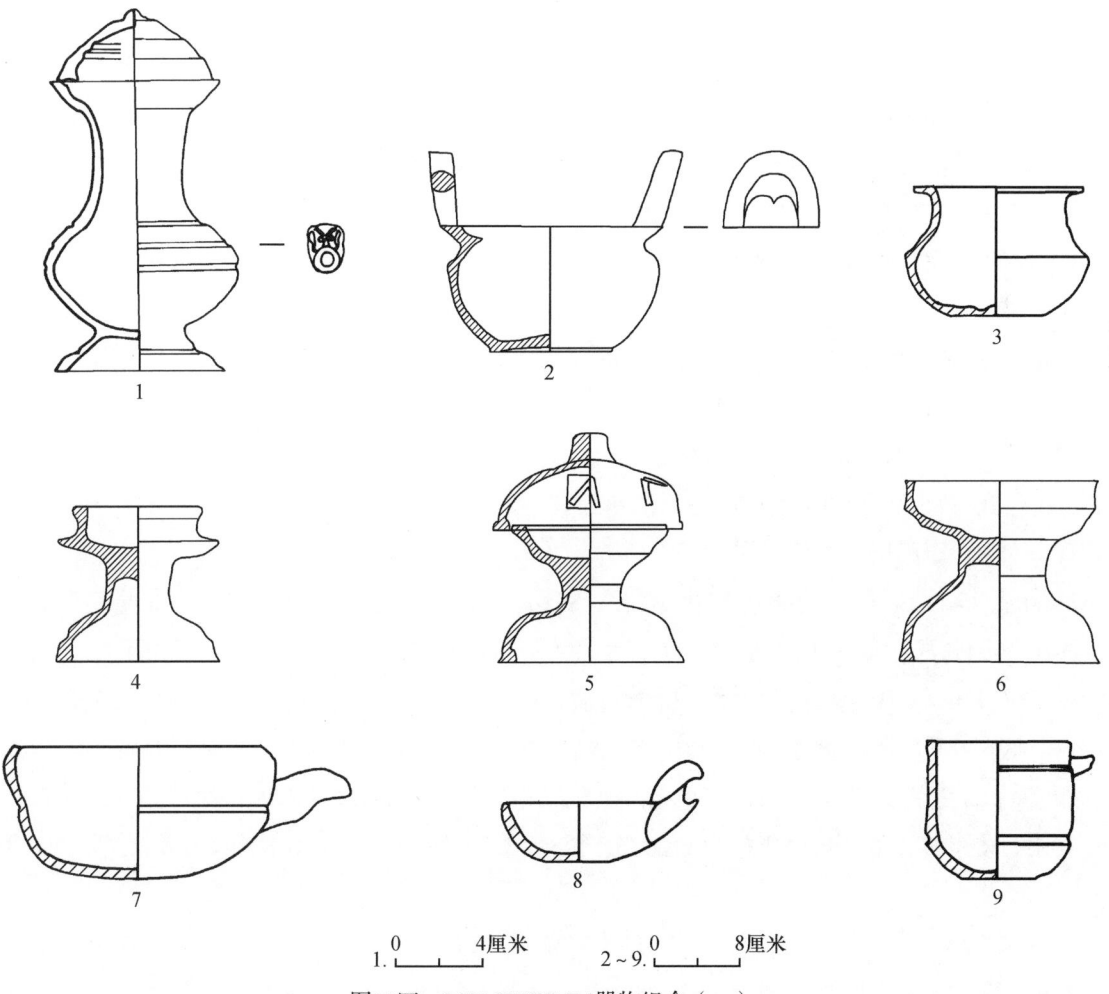

图二四　2001CWWM14器物组合（一）

1.陶壶（2001CWWM14：5）　2.陶釜（2001CWWM14：31）　3.陶盂（2001CWWM14：18）　4.陶熏炉（2001CWWM14：12）
5、6.陶灯（2001CWWM14：11、2001CWWM14：23）　7、8.陶魁（2001CWWM14：22、2001CWWM14：10）
9.陶杯（2001CWWM14：21）

底。口径7.9、腹径8.6、底径4.5、高6厘米（图二四，3；图版二一，6）。

熏炉　1件。2001CWWM14：12，泥质红陶。小盘形，亚腰形，粗柄，喇叭形座。外施黄釉，多以脱落。口径5.7、底径7.8、高7.1厘米（图二四，4）。

灯　2件。均为泥质红陶。2001CWWM14：11，小盘，子母口，短粗柄，覆钵座。有盖，整体呈覆碗形，半圆形纽。盖上刻划三组"人"字纹，均呈"Λ"形。外施黄釉，多以脱落。口径7.3、底径8.6、盖径8.9、通高10.5厘米（图二四，5；图版二二，1）。2001CWWM14：23，盘较深，粗短柄，覆钵座。外施黄釉，多以脱落。口径8.9、底径9.4、高8.1厘米（图二四，6）。

魁　2件。均为泥质红陶。2001CWWM14：22，敛口，圆唇，鼓腹，下腹内收，圜底。鸟首鋬，较短小。口径11.5、高6.1厘米（图二四，7；图版二二，2）。2001CWWM14：10，敛口，圆唇，鼓腹，下腹内收，平底。鸟喙形长柄。口径6.8、底径3.2、高4.7厘米（图二四，8；图版二二，3）。

杯　1件。2001CWWM14：21，泥质红陶。敞口，圆唇，深腹，直壁，平底。上腹饰一乳状纽。外壁饰两道凹弦纹。口径6.7、底径3.7、高6.3厘米（图二四，9）。

甑　3件。2001CWWM14：8，泥质灰陶。侈口，尖唇，折沿，斜壁，深腹，底残。腹上饰凹弦纹。口径40、底径20、高21.5厘米（图二五，1；图版二二，4）。2001CWWM14：29，泥质红陶。敞口，折沿，斜壁，底有孔。口径8.9、底径5.2、高4.1厘米。2001CWWM14：28，泥质红陶。敞口，卷沿，斜壁，底有孔。口径11.2、底径3.5、高4.5厘米。

钵　5件。2001CWWM14：30，泥质灰陶。敞口，圆唇，卷沿，斜腹，平底。腹上饰凹弦纹。口径12、底径5.5、高4.4厘米。2001CWWM14：25，泥质红陶。敞口，平沿，斜壁，平底。腹上饰凹弦纹。口径13.6、底径4、高5.2厘米。2001CWWM14：9，泥质红陶。敞口，圆唇，卷沿，斜腹，平底。口径8、底径4、高2.7厘米。2001CWWM14：26，泥质红陶。敞口，卷沿，斜壁，折腹，平底。腹上饰凹弦纹。口径14.5、底径4.5、高4.8厘米（图二五，2；图版二二，5）。2001CWWM14：24，泥质红陶。敞口，卷沿，斜壁，平底。腹上饰凹弦纹。口径14.2、底径5、高5.3厘米（图二五，3；图版二二，6）。

罐　9件。分灰陶和红陶两种。

灰陶罐　4件。均为夹砂陶。2001CWWM14：14，敛口，短领，折肩，直壁，深腹，平底。腹上饰凹弦纹。口径8.2、腹径12.6、底径9.5、高13.5厘米（图二五，4；图版二三，1）。2001CWWM14：27，敛口，短领，折肩，直壁，深腹，平底。腹上饰凹弦纹。口径8.7、腹径12.7、底径9.9、高13.8厘米。2001CWWM14：16，敛口，圆唇，短领，折肩，斜壁，平底。腹上饰凹弦纹。口径7、腹径10、底径5.5、高7.3厘米。2001CWWM14：19，大口，圆唇，卷沿，宽折肩，弧腹，平底。口径9.7、腹径15.5、底径5.5、高8.1厘米（图二五，5；图版二三，2）。

红陶罐　5件。均为泥质陶。2001CWWM14：20，直口，短领，折肩，弧腹，平底。口径8.4、腹径10、底径5、高6.4厘米。2001CWWM14：13，敞口，卷沿，短领，宽斜肩，鼓腹，平底。口径7.3、腹径8.6、底径4.7、高4.2厘米（图二五，6；图版二三，3）。2001CWWM14：15，小口，卷沿，短领，折肩，弧腹，平底。口径7.5、腹径8.7、底径5.3、高

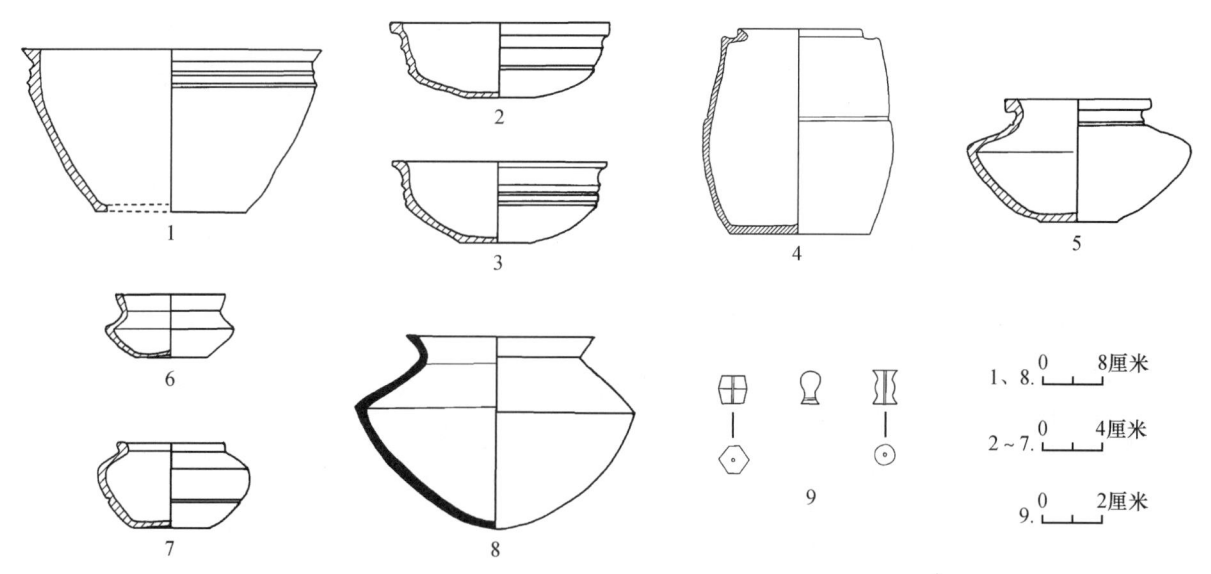

图二五　2001CWWM14器物组合（二）

1.陶甑（2001CWWM14∶8）　2、3.陶钵（2001CWWM14∶26、2001CWWM14∶24）　4、5.灰陶罐（2001CWWM14∶14、2001CWWM14∶19）　6、7.红陶罐（2001CWWM14∶13、2001CWWM14∶17）　8.铁釜（2001CWWM14∶3）　9.料珠（2001CWWM14∶4）

5厘米。2001CWWM14∶7，直口，卷沿，短领，弧肩，鼓腹，平底。口径7.2、腹径7.5、底径4.5、高4.2厘米。2001CWWM14∶17，小口，卷沿，宽肩，弧腹，平底。口径7、腹径10.2、底径5.2、高5.5厘米（图二五，7；图版二三，4）。

铁釜　1件。2001CWWM14∶3，敞口，折沿，鼓腹，圜底。锈蚀。口径24.5、腹径37、高25.5厘米（图二五，8）。

料珠　1组3件。2001CWWM14∶4，直径0.5～0.8厘米（图二五，9）。

五铢钱　数枚。标本2001CWWM14∶1，质地较差，字迹不清。直径2.5～2.7厘米。

10. 2001CWWM15

位于发掘区西侧，方向350°。

（1）墓葬形制

砖室墓，平面呈长方形。墓室呈长方形，残长2.6、宽1.2、残高0.33米，以菱形装饰的花纹砖单层起砌（图二六；图版二〇，3）。

（2）葬具葬式

墓室的尸骨保存较好，发现骨架4具，其中两具头向北，两具头向南。

（3）出土器物

铁釜残存碎片，未能复原。

银指环　3件。2001CWWM15∶2，直径分别为2.3、2.1、1.85厘米。

石串饰　1组2件。2001CWWM15∶1，黑色煤精石制成的穿孔豚形器和中有孔的三角形石珠。

五铢钱　3枚。

标本2001CWWM15∶3，锈蚀较严重，钱文不清。

图二六 2001CWWM15平、剖面图
1.石串饰 2.银指环 3.铜钱

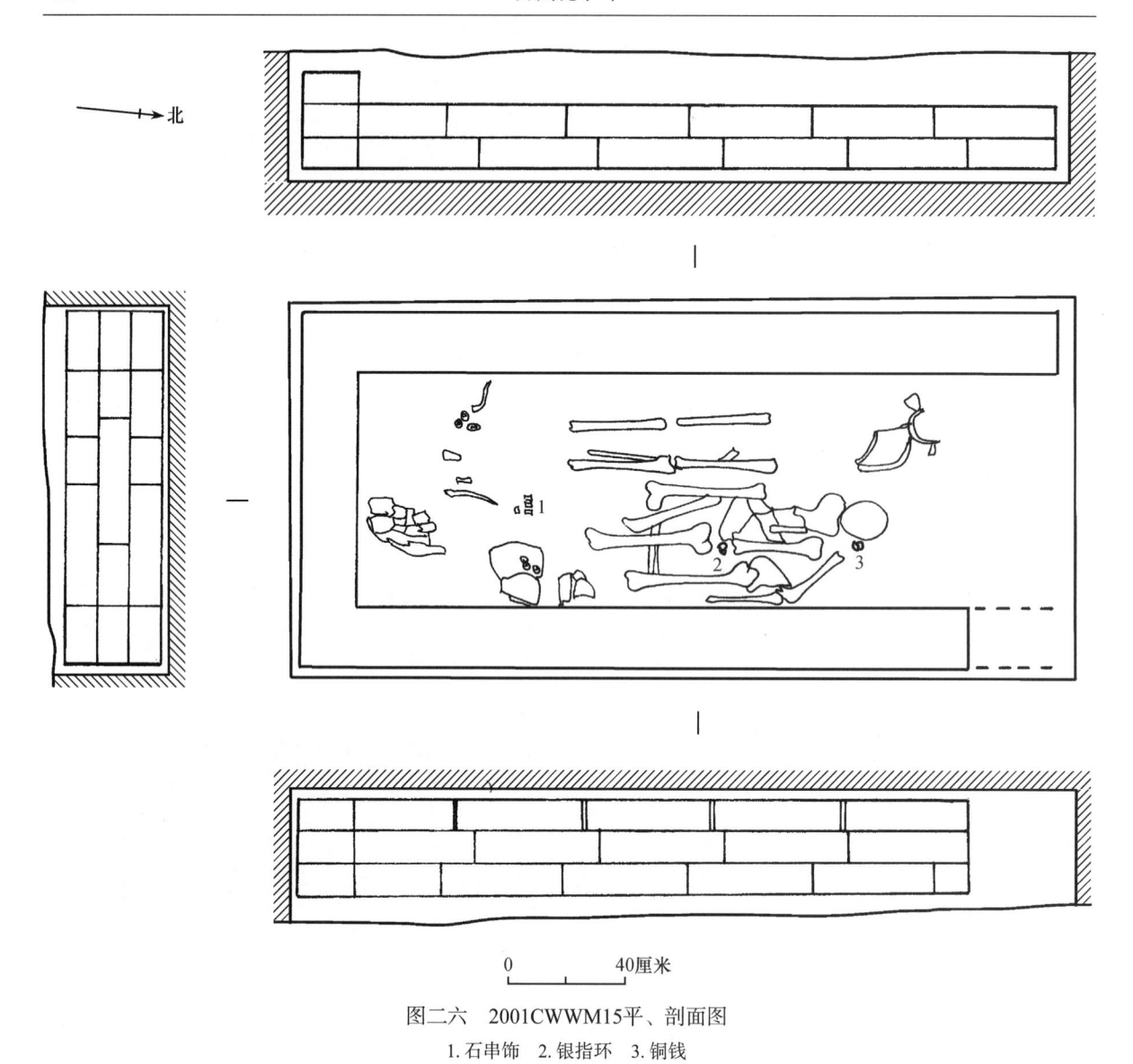

11. 2002CWWM1

位于发掘区东北部，方向17°。

（1）墓葬形制

砖室墓，平面呈长方形，墓室长2.8、宽1.6、残高0.84、墙体厚0.2米。墓壁采用单层花纹砖错缝平砌，花纹为连续菱形纹。砖长42、宽20、厚12厘米。未发现铺地砖和封门砖（图二七；图版二〇，4）。

（2）葬具葬式

腐朽严重，只见零星尸骨，个体及葬式不清。

（3）出土器物

陶器4件、铁釜1件。五铢钱多枚，锈蚀严重，未提取。

陶器 4件。

甑 1件。2002CWWM1∶1，泥质灰陶。敞口，尖唇，平折沿，腹壁内收，与铁釜相连。

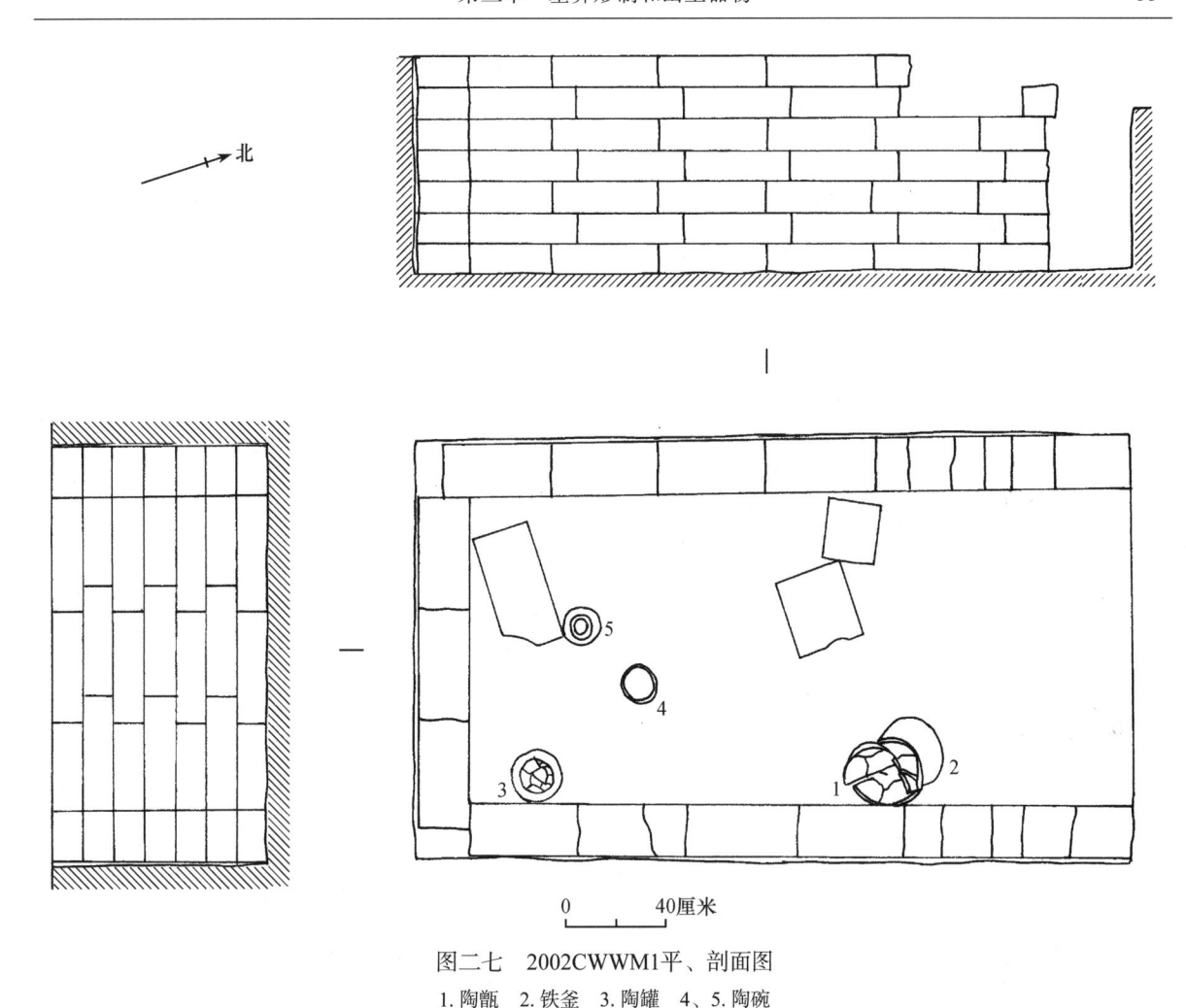

图二七 2002CWWM1平、剖面图
1.陶甑 2.铁釜 3.陶罐 4、5.陶碗

口径29.6、底径9.4、高16.4厘米（图二八，1；图版二三，5）。

罐 1件。2002CWWM1：3，泥质灰陶。小口，尖唇，平折沿，束颈，广肩，折腹，圜底。下腹部饰纵向粗绳纹。此罐本来有盖，惜破碎严重，无法修复。口径11.5、腹径20.8、高12.8厘米（图二八，2；图版二三，6）。

碗 2件。均为泥质灰陶。2002CWWM1：4，敞口，圆唇，弧腹，平底，矮圈足。口径15.3、底径7、高7.5厘米（图二八，3）。2002CWWM1：5，口微敛，尖唇，弧腹，平底，圈足。口径15.2、底径6.8、高7.5厘米（图二八，4；图版二三，7）。

铁釜 1件。2002CWWM1：2，大敞口，尖唇，卷沿，圆腹，圜底。口径28、高20.8厘米（图二八，1）。

12. 2002CWWM2

位于发掘区北部，方向270°。

（1）墓葬形制

砖室墓，平面呈长方形，墓葬保存完好，券顶砖被撬掉8块（图版二四，1）。墓道呈不规则的半圆形，斜坡状，长0.95、宽0.8~1.1、深0.35米。券顶采用横向起券法，使用梯形榫卯砖，十分坚固。起券的高度较高，但是券顶的上部呈多棱形，与纵向起券形成的半圆形券顶

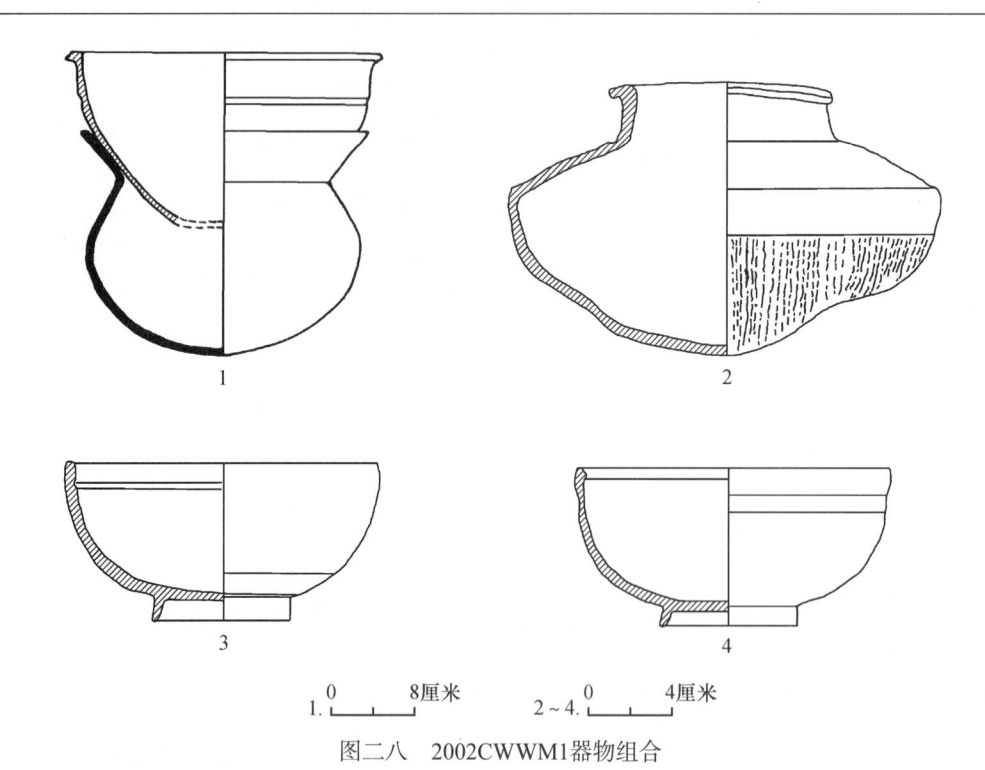

图二八　2002CWWM1器物组合

1. 陶甑、铁釜（2002CWWM1：1、2002CWWM1：2）　2. 陶罐（2002CWWM1：3）　3、4. 陶碗（2002CWWM1：4、2002CWWM1：5）

不同。没有发现砖砌墓门，因此墓内的淤土已满，只有近券顶处有不到10厘米的空隙。墓室长2.94、宽1.8、高1.8、墙体厚0.2米（图二九；图版二四，2）。墓壁采用单层模印的连体菱形花纹砖错缝平砌，砖长43、宽21、厚12厘米；券顶砖采用梯形榫卯砖，砖长39、宽21、厚12厘米；铺地砖采用平铺法，缝隙比较整齐，墓口处的铺地砖已经被破坏。

（2）葬具葬式

发现1具尸骨，腐朽较甚，葬式不明。从头骨和肢骨判断，头向西，与墓向一致。未发现棺木痕迹。

（3）出土器物

陶器11件、铁釜1件、琉璃耳珰4枚、五铢钱10枚。

陶器

甑　1件。2002CWWM2：1，泥质灰陶。折沿，斜壁深腹，小平底。底有箅孔，孔径较大。口径29.3、底径15、高17.6厘米（图三〇，1；图版二五，1）。

罐　3件。均为泥质灰陶。2002CWWM2：3，侈口，圆唇，卷沿，束颈，宽肩，上腹微鼓，下腹斜收，小平底。肩上饰凹弦纹。口径9.6、腹径、底径6、高11.4厘米。2002CWWM2：4，侈口，圆唇，卷沿，溜肩，鼓腹，小平底。肩饰一凹弦纹。口径10、腹径15、底径7、高12厘米（图三〇，2；图版二五，2）。2002CWWM2：5，侈口，圆唇，卷沿，束颈，宽溜肩，收腹，小平底。肩上饰凹弦纹。口径9.5、腹径14、底径6.8、高11厘米（图三〇，3；图版二五，3）。

盖壶　1件。2002CWWM2：6，泥质红陶。盘口，长颈，折肩，鼓腹，圈足。腹部饰弦纹和铺首衔环。有盖，覆钵形盖，上有环纽。外施褐釉，多已脱落。口径15.2、腹径26.2、底径

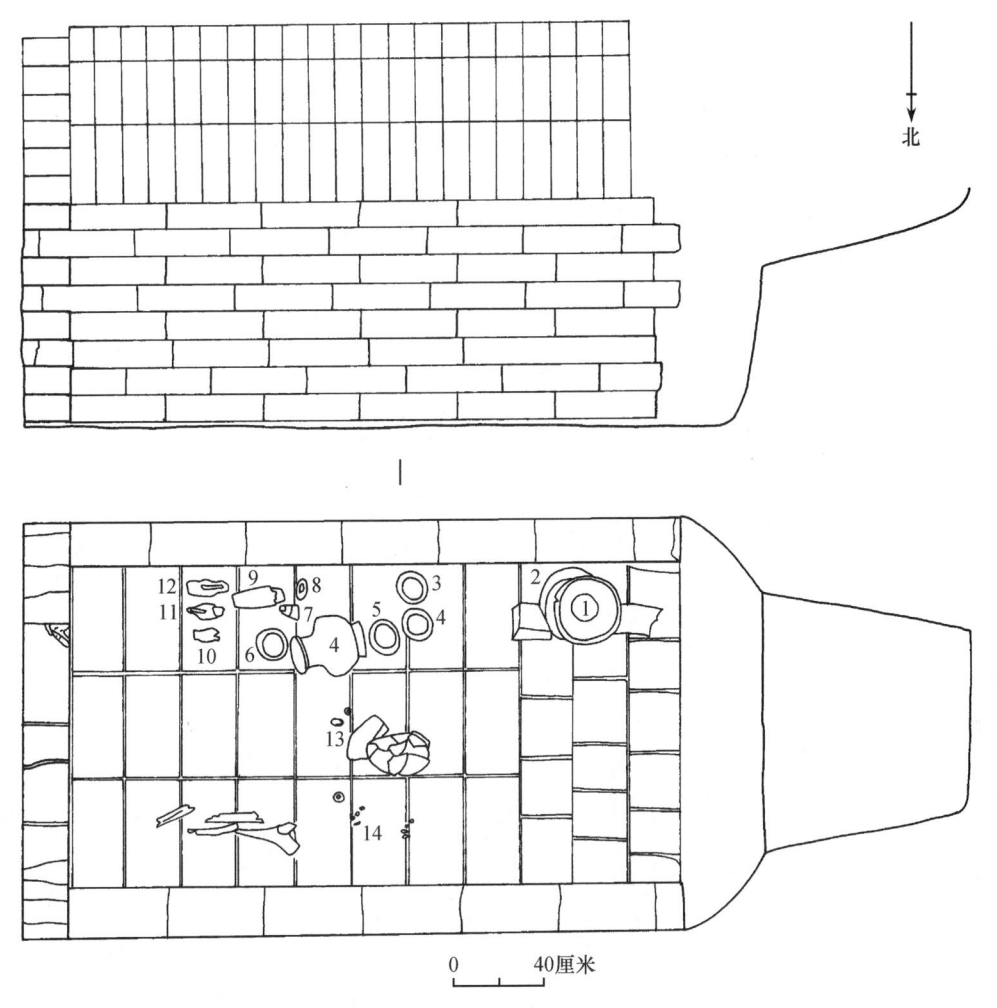

图二九　2002CWWM2平、剖面图

1.陶甑　2.铁釜　3~5.陶罐　6.陶盖壶　7、8.陶人俑　9.陶狗俑　10、11.陶鸡俑　12.陶猪俑　13.琉璃耳珰　14.五铢钱

14.8、通高34厘米（图三〇，4；图版二五，4）。

人俑　2件。均为泥质红陶。2002CWWM2：7，戴平顶帽，交领右衽，拱手而立。高19.2厘米（图三〇，5；图版二五，5）。2002CWWM2：8，戴平顶帽，交领右衽，拱手而立，高19厘米。

狗俑　1件。2002CWWM2：9，泥质红陶。昂首，竖耳，张嘴露牙，颈上束带环，尾巴短小，四足着地。高18.5厘米（图三〇，6；图版二五，6）。

子母鸡俑　1件。2002CWWM2：10，泥质红陶。蹲伏状，两只小鸡一在胸前一在其背上面。高10厘米（图三〇，7；图版二六，1）。

公鸡俑　1件。2002CWWM2：11，泥质红陶。公鸡形，站立状，高冠长尾。高16.8厘米（图三〇，8；图版二六，2）。

猪俑　1件。2002CWWM2：12，泥质红陶。长嘴，露两獠牙，颈有长鬃毛，足短。高10.8厘米（图三〇，9；图版二六，3）。

铁釜　1件。2002CWWM2：2，大敞口，圆唇，折沿，尖圆腹，圜底。口径28、腹径27.2、高22厘米（图三〇，10；图版二六，4）。

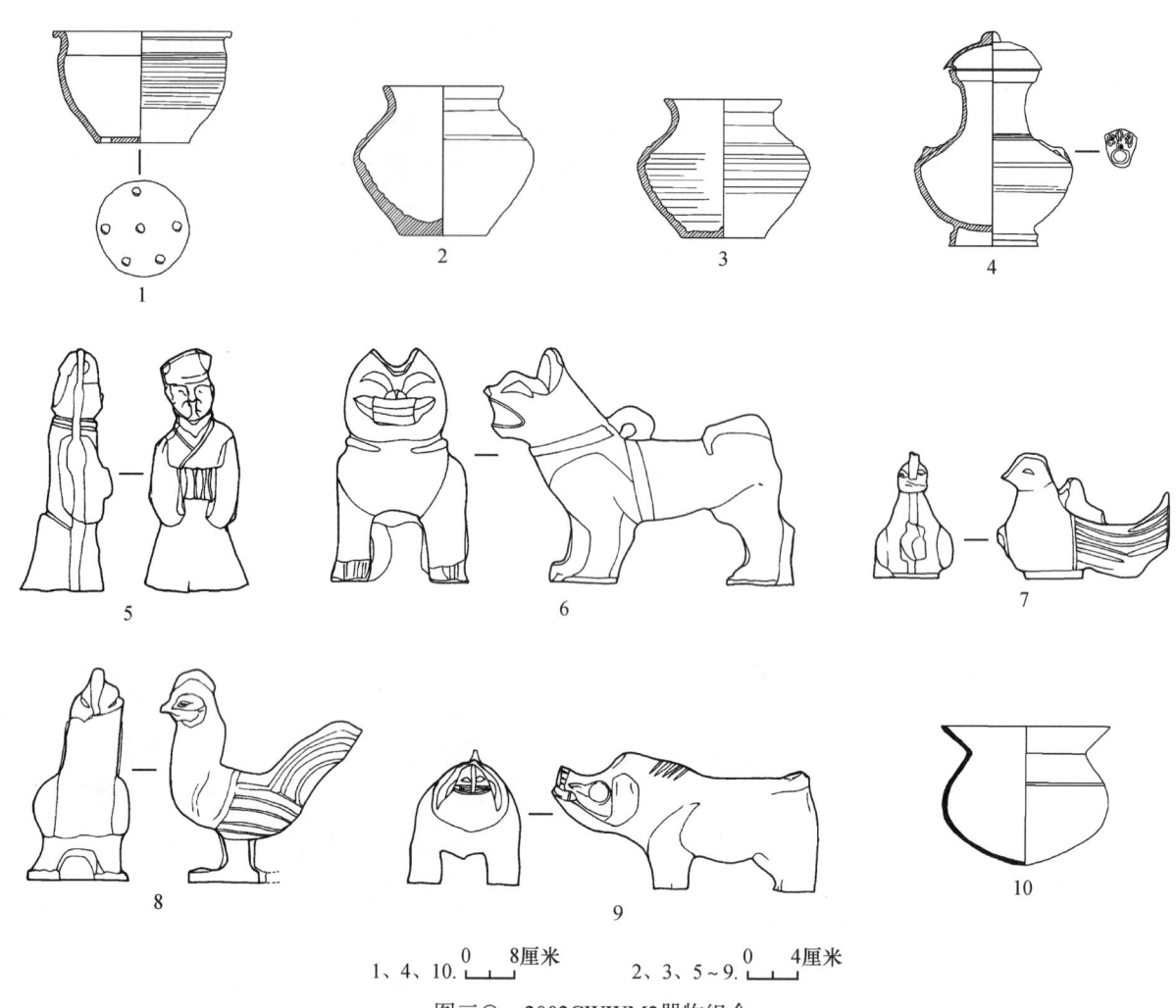

图三〇　2002CWWM2器物组合

1. 陶甑（2002CWWM2：1）　2、3. 陶罐（2002CWWM2：4、2002CWWM2：5）　4. 陶盖壶（2002CWWM2：6）
5. 陶人俑（2002CWWM2：7）　6. 陶狗俑（2002CWWM2：9）　7. 陶子母鸡俑（2002CWWM2：10）　8. 陶公鸡俑
（2002CWWM2：11）　9. 陶猪俑（2002CWWM2：12）　10. 铁釜（2002CWWM2：2）

琉璃耳珰　4枚。标本2002CWWM2：13，深蓝色，两两成对，亚腰形，中有穿孔。高1.3～1.8、孔径0.2～0.3厘米（图版二六，5）。

五铢钱　10枚。标本2002CWWM2：14，锈蚀较重。直径2.6厘米。

13. 2002CWWM3

位于发掘区的中心区域，方向313°。

（1）墓葬形制

砖室墓，平面呈刀形，由墓道、甬道、墓室组成。墓道在甬道的正前方，被现代的一条深沟所破坏，形状及尺寸不明。甬道的东侧墙壁同被现代沟所扰乱，券顶砖和壁砖被撬掉部分外，铺地砖保存尚好。长2.08、宽1.82、高1.38米（图三一；图版二四，3）。甬道的券顶除东侧一角外，保存完整，采用榫卯砖纵向起券，顶部坡度比较平整。墓室平面呈长方形，长2.69、宽3.16、高2.2、墙体厚0.17米。墓室的券顶除顶部略有塌陷，基本完好。墓室和甬道都采用单层青砖错缝平砌，朝向墓室的一面均有模印的菱形花纹。砖长40、宽17、厚7厘米，铺

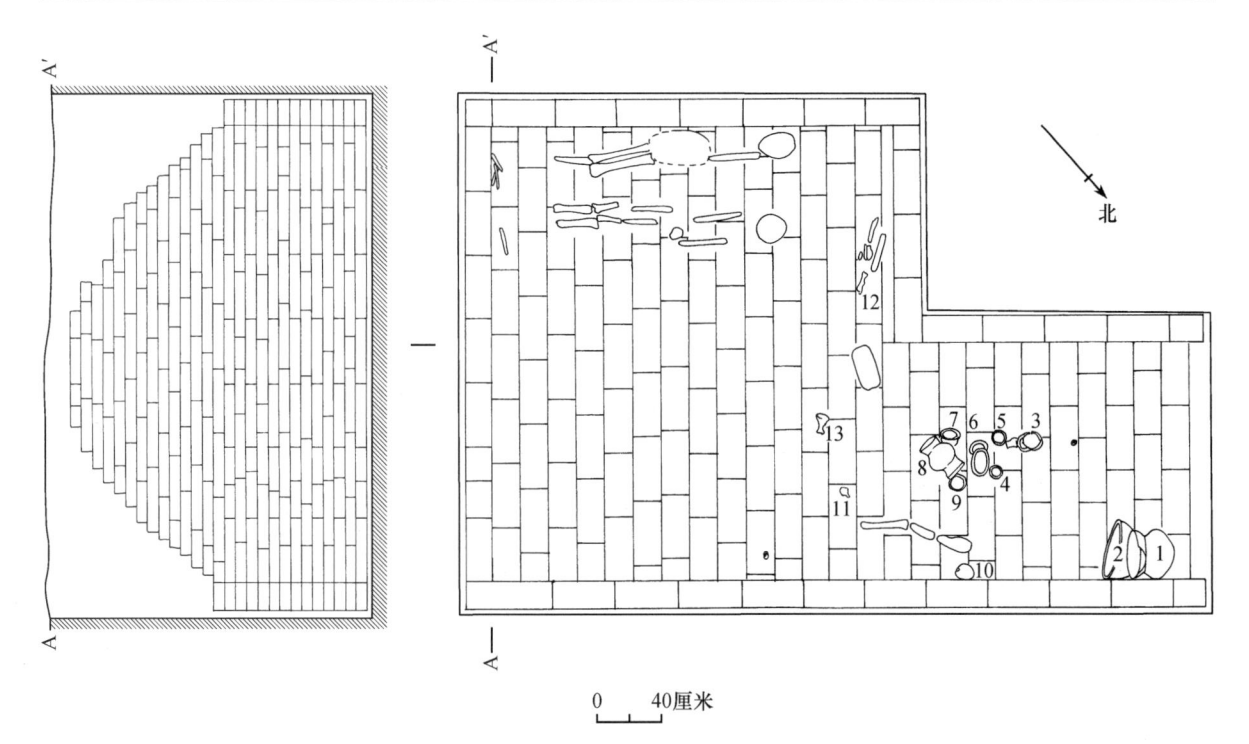

图三一 2002CWWM3平、剖面图

1.铁釜 2.陶甑 3.陶盘 4.陶盂 5.陶罐 6、7.陶囷 8.陶壶盖 9、10.陶碗 11.陶魁 12.陶俑 13.陶熏炉

地砖也采用相同的砖和砌法。

（2）葬具葬式

人骨6具，甬道1具，墓室5具。尸骨腐朽较甚，葬式不明，头向多与墓向一致。

（3）出土器物

陶器12件、铁釜1件、五铢钱14枚。

陶器

甑 1件。2002CWWM3：2，泥质灰陶。敞口，尖唇，折沿，斜壁，深腹，平底。底有箅孔。口径37、底径16.5、高17.8厘米（图三二，1；图版二七，1）。

盘 1件。2002CWWM3：3，泥质红陶。大敞口，圆唇，平折沿，斜壁，浅盘，平底。口径11.5、底径5.6、高2.3厘米（图三二，2）。

盂 1件。2002CWWM3：4，泥质红陶。大敞口，圆唇，卷沿，束颈，折肩，平底。口径9、腹径9、底径5、高5厘米（图三二，3）。

罐 1件。2002CWWM3：5，泥质红陶。敞口，圆唇，折沿，束颈，折腹，平底。口径8.6、腹径8.3、底径5、高4.5厘米（图三二，4）。

囷 2件。均为泥质灰陶。2002CWWM3：6，敛口，圆唇，折沿，折肩，斜腹，平底。最大径在肩部。口径8.5、腹径10.6、底径6、高7厘米。2002CWWM3：7，敛口，圆唇，折肩，斜腹，平底。最大径在肩部。口径8.8、腹径11.2、底径6.4、高7.5厘米（图三二，5；图版二七，2）。

碗 2件。均为泥质红陶。2002CWWM3：9，敞口，圆唇，平折沿，深腹，平底。口径14.2、底径7、高5.2厘米（图三二，6）。2002CWWM3：10，敞口，平沿，深腹，平底。腹部

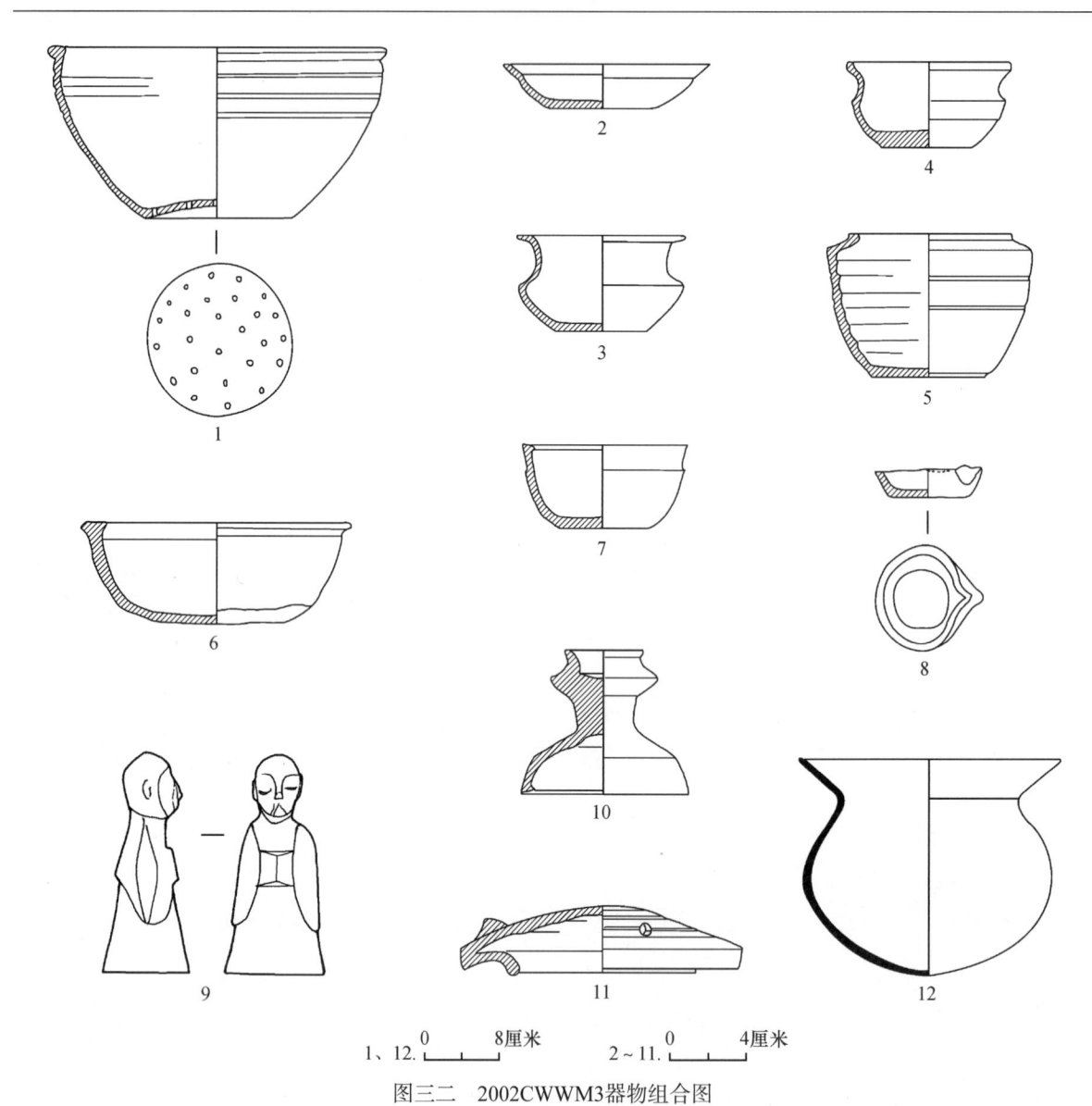

图三二 2002CWWM3器物组合图

1.陶甑（2002CWWM3∶2） 2.陶盘（2002CWWM3∶3） 3.陶盂（2002CWWM3∶4） 4.陶罐（2002CWWM3∶5）
5.陶囷（2002CWWM3∶7） 6、7.陶碗（2002CWWM3∶9、2002CWWM3∶10） 8.陶魁（2002CWWM3∶11）
9.陶侍俑（2002CWWM3∶12） 10.陶熏炉（2002CWWM3∶13） 11.陶壶盖（2002CWWM3∶8）
12.铁釜（2002CWWM3∶1）

饰一周凹槽。口径9、底径4.8、高4.4厘米（图三二，7；图版二七，3）。

魁 1件。2002CWWM3∶11，泥质红陶。敞口，平沿，浅腹，平底。流为捏制。口径4.8、底径4.2、高1.5厘米（图三二，8；图版二七，4）。

侍俑 1件。2002CWWM3∶12，泥质红陶。无冕，拱手，深衣，为女俑。高11.4厘米（图三二，9；图版二七，5）。

熏炉 1件。2002CWWM3∶13，夹砂红陶。子母口，圆唇，弧腹，喇叭形柄，覆碗形底座。缺盖。口径4.2、底径9、高7.4厘米（图三二，10；图版二七，6）。

壶盖 1件。2002CWWM3∶8，泥质红陶。子母口，三柱形纽。口径9.2、高3.4厘米（图三二，11）。

铁釜　1件。2002CWWM3：1，大敞口，圆唇，束颈，尖圆腹，圜底。口径28、腹径26.4、高22.5厘米（图三二，12）。

14. 2002CWWM5

位于发掘区南部，方向342°。

（1）墓葬形制

砖室墓，平面呈长方形。墓室长3.05、宽1.24、残高0.36、墙体厚0.19米（图三三；图版二四，4）。墓室采用单层花纹砖错缝平砌，内壁模印车轮菱形花纹和连体菱形纹。砖长38、宽20、厚12厘米。未发现铺地砖。墓室的券顶和两端被现代的深沟破坏。

（2）葬具葬式

在墓室的中部发现零星的肢骨，葬式不明。

（3）出土器物

出土陶器11件。

陶器

罐　2件。均为泥质红陶。2002CWWM5：1，侈口，尖唇，折沿，宽折肩，弧腹，底不平外凸。口径9.2、腹径13.4、底径10.8、高6.6厘米（图三四，1）。2002CWWM5：5，大

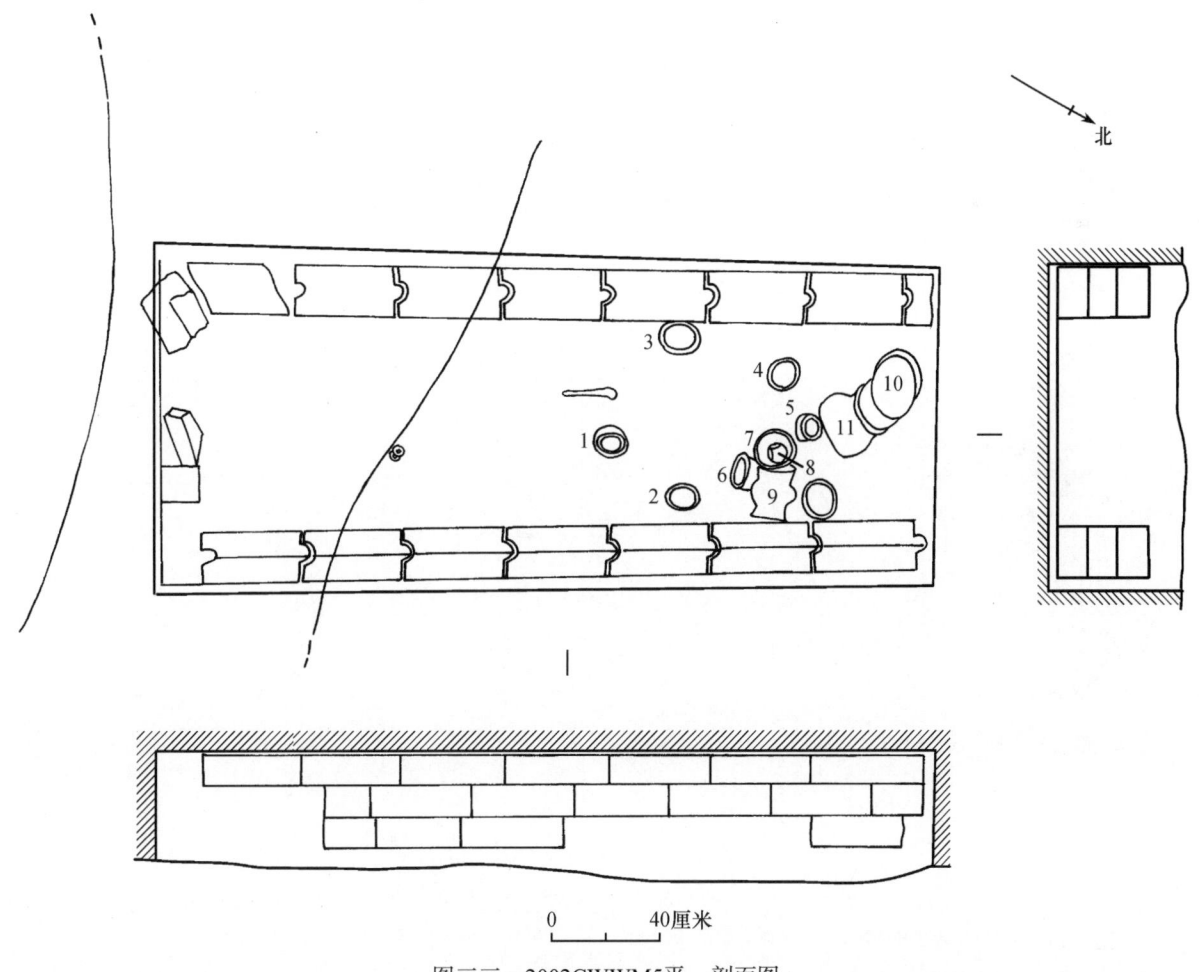

图三三　2002CWWM5平、剖面图
1、5.陶罐　2、3、6、7.陶碗　4.陶盘　8.陶魁　9.陶壶　10.陶甑　11.陶釜

敞口，卷沿，束颈，溜折肩，弧腹，圜底。口径10、腹径10、高6.3厘米（图三四，2；图版二八，1）。

碗 4件。均为泥质红陶。2002CWWM5∶2，敞口，尖唇，平沿，深腹，壁较直，平底。口径12.6、底径4.4、高4.8厘米。2002CWWM5∶3，敞口，圆唇，平沿，腹较浅，斜壁，圜底凹凸不平。口径13.4、底径8、高4.4厘米（图三四，3；图版二八，2）。2002CWWM5∶6，敞口，圆唇，平沿，腹较浅，斜壁，小平底。腹部饰一周凹弦纹。口径11.4、底径6.2、高4.6厘米（图三四，4；图版二八，3）。2002CWWM5∶7，敞口，圆唇，平沿，腹较浅，斜壁，平底。口径11.4、底径7、高5.2厘米。

盘 1件。2002CWWM5∶4，泥质红陶。敞口，平折沿，浅盘，平底。口径11.6、底8.4、高2厘米（图三四，5）。

魁 1件。2002CWWM5∶8，泥质红陶。侈口，平折沿，浅腹，平底。柄捏制。口径6.6、高2.2厘米（图三四，6）。

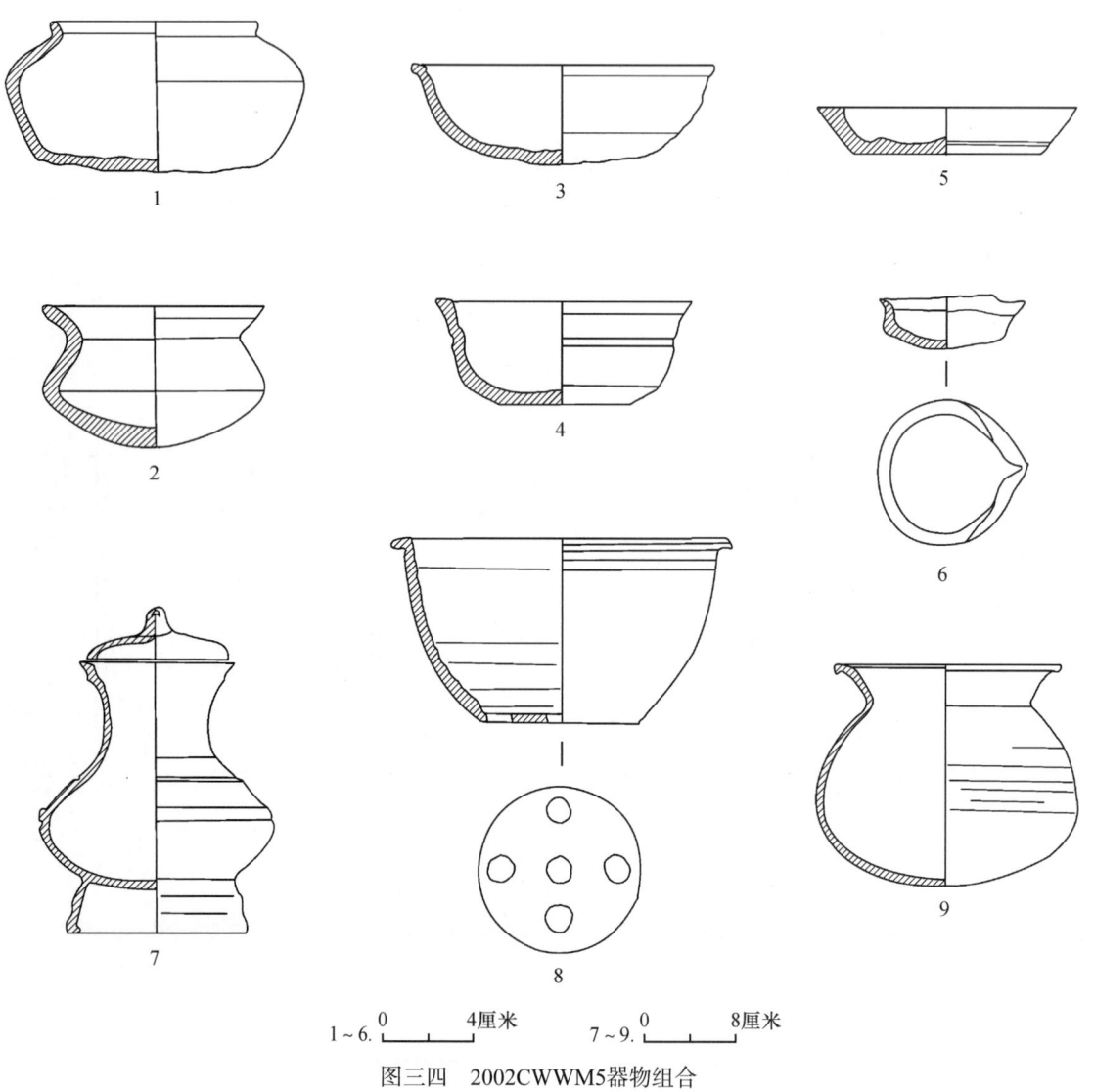

图三四 2002CWWM5器物组合

1、2.陶罐（2002CWWM5∶1、2002CWWM5∶5） 3、4.陶碗（2002CWWM5∶3、2002CWWM5∶6）
5.陶盘（2002CWWM5∶4） 6.陶魁（2002CWWM5∶8） 7.陶壶（2002CWWM5∶9） 8.陶甑（2002CWWM5∶10）
9.陶釜（2002CWWM5∶11）

壶　1件。2002CWWM5：9，泥质红陶。侈口，平沿，圆唇，长直颈，弧肩，扁圆腹，高圈足。覆碟式盖，上有一环形纽。腹部饰弦纹。口径14.2、腹径21.5、底径16.3、高28厘米（图三四，7；图版二八，4）。

甑　1件。2002CWWM5：10，泥质灰陶。敞口，尖唇，卷沿，斜腹，平底。底有五个箅孔。口径31、腹径26.2、底径14.2、高15.8厘米（图三四，8；图版二八，5）。

釜　1件。2002CWWM5：11，灰陶，大敞口，垂腹，圜底，下底部饰绳纹。口径20、腹径23.5、高19.4厘米（图三四，9；图版二八，6）。

15. 2004CWWM3

位于发掘A区的T0202、T0203、T0103内，墓向10°。

（1）墓葬形制

砖室墓，由甬道和墓室组成，总长3.6、墓室宽2.96、甬道宽1.8米（图三五；图版二九，1）。在甬道口的前端有一段斜坡入口，类似墓道。墓葬保存完好，甬道和墓室的弧形券顶均无丝毫的坍塌，墓内集满了淤沙。甬道东西向起券，下层砖壁（1~10层）由条砖平垒而成，上层砖壁由子母口楔形券砖（共29层）横券而成。墓室南北向起券，起券方式与甬道一致，底部平垒的条砖为12~13层，上部横券的楔形砖达47层（图版二九，2）。铺地砖用整砖铺成，较规整，不过甬道和墓室入口处不见铺地砖。墓砖有两种：①条砖，长41、厚8厘米，花纹为菱形；②子母口楔形券砖，长42、窄口厚6厘米，花纹为菱形。

（2）葬具葬式

在墓室西侧有3具人体骨骼，南北向并列摆放，均保存不太好，紧邻西壁的仅见两段肢骨，另两具能看出人形，有头骨，均为仰身直肢，头向北。骨骼间距较小，不似有木质葬具的迹象。

（3）出土器物

共出土器物56件，其中陶器51件，铜器4件，铁器1件。器物分三堆放置：大部分放在甬道的西侧；一小部分放在墓室的东侧，也有釜、甑组合器；另一堆放置在墓室的西北角即人体骨骼的顶端，多为红陶明器。

陶器　51件。

鼎　2件。均为泥质红陶。2004CWWM3：50，钵形，子母口，沿下附耳，圜底。三蹄形足略外撇。外壁施凹弦纹。外施褐釉，多已脱落。口径18.6、腹径19.8、耳高4.4、足高7.4、盖径20.2、通高18厘米（图三六，1；图版三〇，1）。2004CWWM3：55，钵形，子母口，沿下附耳，圜底。三蹄形足，略外撇，外壁饰凹弦纹。口径19、腹径19.6、耳高6、足高5.4、盖径20、通高17.5厘米（图三六，2；图版三〇，2）。

壶　3件。

红陶壶　2件。均为泥质陶。2004CWWM3：5，侈口，圆唇，长颈内束，弧肩，扁鼓腹，高圈足。无盖。腹部饰一对铺首衔环，上腹两道凹弦纹，下腹三道凹弦纹。口径14.2、腹径26.7、底径17、高30厘米（图三六，3；图版三〇，3）。2004CWWM3：6，盘口较深，长直颈，圆鼓腹，圈足。覆碟式盖，上有一环形纽，周边有四柱形纽。腹部饰一对铺首衔环，上腹

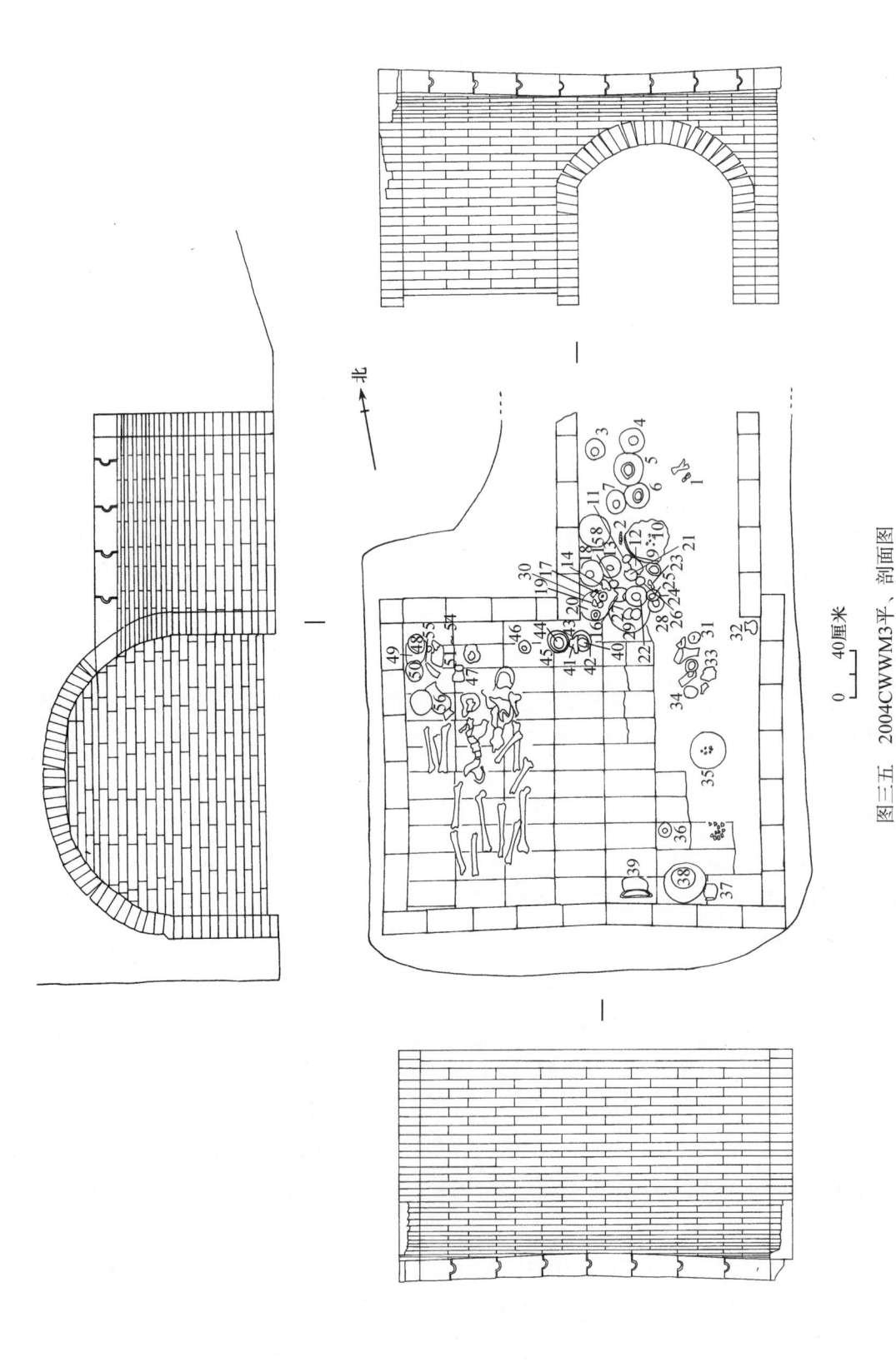

图三五 2004CWWM3平、剖面图

1. 铜带钩 2. 铜钱 3、6~8、13、15、17、18、20~22、28~30、32、34、36、40、47. 陶罐 4、5、56. 铜釜 9、27、35、52、53. 陶瓶 10. 铜釜 11、19、25、41~44、46、48、54. 陶钵 12、37. 陶囷 14. 陶釜 16、33、49. 陶灯 23、26. 陶杯 24. 陶器盖 31. 陶熏炉盖 38. 铁釜 39. 铜盆 45. 陶魁 50、55. 陶鼎 51. 陶熏炉

三道凹弦纹，下腹两道凹弦纹。外施褐釉。口径15.4、腹径20.8、底径16、高30厘米。

灰陶壶　1件。泥质陶。2004CWWM3：56，盘口，束颈，溜肩，扁鼓腹，圈足。上腹饰两道下腹饰三道凹弦纹，圈足饰弦纹。口径14、腹径25.2、底径16.8、高28.4厘米。

罐　19件。分灰陶、红陶两种。

红陶罐　12件。均为泥质陶。2004CWWM3：3，直口，圆唇，直领，束颈，宽折肩，弧腹，平底。肩下饰一对盲鼻。口径12、腹径、底径10.8、高14厘米。2004CWWM3：4，侈口，圆唇，卷沿，宽肩，折腹，小平底。口径10、腹径20、底径10、高14.6厘米（图三六，4；图版三〇，4）。2004CWWM3：7，直口，圆唇，直领，宽折肩，弧腹，平底。肩下饰一对盲鼻。口径11.6、腹径18、底径11.2、高12.8厘米（图三六，5；图版三〇，5）。2004CWWM3：15，口微侈，圆唇，平沿，斜直领，束颈，折腹，小平底。口径8、腹径、底5.6径、高6.3厘米。2004CWWM3：17，侈口，圆唇，无颈，斜肩，折腹，小平底。口径5.7、腹径、底径5.2、高5.3厘米。2004CWWM3：20，口微敛，圆唇，斜肩，鼓腹，小平底。口径8、腹径11.1、底径5.4、高6.5厘米（图三六，6；图版三〇，6）。2004CWWM3：21，侈口，圆唇，平沿，直领稍内束，折腹，小平底。外施褐釉，现多已脱落。口径9、腹径11.6、底径5.4、高6.6厘米（图三六，7；图版三一，1）。2004CWWM3：32，大敞口，圆唇，卷沿，束颈，斜肩，折腹，小平底。内外施褐釉。口径7.6、腹径7.6、底径5、高6.5厘米（图三六，8）。2004CWWM3：34，口残，束颈，斜肩，折腹，下腹部鼓出，平底。颈下饰一对盲鼻。腹径10.2、底径5.6、高7.5厘米。2004CWWM3：36，侈口，圆唇，卷沿，斜肩，折腹，小平底。口径7、腹径11.6、底径5.8、高6厘米。2004CWWM3：40，大敞口，圆唇，卷沿，束颈，斜肩，折腹，小平底。外施半褐釉。口径8.8、腹径10、底径5.2、高8.1厘米（图三六，9；图版三一，2）。2004CWWM3：47，大敞口，方唇，卷沿，束颈，折腹，下腹部鼓出，圜底。颈下饰一对盲鼻。口径13.3、腹径13、底径5.8、高10.7厘米（图三六，10；图版三一，3）。

灰陶罐　7件。均为泥质陶。2004CWWM3：8，小口，圆唇，卷沿，短颈，广肩，扁腹，圜底。广肩满饰绳纹。口径9.2、腹径30、高17.4厘米。2004CWWM3：13，直口，尖唇，平沿，短颈，广肩，折腹，圜底。下腹满饰绳纹。口径12、腹径19、高12厘米。2004CWWM3：18，小口，圆唇，平沿，短束颈，广肩，扁腹，圜底。肩腹满饰绳纹。口径10.8、腹径30、高17厘米（图三六，11；图版三一，4）。2004CWWM3：22，直口，尖唇，平折沿，短颈，广肩，折腹，圜底。口径12、腹径21.2、高14.4厘米（图三六，12；图版三一，5）。2004CWWM3：28，直口，尖唇，平沿，短颈，广肩，折腹，圜底。下腹饰绳纹。口径11.5、腹径19.2、高10.8厘米。2004CWWM3：29，小口，尖唇，卷沿，短颈，广肩，扁腹，圜底。肩饰短线纹带，下腹满饰绳纹。口径13.2、腹径34、高22.5厘米。2004CWWM3：30，小口，尖唇，卷沿，短颈，广肩，扁腹，圜底。肩饰短线纹带，下腹满饰绳纹。口径10.8、腹径24.8、高16.8厘米。

釜　1件。2004CWWM3：14，泥质红陶。子口微敛，圆唇，折沿，内沿面下凹，束颈，扁圆腹，平底。口沿外侧饰一对环形附耳。内外均施褐釉，但多已脱落。口径7.4、腹径9.4、底径5.6、高6.7厘米（图三六，13；图版三一，6）。

甑　5件。分灰陶、红陶两种。

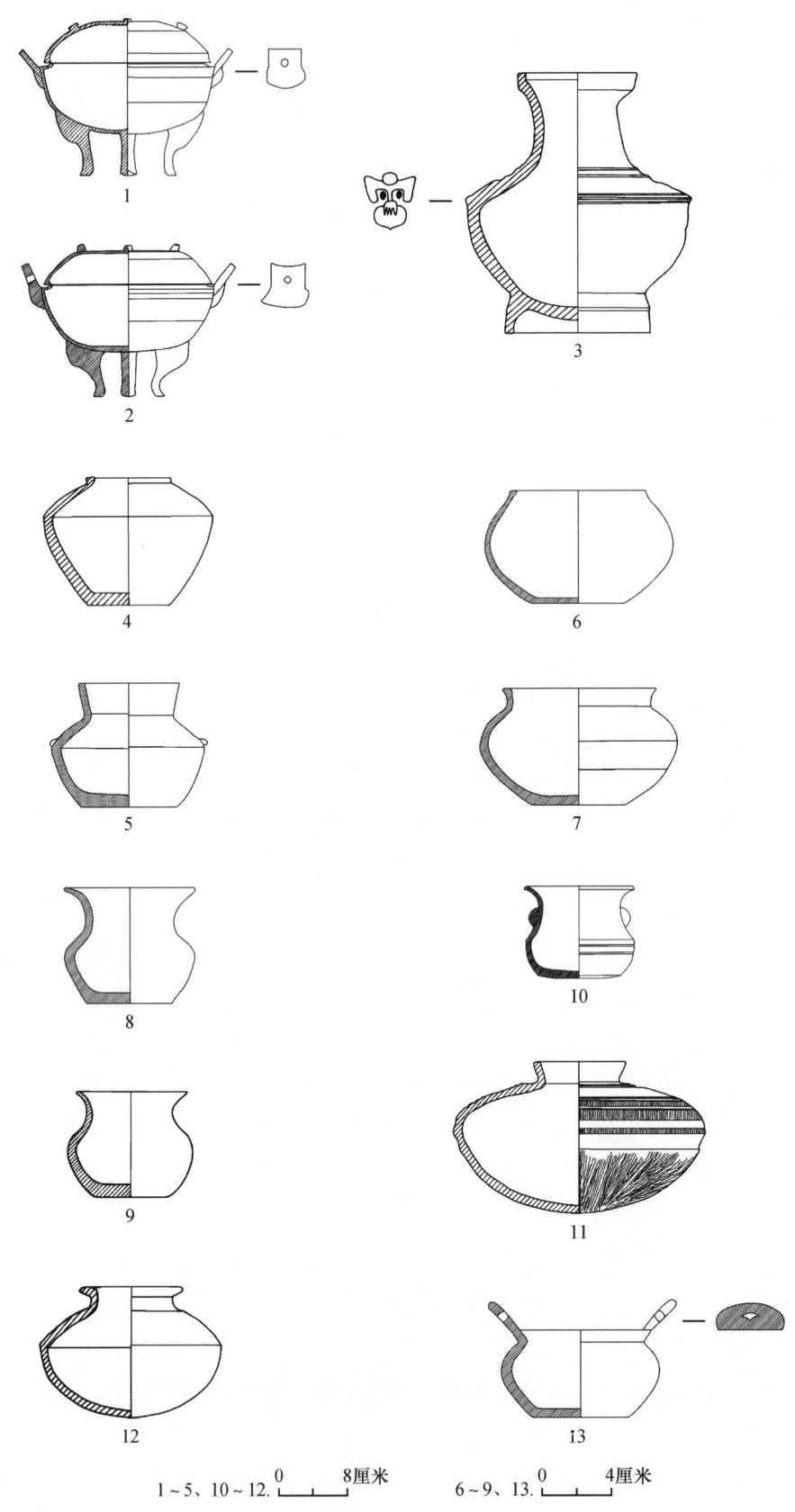

图三六　2004CWWM3器物组合（一）

1、2.陶鼎（2004CWWM3：50、2004CWWM3：55）　3.陶壶（2004CWWM3：5）　4~12.陶罐（2004CWWM3：4、2004CWWM3：7、2004CWWM3：20、2004CWWM3：21、2004CWWM3：32、2004CWWM3：40、2004CWWM3：47、2004CWWM3：18、2004CWWM3：22）　13.陶釜（2004CWWM3：14）

灰陶甑 2件。均为泥质陶。2004CWWM3：9，大敞口，尖唇，卷沿，上腹壁微鼓，下腹壁斜收，平底。底有孔。口径34、腹径32.9、底径15.2、高22厘米。2004CWWM3：35，大敞口，尖唇，卷沿，上腹壁微鼓，下腹壁急收，底内凹，有箅孔。上腹外壁饰两周凹弦纹。口径29、腹径28.8、底径14.2、高18厘米（图三七，1；图版三二，1）。

红陶甑 3件。均为夹砂陶。2004CWWM3：27，钵形，斜弧腹，底内凹。底有孔，外壁有折痕。口径12、底径5、高4.6厘米。2004CWWM3：53，钵形，斜腹，凹底。有孔。外壁有折痕。口径17.6、底径6.6、高7.1厘米（图三七，3）。2004CWWM3：52，钵形，斜腹，凹底。底有孔。外壁有折痕。口径18.2、底径7.2、高7.5厘米（图三七，2；图版三二，2）。

钵 10件。分灰陶、红陶两种。

灰陶钵 3件。均为泥质陶。2004CWWM3：11，敞口，圆唇，斜腹，小平底。外壁常见多道折痕。口径16.2、底径4.8、高6.2厘米（图三七，4；图版三二，3）。2004CWWM3：41，敞口，圆唇，斜折腹，小平底。外壁常见多道折痕。口径17、底径7、高6.5厘米（图三七，5）。2004CWWM3：46，直口，平沿，上腹稍直，下腹内收，小平底。口径13.2、底径4、高4.4厘米。

红陶钵 7件。均为泥质陶。2004CWWM3：19，敞口，圆唇，卷沿，下腹斜收，小平底。腹部饰一周凹槽。红陶胎，原施褐釉，现多已脱落。口径12.8、底径4.6、高3.5厘米。2004CWWM3：25，敞口，平沿，上腹斜直，下腹内折，小平底。腹部饰一周凹槽。红陶胎，原施褐釉，现多已脱落。口径11.6、底径5、高5厘米（图三七，6；图版三二，4）。2004CWWM3：42，口稍直，圆唇，卷沿，腹较深，下腹内折，小平底。内壁施褐釉，外壁饰弦纹。口径12.4、底径4.6、高5厘米。2004CWWM3：43，口稍直，圆唇，卷沿，腹较深，下腹内收，小平底。外壁饰凹弦纹。口径17.2、底径5.8、高7.2厘米。2004CWWM3：44，直口，平沿，上腹稍直，下腹内收，小平底。上腹外饰一道凹弦纹。口径15、底径5.8、高6.8厘米。2004CWWM3：48，敞口稍直，圆唇，卷沿，腹较深，下腹内折，小平底。外壁饰凹弦纹。口径18、底径6、高7.2厘米。2004CWWM3：54，口稍直，圆唇，卷沿，腹较深，下腹内收，小平底。外壁饰凹弦纹。口径17、底径5、高7厘米（图三七，7；图版三二，5）。

囷 2件。均为泥质陶。2004CWWM3：12，灰陶，口微敛，圆唇，折肩，筒形腹较深微鼓，平底。腹外壁饰两周粗凹弦纹，口径9、腹径12.8、底径9.8、高13.8厘米（图三七，8；图版三二，6）。2004CWWM3：37，红陶，口微敛，圆唇，折肩，筒形腹较深微鼓，平底。腹外壁饰凹弦纹。口径10.4、腹径14、底径10.4、高14.4厘米。

熏炉 1件。2004CWWM3：31，泥质红陶。豆形子母口，深盘，沿部较浅，柄稍矮，喇叭形圈足。有盖2004CWWM3：51，整体呈盔形，鸟首形纽。器表刻划三组网格纹，均呈"∧"形，顶端各有一镂孔，下部饰两周弦纹。口径10、底径7、通高18.3厘米（图三七，9；图版三三，1）。2004CWWM3：51，与2004CWWM3：31合号。

杯 2件。均为泥质红陶。2004CWWM3：23，直口，筒形腹，单鋬，平底。红陶胎，原施褐釉，现多已脱落。口径7.6、底径4.8、高5.8厘米。2004CWWM3：26，直口，筒形腹，微鼓，无鋬，平底。沿下饰三道弦纹。红陶胎，原施褐釉，现多已脱落。口径9.6、底径5、高8.4厘米（图三七，10；图版三三，2）。

图三七 2004CWWM3器物组合（二）

1~3.陶甑（2004CWWM3：35、2004CWWM3：52、2004CWWM3：53） 4~7.陶钵（2004CWWM3：11、2004CWWM3：41、2004CWWM3：25、2004CWWM3：54） 8.陶囷（2004CWWM3：12） 9.陶熏炉（2004CWWM3：31） 10.陶杯（2004CWWM3：26） 11、12.陶灯（2004CWWM3：16、2004CWWM3：33） 13.陶器盖（2004CWWM3：24） 14.陶魁（2004CWWM3：45）

灯 3件。均为泥质红陶。2004CWWM3：16，敛口，圆唇，平沿，豆状盘较深，盘径和圈足径大体相当，比圈足略小，喇叭形柄，覆碗形底座。红陶胎，内外均施褐釉。口径8.4、底径9.6、高9.2厘米（图三七，11；图版三三，3）。2004CWWM3：33，敛口，圆唇，豆状盘，较深，短柄，覆碗形底座。内外均施褐釉。口径9.2、底径8.8、高8厘米（图三七，12）。2004CWWM3：49，敛口，圆唇，平沿，类豆状，喇叭形柄，覆碗形底座。口径7.6、底径12.8、高8厘米。

器盖 1件。2004CWWM3：24，泥质红陶。子母口，顶部有四个纽。通体施褐釉。口径10、高5.8厘米（图三七，13）。

魁 1件。2004CWWM3：45，泥质红陶。敛口，浅腹，下腹内收，平底。鸟喙形短柄。内施褐釉。口径4.7、底径3.7、高4.4厘米（图三七，14；图版三三，4）。

铜器 3件。

带钩 1件。2004CWWM3：1，短小作鸟体状。长4.2、高1.7厘米（图三八，1；图版三三，5）。

釜 1件。2004CWWM3：10，敞口，外侈，方唇，束颈，溜肩，鼓腹，平底。肩饰双环形耳，外壁饰弦纹。口径22.4、腹径26.4、底径16、高18.6厘米（图三八，2；图版三三，6）。

盆 1件。2004CWWM3：39，敞口，尖唇，折沿，短颈，深腹，平底。腹部饰一对环耳和三周凸弦纹。口径25.6、腹径23.6、底径14.8、高11厘米（图三八，3；图版三三，7）。

铁釜 1件。2004CWWM3：38，敛口，扁鼓腹，圜底。口径25、腹径37、高28厘米（图三八，4）。

五铢钱 1件。2004CWWM3：2，方孔圆钱，正面有轮无郭，背面轮郭俱全。钱文篆书，文字清晰，字体中宽。"五"字中间两笔交叉弯曲；"铢"字的金字头呈镞形、与"朱"等齐，"朱"字上部圆折、下部方折。直径2.6，孔径1、厚0.15厘米（图三八，5）。

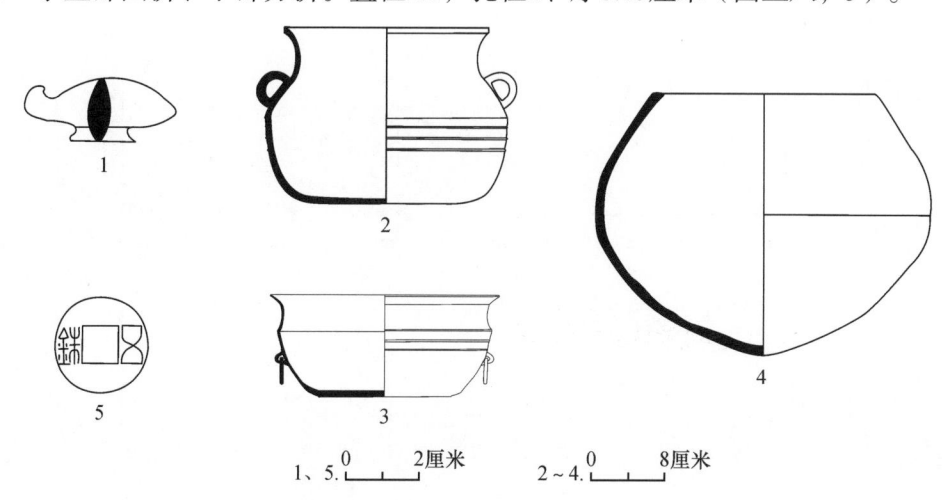

图三八 2004CWWM3器物组合（三）
1.铜带钩（2004CWWM3：1） 2.铜釜（2004CWWM3：10） 3.铜盆（2004CWWM3：39） 4.铁釜（2004CWWM3：38）
5.五铢钱（2004CWWM3：2）

16. 2004CWWM4

位于发掘B区T2704、T2804内，墓向16°。

（1）墓葬形制

砖室墓，平面呈刀形，由甬道和墓室组成，总长4.6、墓室宽3.3、甬道宽1.6米（图三九）。甬道部分破坏较甚，仅存与墓室相连的一小部分。甬道内东西壁起券，下部条砖7层，7层上起券，以有弧面的子母口砖竖券，保留有两层竖券砖。墓室内有一道南北向双层砖墙将之分为西、东两室，修砌隔墙的时间和用意不明，因为隔墙，东室完全处于封闭状态。整个墓室内南北壁起券，下部条砖10层，10层上起券，以有弧面的子母口砖竖券，保留有两层竖券。没有铺地砖。墓砖分条砖和子母口券砖、子母口楔形券砖四种：①条砖，长41、宽19、厚10厘米，为网格纹；②子母口券砖长26、宽19、厚9厘米，带花纹的一面呈凹弧状，花纹为菱形纹；③子母口楔形券砖，长40、宽19、厚7~9厘米，为菱形花纹；④另有一种垫砖，长10~14厘米，是从第②种砖母口一端截下来的，偶尔用在竖券中。

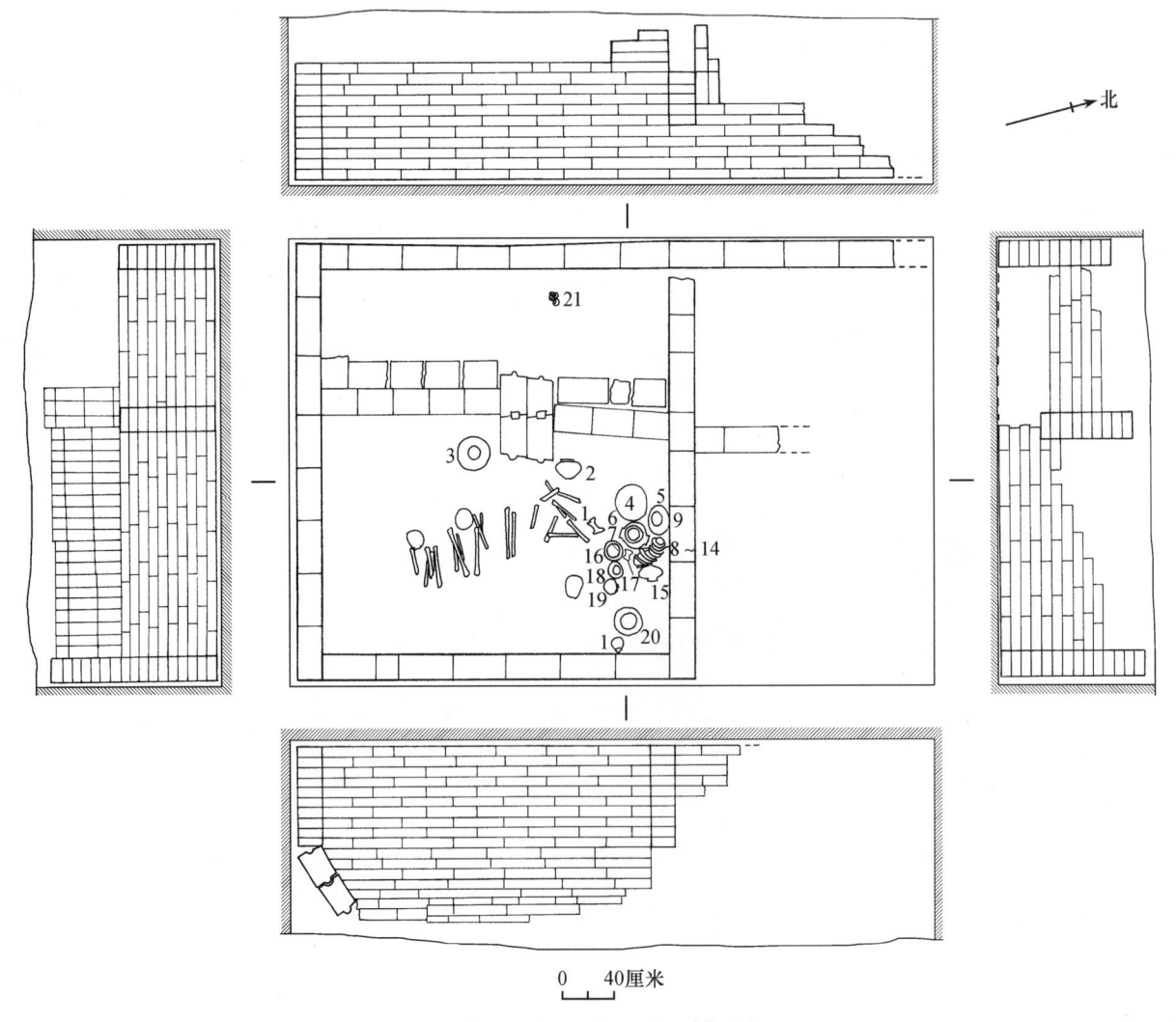

图三九 2004CWWM4平、剖面图
1.陶熏炉 2、5、6、15、16、18、20.陶罐 3、4.铁釜 7.陶鼎 8、10.陶魁 9、11~13.陶钵 14.陶甑 17.陶灯 19.陶杯 21.铜钱

（2）葬具葬式

出土的3具人体骨骼散乱放置，多段肢骨成堆摆放在头骨的下面，疑为二次葬。三具骨骼由北而南一字排开，北侧一具头向东，南侧二具头向西，头骨和肢骨均较细，不似成年人。

（3）出土器物

均在东室发现，分层放置。上层离墓底约40厘米，该层有3件器物，其中1件铁釜、2件陶器、3具人体骨架在该层发现。下层即墓底，有17件，集中在东室的北侧，其中1件铁釜，16件陶器。值得注意的是，在上层的1件熏炉盖和下层的1件豆形炉身可合为一器。西室没有发现器物，只有若干铜钱，东室没有发现铜钱。

陶器　18件。

鼎　1件。2004CWWM4∶7，泥质红陶。钵形子母口，沿下附耳，外撇，弧腹，圜底，三蹄形足。红陶胎，施褐釉，外壁施凹弦纹。口径19.7、高12.4厘米（图四〇，1；图版三三，8）。

熏炉　1件。2004CWWM4∶1，泥质红陶。豆形子母口，沿部较浅，深盘，喇叭形柄，覆碟形底座。有盖，整体呈盉形，纽残。器表三组刻划纹，均呈"∩"形，下部饰两周弦纹，弦纹之间饰"⌒"形纹。外施褐釉，多已脱落。口径9.2、底径8、盖径11.2、通高16.7厘米（图四〇，2；图版三四，1）。

罐　7件。分灰陶、红陶两种。

灰陶扁腹罐　4件。均为泥质陶。2004CWWM4∶2，直口，尖唇，平折沿，短颈，广肩，折腹，下腹斜收，圜底。下腹满饰绳纹。口径10.4、腹径21.6、高13厘米（图四〇，3；图版三四，2）。2004CWWM4∶5，形制与2004CWWM4∶2相似。口径11.1、腹径20、高10.8厘米。2004CWWM4∶15，形制与2004CWWM4∶2相似。口径11.4、腹径20.4、高13.1厘米。2004CWWM4∶20，形制与2004CWWM4∶2相似。口径12.6、腹径22、高13.5厘米。

红陶罐　3件。均为夹砂陶。2004CWWM4∶6，直口，圆唇，平沿，直领稍内束，圆肩，腹圆鼓稍折，小平底。腹饰一对盲鼻。口径10.6、腹径14.4、底径6.2、高9.5厘米（图四〇，4；图版三四，3）。2004CWWM4∶16，侈口，圆唇，卷沿，宽肩，折腹，下腹斜收，小平底。口径10.1、腹径16.2、底径8.2、高9厘米。2004CWWM4∶18，敞口，圆唇，卷沿，束颈，折腹，下腹部鼓出，圜底。颈下饰一对盲鼻。口径11、腹径11、底径6、高8.8厘米。

甑　1件。2004CWWM4∶14，泥质红陶。侈口，圆唇，卷沿，下腹斜收，小平底。底有孔。外壁饰弦纹。外施褐釉，现多已脱落。口径16.8、腹径14、底径6.4、高6.3厘米（图四〇，5；图版三四，4）。

魁　2件。均为泥质红陶。2004CWWM4∶8，敛口，圆唇，浅腹，下腹内收，平底。口沿上的曲形錾呈鸟首状，錾首残。施褐釉，多已脱落。口径10.6、底径4.5、高6厘米（图四〇，6；图版三四，5）。2004CWWM4∶10，敛口，圆唇，鼓腹，下腹内收，平底。腹壁上侧贴塑一鸟首錾，錾小而短。上腹饰一周凹弦纹。口径15.2、底径6、高6.5厘米。

钵　4件。均为泥质红陶。2004CWWM4∶9，敞口，圆唇，平沿，上腹稍直，下腹内收，小平底。外壁饰弦纹。施褐釉，现多已脱落。口径19、底径7、高5.25厘米（图四〇，7；图版三四，6）。2004CWWM4∶11，敞口，圆唇，卷沿，腹深，下腹斜收，小平底。外壁饰弦纹。口径17.6、底径6.2、高6.9厘米。2004CWWM4：12，直口，圆唇，平沿，折腹，下腹斜收，平底。底有三柱状矮足。外壁饰弦纹。口径19、底径7、高6.4厘米（图四〇，8）。2004CWWM4：13，敞口，圆唇，卷沿，腹浅，下腹斜收，小平底。外壁饰弦纹。口径18、底径6、高4.7厘米。

灯　1件。2004CWWM4：17，泥质红陶。深盘，柄部较短，矮圈足，豆盘径比底盘径大，红陶胎，施褐釉，现多已脱落。口径11、底径8.2、高8厘米（图四〇，9；图版三四，7）。

杯　1件。2004CWWM4：19，泥质红陶。直口，圆唇，筒形腹，单鋬，下腹内折，平底。外壁饰凹弦纹。红陶胎，施褐釉，现多已脱落。口径9.8、底径5.3、高7.4厘米（图四〇，10；图版三四，8）。

铁釜　2件。2004CWWM4：3，大敞口，外侈，宽折沿，鼓腹，圜底。口径26、腹径25、

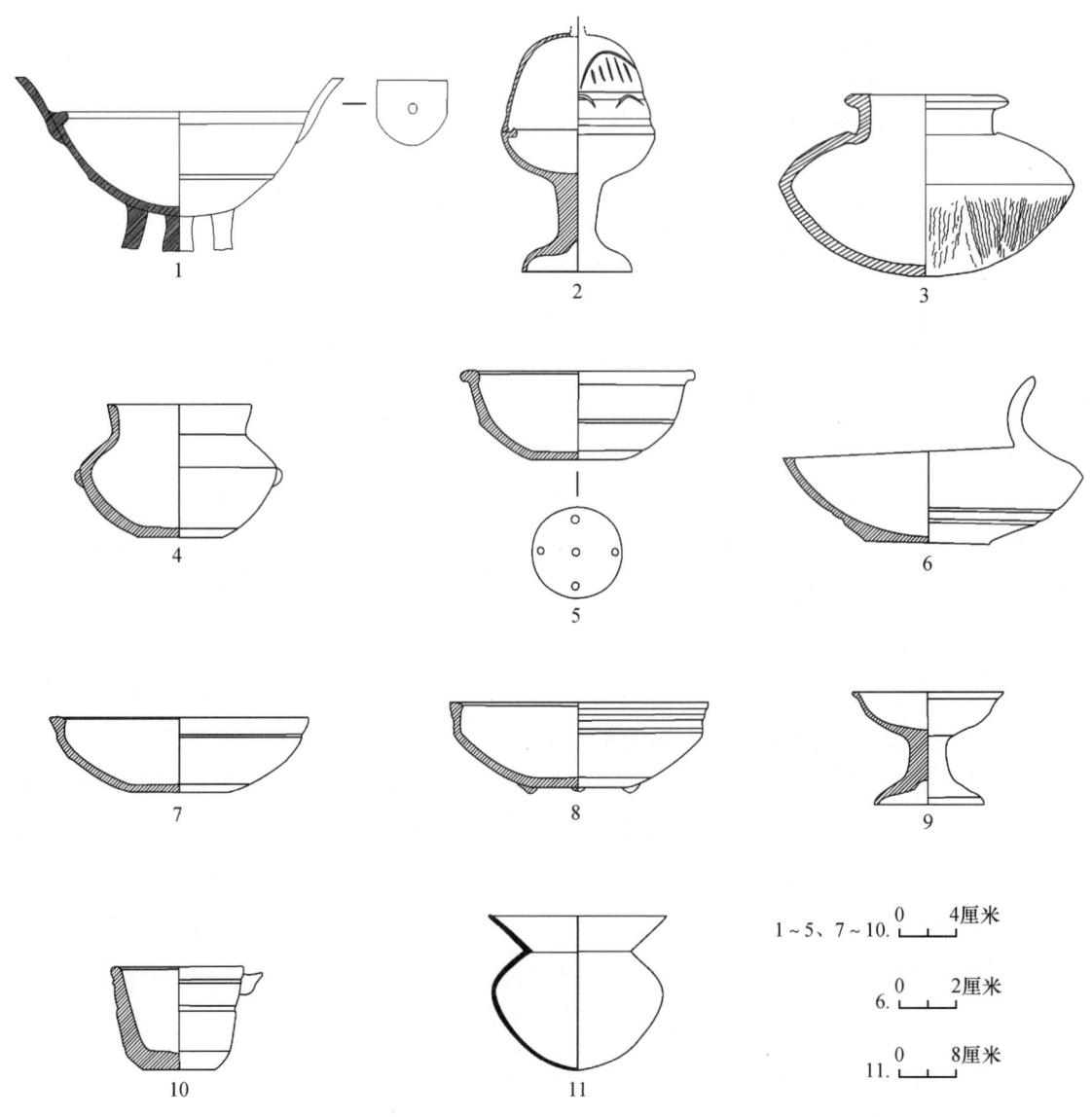

图四〇　2004CWWM4器物组合

1. 陶鼎（2004CWWM4：7）　2. 陶熏炉（2004CWWM4：1）　3、4. 陶罐（2004CWWM4：2、2004CWWM4：6）
5. 陶甑（2004CWWM4：14）　6. 陶魁（2004CWWM4：8）　7、8. 陶钵（2004CWWM4：9、2004CWWM4：12）
9. 陶灯（2004CWWM4：17）　10. 陶杯（2004CWWM4：19）　11. 铁釜（2004CWWM4：3）

高22厘米（图四〇，11）。2004CWWM4：4，大敞口，外侈，宽折沿，圆鼓腹，圜底。口径28、腹径28、高22厘米。

五铢钱　2004CWWM4：21，方孔圆钱，正面有轮无郭，背面轮郭俱全。钱文篆书，文字欠清晰。直径2.5、孔径1、厚0.15厘米。

17. 2004CWWM5

位于发掘B区的T2604、T2605内，墓向7°。

（1）墓葬形制

砖室墓，平面呈刀形，由甬道和墓室组成，总长4.54、墓室宽3.6、甬道宽1.8米（图四一；图版三五，1）。甬道保存完好，从东西壁起券，下部10层条砖平垒，上部以子母口楔形砖横券27层。墓室南北壁起券，下部8层条砖，向上6层以子母口楔形券砖横券，再往上以子母口砖竖券。墓室的西壁有双层砖墙，推测原始的西墙因积压变形，又在内侧另砌一道砖墙，但第二道砖墙何时垒砌值得专注，一般墓葬均为多具人体合葬，西壁内侧砖墙可能是在合葬时

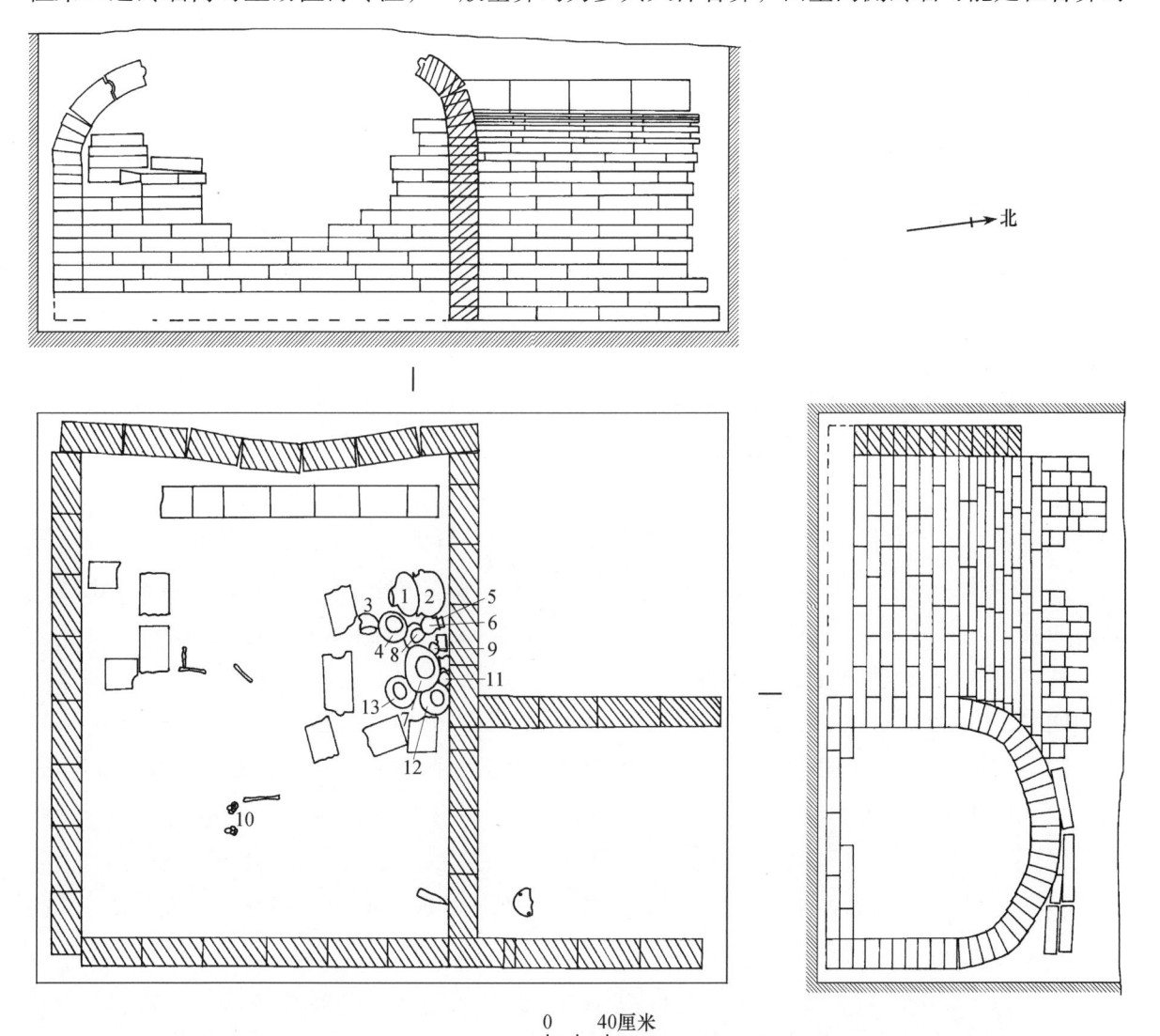

图四一　2004CWWM5平、剖面图
1、3、4、6、8、12.陶罐　2.铜釜　5.陶杯　7、13.陶壶　9.陶灯　10.铜钱　11.陶囷

开墓后增砌的。没有铺地砖。墓砖分条砖和子母口券砖、子母口楔形券砖四种,其形制和花纹与M4砖一致。

（2）葬具葬式

墓中填土是含沙量较小的红褐色黏土,极不利于人骨骼的保存,只在墓室内发现零星的肢骨。

（3）出土器物

器物不多,集中在墓室的西北角,用几块砖象征性围绕着器物堆周旁,似为长方形器物箱。甬道内除1件器物盖外,空无一物。共计12件器物,其中1件铜釜,其余均为陶器。在墓室中央,零星见有五铢钱。

陶器 11件。

罐 6件。分为扁腹罐和小罐。

扁腹罐 4件。均为泥质灰陶。2004CWWM5：1,小口,尖唇,卷沿,短颈,广肩,扁腹,圜底。下腹满饰绳纹。口径11.8、腹径33、高19.6厘米（图四二,1；图版三六,1）。2004CWWM5：4,直口,尖唇,平沿,短颈,广肩,折腹,圜底。下腹部饰绳纹。口径13、腹径21、高13.4厘米。2004CWWM5：8,形制与2004CWWM5：4一致。口径12.2、腹径21、高14.1厘米。2004CWWM5：12,形制与2004CWWM5：4一致,口残。腹径22.8、残高12.8厘米。

小罐 2件。均为泥质红陶。2004CWWM5：3,小口,圆唇,卷沿,宽肩,折腹,小平底。口径10.6、腹径20、底径11.2、高13.4厘米（图四二,2；图版三六,2）。2004CWWM5：6,直口,圆唇,直领稍内束,斜肩,折腹,平底。肩饰一对盲鼻。口径10.6、腹径15、底径9.4、高10.6厘米（图四二,3；图版三六,3）。

杯 1件。2004CWWM5：5,夹砂红陶。直口,筒形腹,平底。壁无鋬。外壁饰弦纹。口径10.8、底径6.6、高10.4厘米（图四二,4；图版三六,4）。

壶 2件。均为泥质红陶。2004CWWM5：7,盘口,颈部内束,扁鼓腹,圈足残。上腹饰两道凹弦纹,下腹饰三道凹弦纹,一对铺首衔环。口径14.2、腹径26.4、残高28.2厘米（图四二,5；图版三六,5）。2004CWWM5：13,口颈部残,颈部内束,扁鼓腹,圈足。上腹饰两道凹弦纹,下腹饰三道凹弦纹,有一对铺首衔环。腹径24、底径15.2、残高23厘米。

灯 1件。2004CWWM5：9,泥质红陶。豆盘残缺,短柄,大圈足。底11.4、残高9厘米（图四二,6；图版三六,6）。

囷 1件。2004CWWM5：11,泥质灰陶。口微敛,圆唇,折肩,筒形腹较深,腹中部微鼓,平底腹外壁常饰凹弦纹。口径10.2、腹径12.8、底径10、高13厘米（图四二,7；图版三七,1）。

铜釜 1件。2004CWWM5：2,口残,深腹,圜底。腹部有一对环耳。腹径27.6、残高18.5厘米（图四二,8；图版三七,2）。

五铢钱 2004CWWM5：10,方孔圆钱,正面有轮无郭,背面轮郭俱全。钱文篆书,"五"文字清晰,字体中宽。"铢"字的"金"字模糊不清。直径2.5、孔径1、厚0.15厘米。

图四二　2004CWWM5器物组合

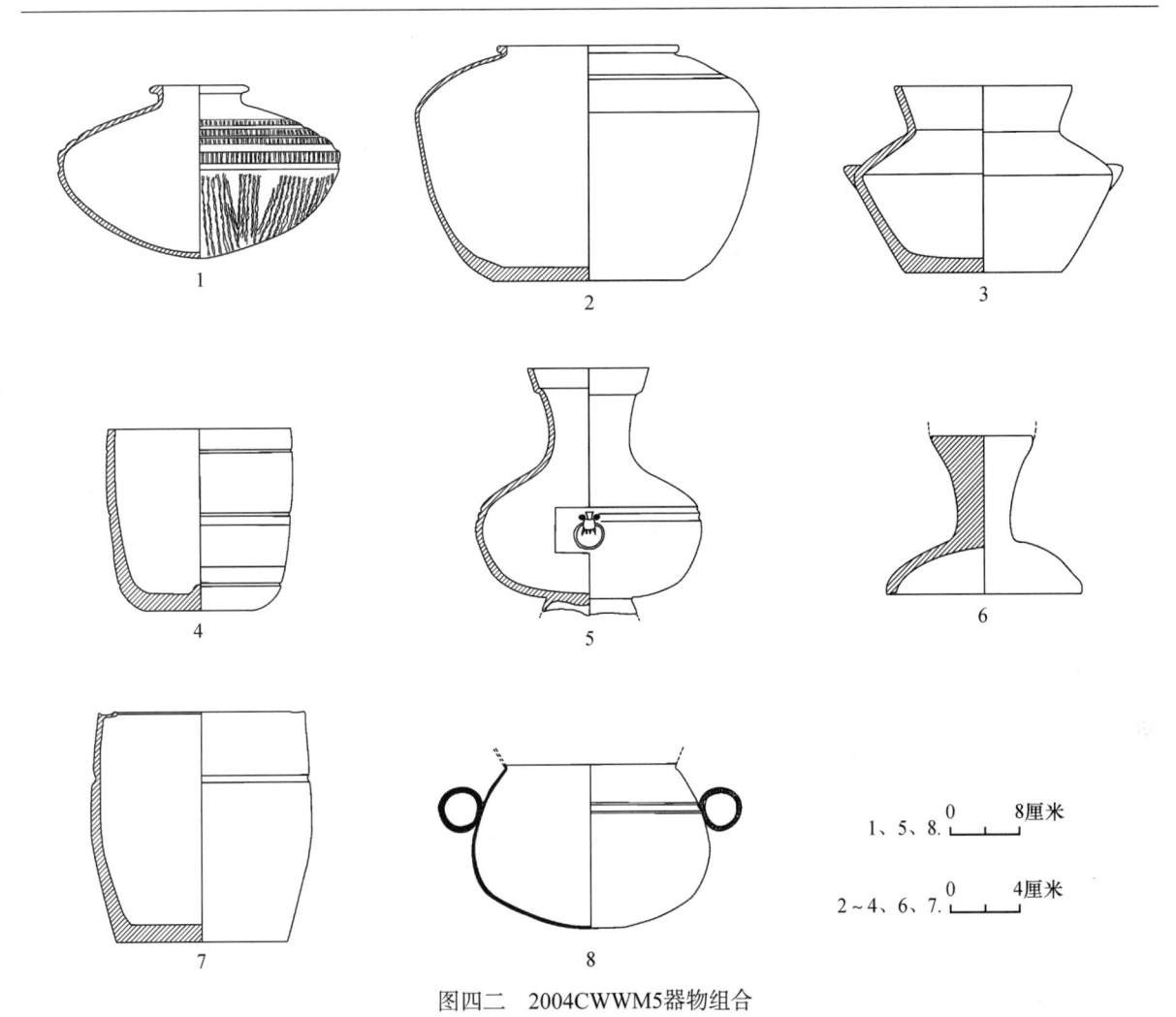

1~3. 陶罐（2004CWWM5：1、2004CWWM5：3、2004CWWM5：6）　4. 陶杯（2004CWWM5：5）　5. 陶壶（2004CWWM5：7）
6. 陶灯（2004CWWM5：9）　7. 陶囷（2004CWWM5：11）　8. 铜釜（2004CWWM5：2）

18. 2004CWWM6

位于发掘B区的T2201、T2202内，墓向6°。

（1）墓葬形制

砖室墓，平面呈刀形，由甬道和墓室组成。总长4.9、墓室宽3.44、甬道宽1.8米（图四三）。在甬道口的前端有一长1.1米的斜坡入口，类似墓道。甬道保存较好，在进入墓室的甬道还保存了一段完好的弧形券顶。甬道东西向起券，下层砖壁（1~9层）由条砖平垒而成，上层砖壁由子母口楔形券砖横券而成。墓室南北向起券，起券方式与甬道一致，保留的横券砖层多达10层。墓室东壁破坏较多，但未扰动墓室随葬品。铺地砖较规整，均由子母口状楔形券砖铺成。墓砖有三种：①条砖，长41、宽19、厚10厘米，花纹为菱形；②子母口楔形券砖，长40、宽19、厚7~9厘米，花纹为菱形；③子母口券砖，长36、宽20、厚11厘米，花纹为十字、菱形组合纹。其中第③种墓砖仅在铺地砖上散见几块，似乎没有参与墓葬的建筑。

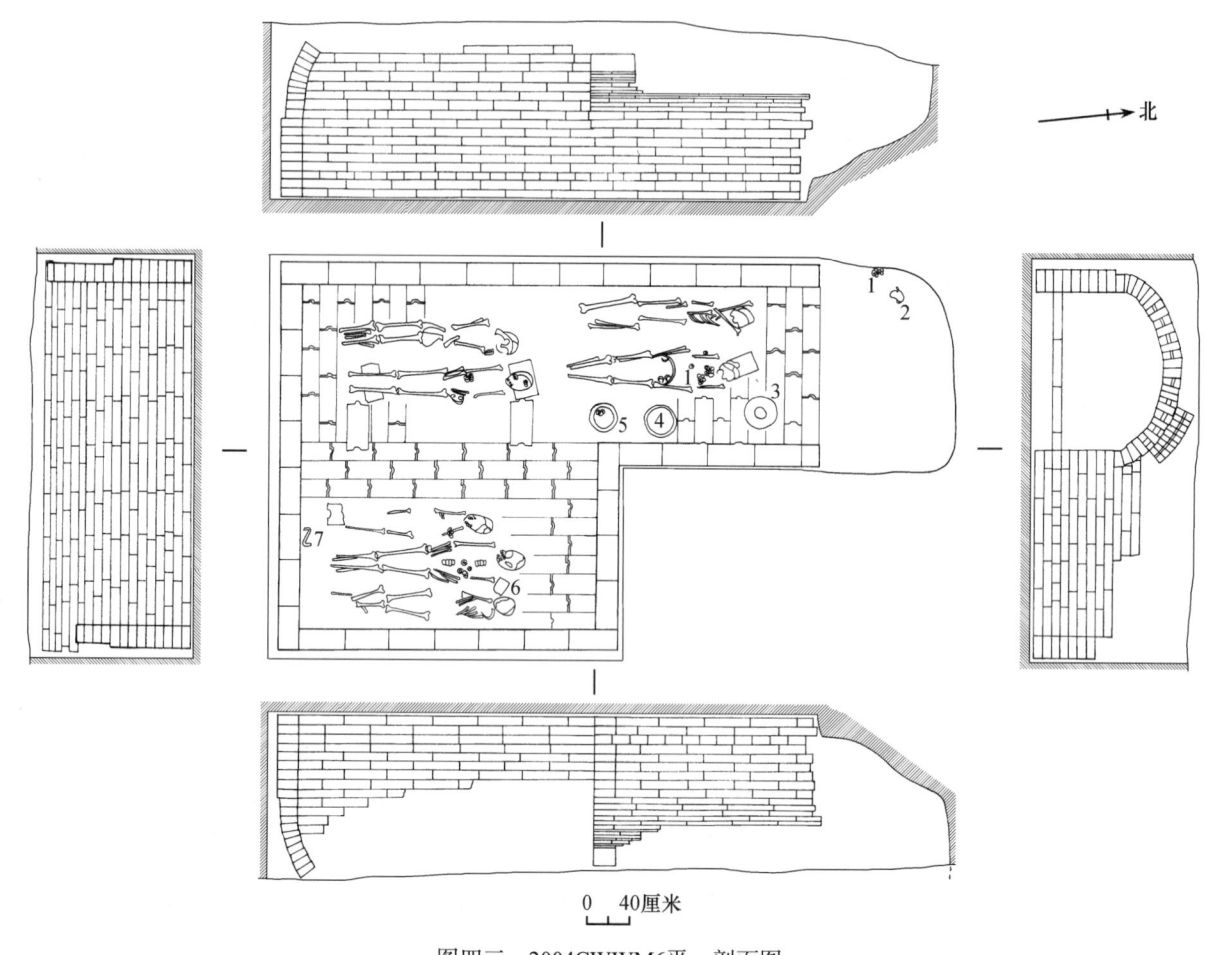

图四三　2004CWWM6平、剖面图
1. 铜钱　2. 陶魁　3、5. 陶罐　4. 陶釜　6. 石黛板　7. 铁带钩

（2）葬具葬式

墓中共发现7具人体骨骼，保存稍好，均仰身直肢，头向均朝墓口，依其位置可分三组。第一组为甬道内2具，初步判断东侧为男，西侧为女；第二组为墓室西2具，初步判断东侧为男，西侧为女；墓室东3具，初步判断中间为男，两侧为女。有的人头骨下枕残砖块或石块，与M8类似。清理中在人骨上层有较多漆皮遗迹，但有的漆皮为圆形器物状，难以确定漆皮是否是葬具上的，亦难确定是否有葬具，但从骨骼和墓壁间的空隙看（有的空隙不足10厘米），似乎没有葬具。

（3）出土器物

共计6件，其中1件铁带钩，1件石黛板，其余均为陶器，主要陶器放在甬道中，还有1件陶器出土在墓道的斜坡中。另外有五铢钱若干，铜钱多散见于人的头骨处。

陶器　4件。

釜　1件。2004CWWM6：4，泥质灰陶。侈口，圆唇，折沿，束颈，圆肩，鼓腹，圜底。腹中饰弦纹，下腹满饰绳纹。口径24、腹径29.2、高21.6厘米（图四四，1；图版三七，3）。

罐　2件。均为泥质灰陶。2004CWWM6：5，大口，圆唇，卷沿，上腹鼓出，下腹斜收，小平底。肩部饰一周弦纹和竖向篦划纹。口径16.8、腹径24.8、底径13、高15.6厘米（图四四，2；图版三七，4）。2004CWWM6：3，小口，圆唇，卷沿，短颈，广肩，扁腹，圜

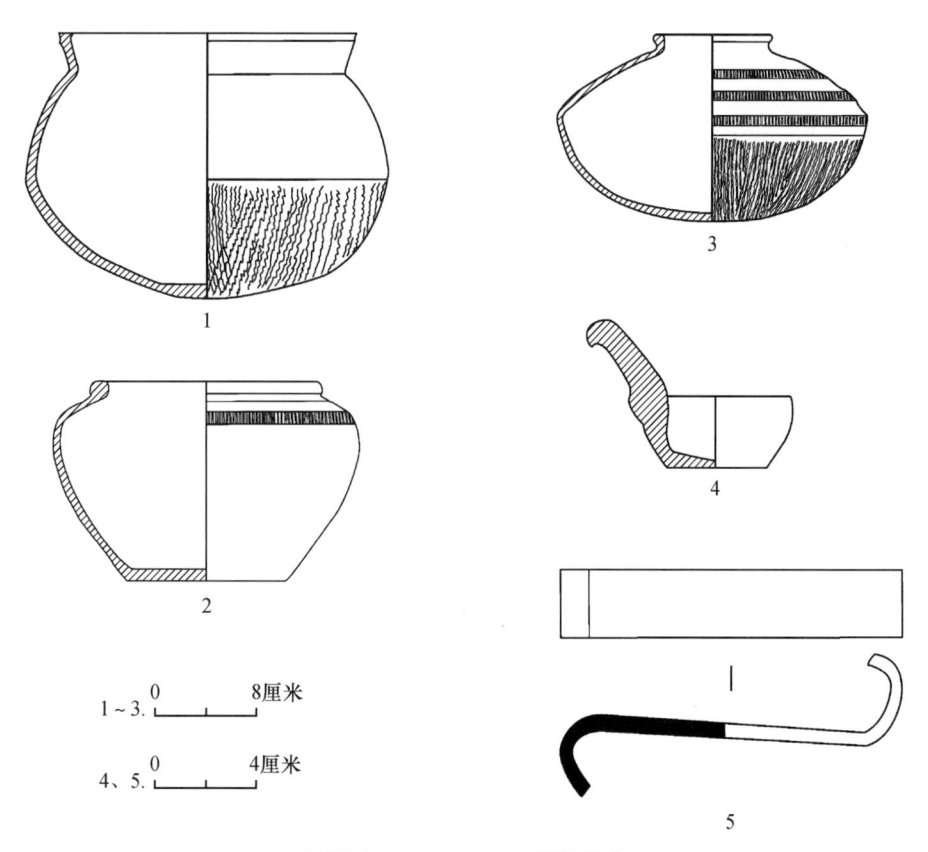

图四四　2004CWWM6器物组合
1.陶釜（2004CWWM6：4）　2、3.陶罐（2004CWWM6：5、2004CWWM6：3）　4.陶魁（2004CWWM6：2）
5.铁带钩（2004CWWM6：7）

底。肩部饰三周竖向篦划纹，腹部满饰绳纹。口径9.8、腹径25.6、高14.8厘米（图四四，3；图版三七，5）。

魁　1件。2004CWWM6：2，泥质红陶。钵形口，平底。沿上的曲形鋬呈鸟首状。口径6、底径4、高5.8厘米（图四四，4）。

铁带钩　1件。2004CWWM6：7，呈扁"S"形。长14、宽2.7、厚0.6厘米（图四四，5；图版三七，6）。

石黛板　1件。2004CWWM6：6，青石，呈长方体。长10.6、宽8、厚1.6厘米。

五铢钱　2004CWWM6：1，方孔圆钱，正面有轮无郭，背面轮郭俱全。钱文篆书，文字清晰。"五"字中间两笔交叉弯曲；"铢"字的"金"字头呈"镞"形、与"朱"等齐，"朱"字上、下部圆折。直径2.6、孔径1、厚0.15厘米。

19. 2004CWWM7

位于发掘B区的T1801内，墓向15°。

（1）墓葬形制

砖室墓，平面呈刀形，由甬道和墓室组成，总长5.7、墓室宽3.22、甬道宽1.56米（图四五；图版三五，2）。甬道前端有长方形斜坡墓道，长1.5米。甬道东西向起券，下部为9层条砖平垒，上部以楔形子母口券砖横券，尚保留4层横券砖层。墓室南北向起券，构筑方式大

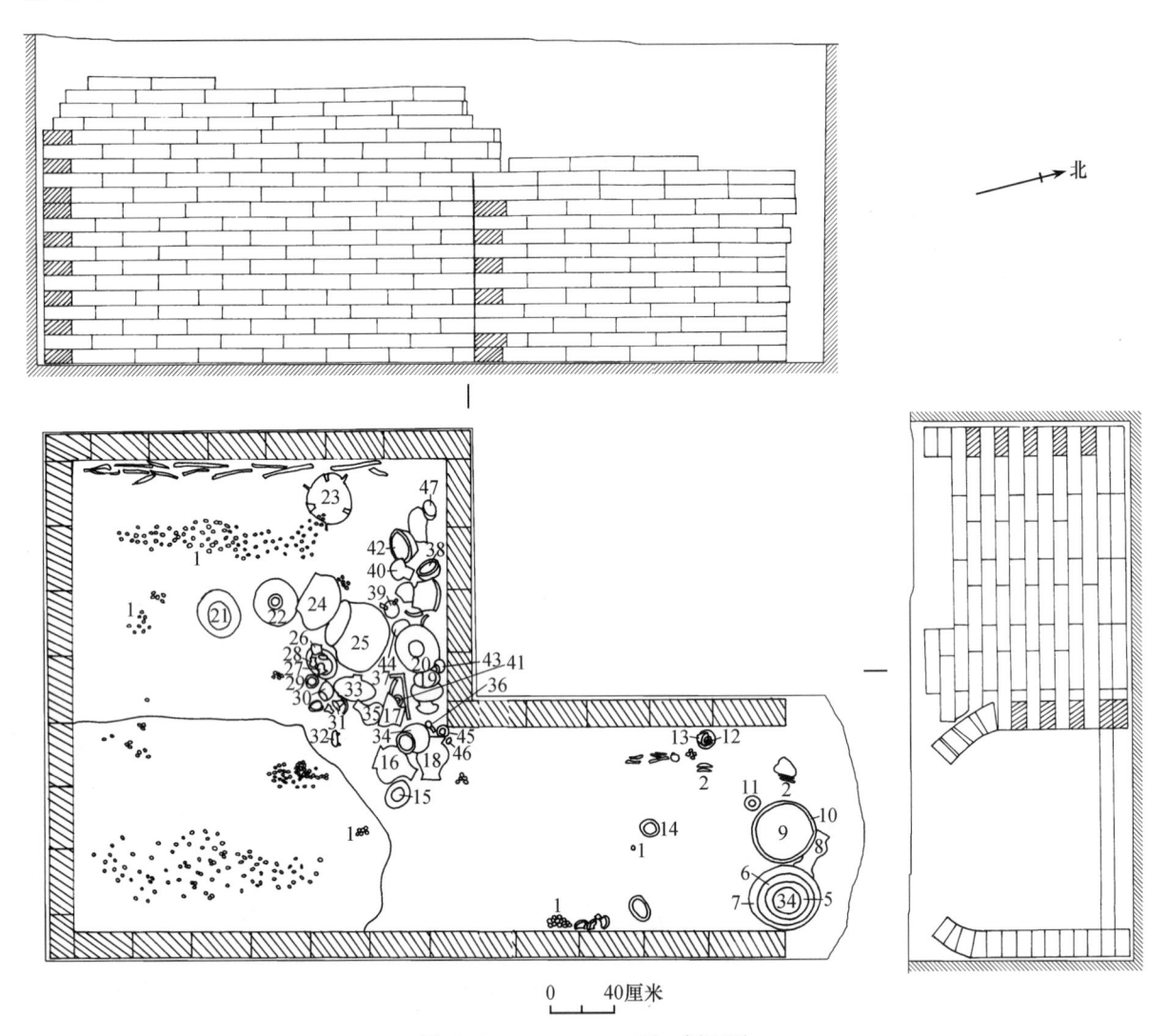

图四五 2004CWWM7平、剖面图

1.铜钱 2.铜栉首 3、5、10.铜釜 4、6、7、24、25.铁釜 8、16、18、19、34、35、44.陶壶 9、29.陶甑 11、14、15、20、22、33、40、41.陶罐 12、13、43、46.陶钵 17.铜魁 21.陶釜 23.铁支架 26、30.陶囷 27、45.陶盂 28.铜盆 31、32.陶熏炉 36.陶勺 37.陶楼 38.陶盒 39.陶鼎 42.陶盘 47.陶熏炉盖

体同甬道，券顶破坏较甚，仅在南壁上层尚残余2～3层横券砖层。有铺地砖，较为规整。墓砖为条砖和楔形子母口券砖两种，砖纹为菱形。

（2）葬具葬式

墓中人体骨骼保存不好，据现场观察，推测有5个个体，4具不明，1具向北，其中2具整齐地摆放在墓室东部。在墓室东侧的2具尸骨范围内发现大量红色漆皮，应为漆棺残留。

（3）出土器物

有铜、铁、琉璃、陶等各种质地，以陶器为主。有铜釜、铜魁、鎏金铜栉首、铁釜、铁支架、琉璃耳珰、陶楼、陶猪、陶鼎、陶釜、陶甑、陶盆、陶碗、陶勺、陶囷、陶罐等共90余件。器物集中在甬道口和墓室的东北侧，其中甬道口发现累叠5件铜铁釜的现象，大量器物在墓室的东北侧，多层累叠，大型器具在上，小型器物在下。另外还发现大量五铢钱，集中在骨架周围，还有成串的存在，分布在墓内各处，总数可达300余枚（图四六）。

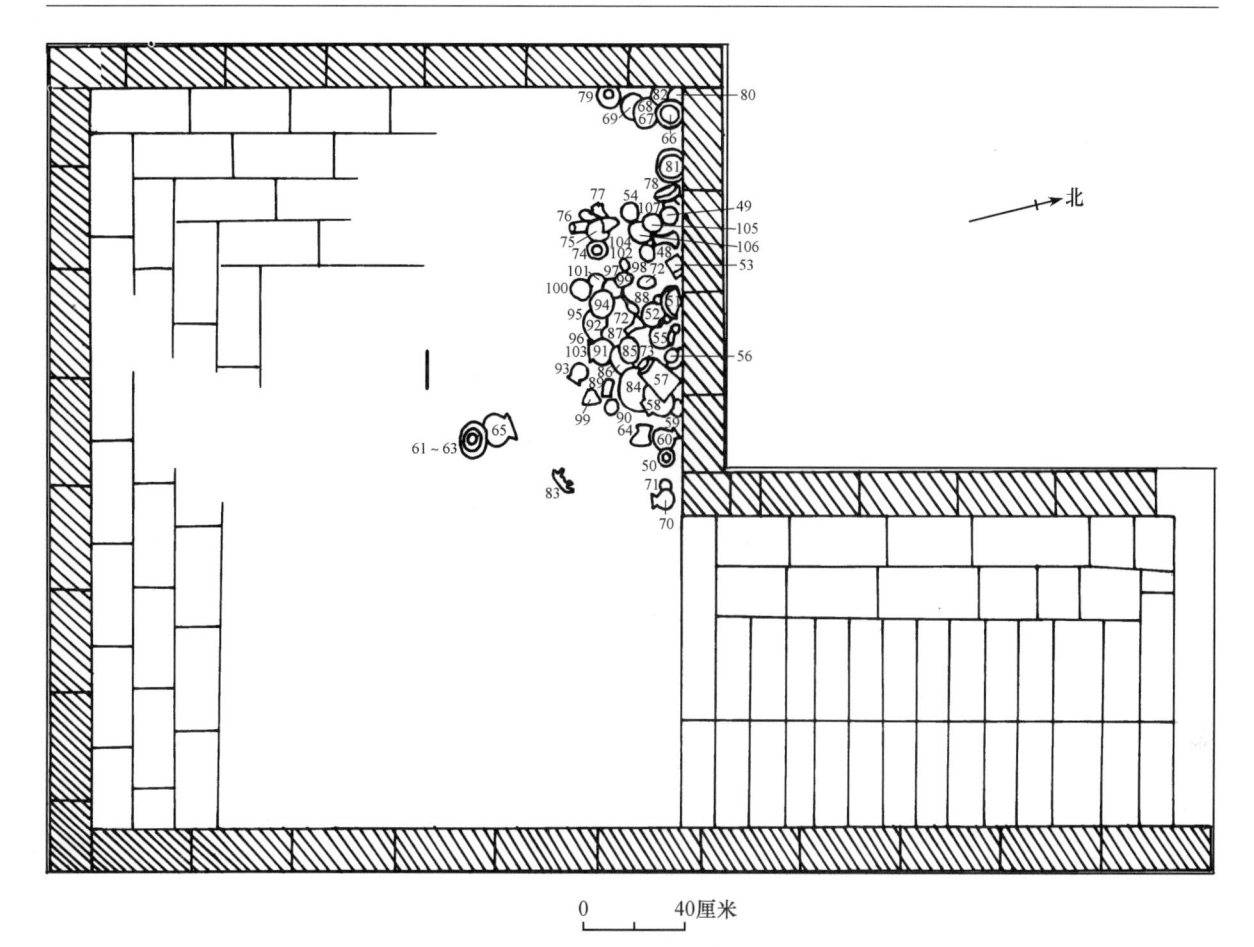

图四六　2004CWWM7下层平面图

48、50、54、64、74.陶熏炉　49、62、63、66、68、82、94、96、99、105、106.陶钵　51、69、88.陶盘　52、55、59、72、73、77、90、92、102.陶魁　53、60、76、80、89.陶杯　56、71.陶勺　57、65、67、70、91、95、97.陶罐　58、75、93.陶盂　61、87.陶灯　78、81.陶鼎　79、85、86、98、104.陶甑　83.陶猪　84.陶盆　100、101、103.陶熏炉盖　107.陶囷

铜器

釜　3件。2004CWWM7：3，敞口，圆唇，折沿，束颈，折肩，鼓腹，圜底。肩部饰一对环耳。口径18、腹径21、高18、耳径3.8厘米（图四七，1；图版三八，1）。2004CWWM7：5，侈口，圆唇，折沿，溜肩，鼓腹，圜底。肩部饰一对环耳。口径27、腹径28.4、高21、耳径4.8厘米（图四七，2；图版三八，2）。2004CWWM7：10，敞口，圆唇，折沿，束颈，溜肩，鼓腹，圜底。肩部饰双环耳，腹部有两道凸弦纹。口径22.8、腹径24.8、底径12、高19厘米。

魁　1件。2004CWWM7：17，篮形，腹部一侧有一兽形长錾，圈足。口径21.6、底径15.6、高14.4厘米，柄长12、宽2.6厘米（图四七，3；图版三八，3）。

盆　1件。2004CWWM7：28，侈口，尖唇，斜折沿，深腹，壁斜直，底内凹。口径25.6、底径13.6、高9.8厘米（图四七，4）。

铁器

釜　5件。2004CWWM7：4，敞口，折沿，束颈，圆鼓腹，圜底。肩部饰一对环，已残缺。口径26.8、腹径26.8、高20、耳宽1.2厘米（图四七，5）。2004CWWM7：6，敛口，宽肩，

图四七 2004CWWM7器物组合（一）
1、2.铜釜（2004CWWM7：3、2004CWWM7：5） 3.铜魁（2004CWWM7：17） 4.铜盆（2004CWWM7：28）
5、6.铁釜（2004CWWM7：4、2004CWWM7：7） 7.铁支架（2004CWWM7：23）

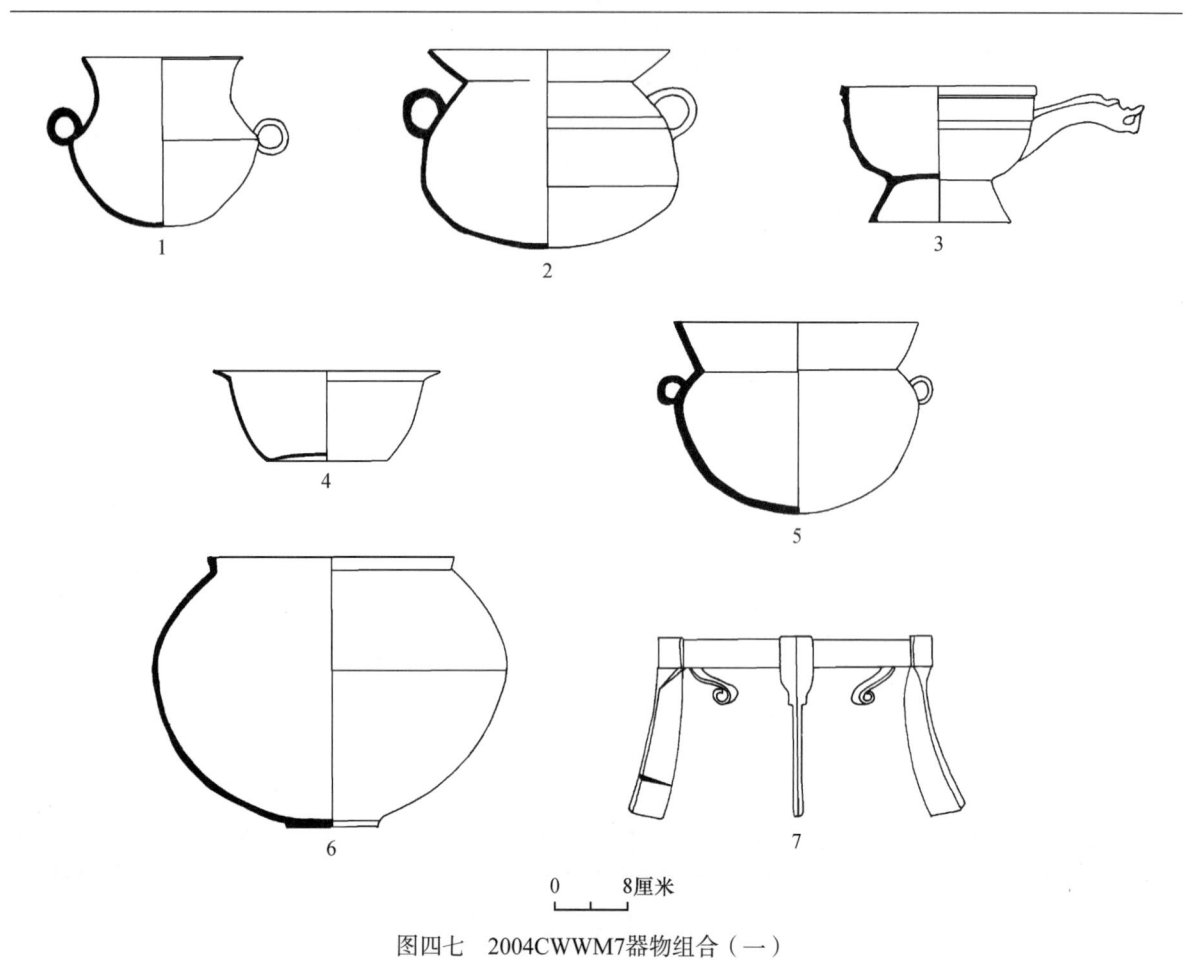

扁鼓腹，下腹急收，小平底。口径24.8、腹径36、底径9.6、高24厘米。2004CWWM7：7，敛口，宽肩，扁鼓腹，下腹急收，小平底。口径27.4、腹径39.6、底径10、高28.8厘米（图四七，6；图版三八，4）。2004CWWM7：24，大敞口，折沿，束颈，圆肩，圆鼓腹，圜底。肩部饰一对环耳。口径30.4、腹径35、高25厘米。2004CWWM7：25，敛口，宽肩，扁鼓腹，小平底。口径29.4、腹径41.6、底径11、高32厘米。

支架 1件。2004CWWM7：23，上部为一铁环，环上另有三个铁托，下有三扁足。铁环直径30.6厘米，支架高19厘米，足高14.6、厚0.9厘米（图四七，7；图版三八，5）。

陶器

壶 7件。均为泥质灰陶。2004CWWM7：8，大盘口，盘浅，直颈，圆肩，扁圆腹，高圈足。腹部饰一对铺首衔环，三道凹弦纹。外施青釉，下腹及圈足处釉已脱落。口径15.4、腹径18.4、底径15.2、高28.4厘米。2004CWWM7：16，盘口，颈部内束，扁鼓腹，矮圈足。覆碟式盖，上置环形纽。上腹饰两道凹弦纹，下腹饰三道凹弦纹，肩饰一对铺首衔环。外施酱釉。口径18、腹径26、底径16.4、高39.2厘米（图四八，1；图版三九，1）。2004CWWM7：18，盘口，长颈，弧肩，扁圆腹，矮圈足。覆碟式盖，上置环形纽。腹部饰一对铺首衔环，三道凹弦纹，圈足一道凹弦纹。外施黄釉，圈足处釉多脱落。口径15、腹径20.8、底径14.8、高26.8厘米（图四八，2；图版三九，2）。2004CWWM7：19，大盘口，浅盘，长直颈，弧肩，扁圆腹，高圈足。腹部饰一对铺首衔环，三道凹弦纹，圈足一道凹弦纹。外施青釉，多已脱落。口径17、腹径19.2、底径15、高34.4厘米。2004CWWM7：34，盘口较深，束颈，扁圆腹，高圈足。覆碟式盖，上置环形纽残，纽周饰三柱形纽。肩部饰一对铺首衔环，上腹饰三周凹弦纹，圈足饰一周弦纹。外施黄釉，圈足处釉多脱落。口径13.6、腹径20.8、底径15.2、高27.4厘米。2004CWWM7：35，大盘口，盘口较浅，长直颈，扁圆腹，圈足较矮。覆钵形盖，上有环形纽。肩部饰一对铺首衔环，上腹饰三周凹弦纹。口径14.8、腹径18、底径14、盖径14.8、通高33.6厘米（图四八，3；图版三九，3）。2004CWWM7：44，盘口，颈部内束，扁鼓腹，矮圈足。覆钵形盖，上置环形纽。肩部置一对铺首衔环，颈部饰两周凹弦纹，腹饰三周凹弦纹。口径16.8、腹径24、底径13.6、盖径16.8、通高34.2厘米。

釜　1件。2004CWWM7：21，泥质灰陶。直口，高直领略内束，鼓腹，圜底。腹部饰两周凸弦纹，下腹饰绳纹。口径18.6、腹径32、高23.4厘米（图四八，4；图版三九，4）。

甑　7件。分灰陶、红陶两种。

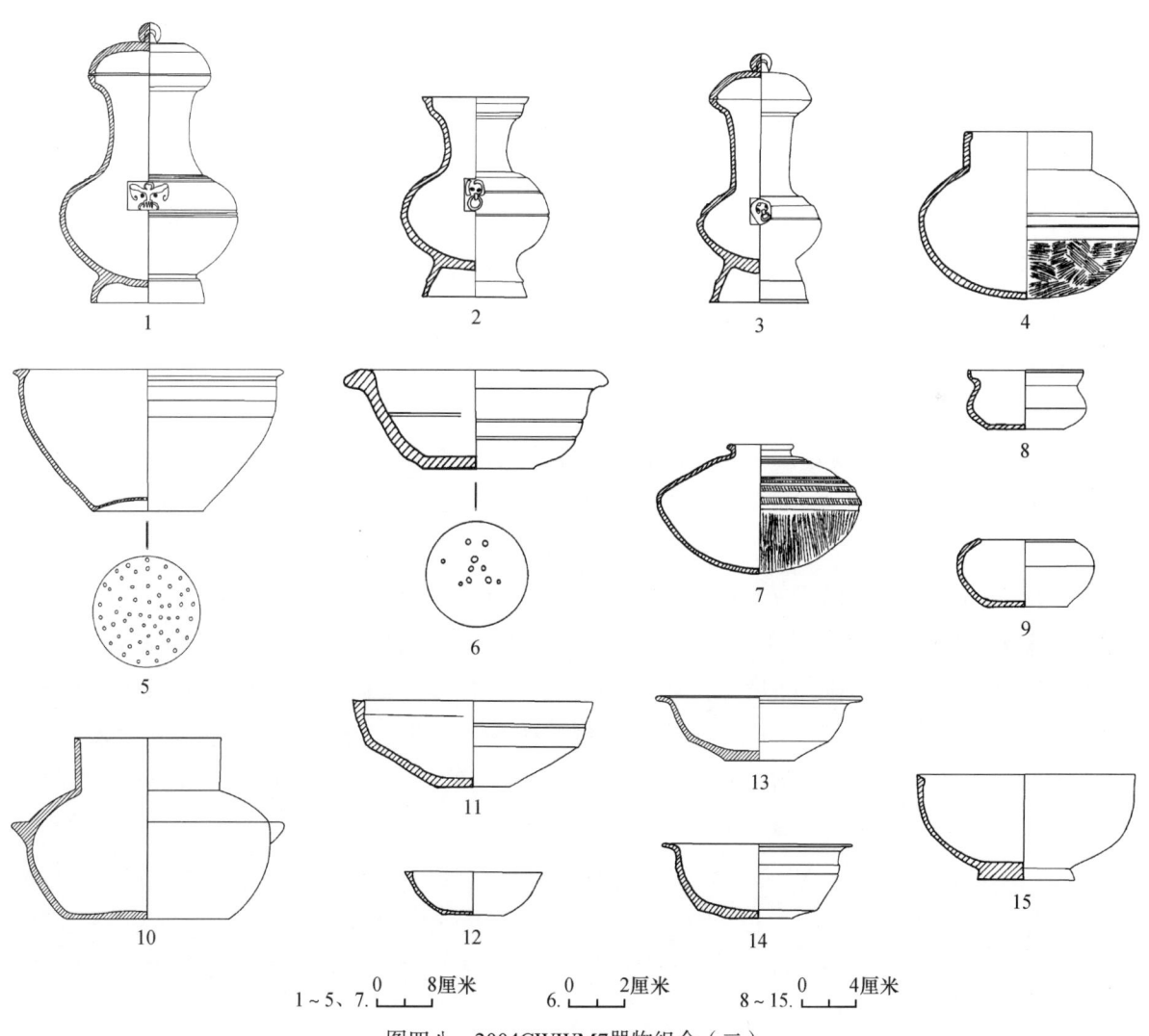

图四八　2004CWWM7器物组合（二）

1~3.陶壶（2004CWWM7：16、2004CWWM7：18、2004CWWM7：35）　4.陶釜（2004CWWM7：21）
5、6.陶甑（2004CWWM7：9、2004CWWM7：29）　7~10.陶罐（2004CWWM7：20、2004CWWM7：14、2004CWWM7：57、2004CWWM7：15）　11~15.陶钵（2004CWWM7：13、2004CWWM7：46、2004CWWM7：62、2004CWWM7：68、2004CWWM7：94）

灰陶甑　4件。均为泥质陶。2004CWWM7∶9，大敞口，尖唇，平折沿，上腹壁微鼓，下腹壁急收，底内凹，底有箅孔。上腹外壁饰凹弦纹。口径39.2、腹径36.6、底径16、高20厘米（图四八，5；图版三九，5）。2004CWWM7∶85，敞口，尖唇，斜折沿，弧腹，平底。底有箅孔。口径19、底径7.2、高6.5厘米。2004CWWM7∶86，口微敛，尖唇，平折沿，深腹，底内凹。底有箅孔。上腹饰弦纹。口径33.6、底径17.2、高19.6厘米。2004CWWM7∶104，敞口，尖唇，平折沿，深腹，底内凹。底有孔。口径19.2、底径5.4、高10.2厘米。

红陶甑　3件。2004CWWM7∶29，钵形，敞口，尖唇，斜腹，小平底。底有孔。外壁有折痕。口径9.6、底径4、高3.4厘米（图四八，6）。2004CWWM7∶79，钵形，敞口，圆唇，弧腹，小平底。底有孔。口径10.6、底径5、高4厘米。2004CWWM7∶98，钵形，敞口，尖唇，平折沿，斜腹，小平底。底有孔。外壁有折痕。口径10、底径4.6、高3.4厘米。

罐　15件。依据外形不同，可分扁腹罐、小罐、直领罐三种类型。

扁腹罐　4件。均为泥质灰陶。2004CWWM7∶20，小口，圆唇，卷沿，短颈，广肩，扁腹，圜底。肩部饰一周凹弦纹，腹部饰竖向绳纹，上腹间饰四周凹弦纹。口径10、腹径29.8、高18厘米（图四八，7；图版三九，6）。2004CWWM7∶22，小口，尖唇，平折沿，短颈，广肩，扁腹，圜底。腹部饰竖向绳纹，上腹间饰四周凹弦纹。口径12.8、腹径32、高20厘米。2004CWWM7∶33，小口，尖唇，平折沿，短颈，广肩，扁腹，圜底。肩部饰两周凹弦纹，腹部饰竖向绳纹，上腹间饰四周凹弦纹。口径11.5、腹径32、高18.4厘米。2004CWWM7∶41，口微敞，圆唇，斜肩，折腹，平底。口径11.2、腹径16.8、底径10、高9厘米。

小罐　9件。均为泥质红陶。2004CWWM7∶11，侈口，圆唇，卷沿，斜肩，鼓腹，小平底。口径7.2、腹径9.6、底径4.6、高5厘米。2004CWWM7∶14，微敛口，圆唇，束颈，溜肩，折腹，平底。口径8.4、腹径8.7、底径5.6、高4.2厘米（图四八，8；图版四〇，1）。2004CWWM7∶57，敛口，圆唇，卷沿，圆肩，折腹，平底。口径7.2、腹径10.4、底径6、高4.8厘米（图四八，9）。2004CWWM7∶65，敛口，圆唇，卷沿，圆肩，折腹，小平底。口径5.4、腹径10.8、底径6.5、高6厘米。2004CWWM7∶67，敛口，圆唇，卷沿，斜肩，折腹，小平底。口径7.1、腹径9.4、底径4.5、高5.2厘米。2004CWWM7∶70，敞口，圆唇，卷沿，斜肩，折腹，小平底。口径5.6、腹径8.4、底径4.4、高4.2厘米。2004CWWM7∶91，直口，斜沿，直领稍内束，斜肩，折腹，小平底。口径7.7、腹径9.6、底径5、高5.7厘米。2004CWWM7∶95，直口，圆唇，平沿，直领稍内束，斜肩，折腹，小平底。口径8、腹径9.6、底径4.6、高6.5厘米。2004CWWM7∶97，敞口，圆唇，束颈，斜肩，折腹，平底。口径8.5、腹径7.6、底径4.2、高3.6厘米。

直领罐　2件。2004CWWM7∶15，泥质灰陶。直口，圆唇，斜肩，上腹微鼓，下腹内收，平底。肩下饰一对盲鼻。口径10.8、腹径18、底径12、高13厘米（图四八，10；图版四〇，2）。2004CWWM7∶40，泥质红陶。直口，直领，斜肩，肩下有一对盲鼻，鼓腹，平底。口径12、腹径17.6、底径11、高12.3厘米。

钵　15件。分红陶和灰陶。

红陶钵　13件。均为泥质陶。2004CWWM7∶12，敞口，尖唇，平折沿，上腹稍直，下腹内收，小平底。腹部饰两周凹弦纹。口径11、底径5、高4厘米。2004CWWM7∶13，直口，尖唇，平沿，上腹直，下腹内折，小平底。腹部饰一周凹弦纹。外壁通施褐釉。口径17.5、底径5.2、高6厘米（图四八，11）。2004CWWM7：43，口微敛，平沿，上腹稍直，下腹内收，小平底。腹部饰一周凹弦纹。口径9.3、底径4.4、高2.7厘米。2004CWWM7：46，口微敛，平沿，上腹稍直，下腹内收，小平底。口径10、底径4.4、高3厘米（图四八，12；图版四〇，3）。2004CWWM7：49，口微敛，圆唇，平沿，上腹稍直，下腹内收，小平底。腹部饰一周凹弦纹。口径8.2、底径4.2、高3.2厘米。2004CWWM7：62，敞口，圆唇，平折沿，折腹，下腹斜收成小平底。内壁施青釉，外壁饰弦纹。口径15.4、底径5.8、高4.7厘米（图四八，13；图版四〇，4）。2004CWWM7：63，敞口，圆唇，平折沿，下腹折而内收，小平底。内壁施褐釉，外壁饰弦纹。口径15.2、底径5.2、高4.6厘米。2004CWWM7：66，直口，平沿，上腹稍直，下腹内收，小平底。腹部饰一周凹弦纹。口径10.6、底径5.2、高2.9厘米。2004CWWM7：68，敞口，卷沿，下腹斜收成小平底。内壁施青釉，外壁饰弦纹。口径13.8、底径4.6、高5.3厘米（图四八，14）。2004CWWM7：82，口略敛，平沿，上腹稍直，下腹壁折痕多，小平底。腹部饰两周凹弦纹。内壁青釉。口沿13.8、底径5.4、高5.4厘米。2004CWWM7：96，直口，平沿，上腹稍直，下腹内收腹微浅，小平底。腹部饰一周凹弦纹。内施褐釉。口径13、底径5、高3.6厘米。2004CWWM7：105，敞口，方唇，卷沿，下腹斜收成小平底。内壁施青釉，外壁饰弦纹。口径13.4、底径5.2、高5.7厘米。2004CWWM7：106，敞口，方唇，卷沿，下腹斜收成小平底。内壁施青釉，外壁饰弦纹。口径14.4、底径4.8、高4.6厘米。

灰陶钵　2件。均为泥质陶。2004CWWM7：94，直口，圆唇，腹微鼓，矮圈足。腹部饰一周凹弦纹。口径16、底径7、高7.4厘米（图四八，15；图版四〇，5）。2004CWWM7：99，敞口，圆唇，斜腹，下腹内收，小平底。腹部饰两道凹弦纹。口径16、底径6、高6厘米。

盂　5件。均为泥质红陶。2004CWWM7：27，大敞口，圆唇，卷沿，束颈，斜肩，折腹，小平底。腹部饰两周凹弦纹。口径8.8、腹径8.4、底径5、高5.6厘米（图四九，1；图版四〇，6）。2004CWWM7：45，大敞口，方唇，卷沿，束颈，斜肩，上腹微鼓，下腹部鼓出，圜底。颈下饰一对盲鼻，上腹饰两周凹弦纹。外施褐釉。口径12、腹径14.6、底径6、高10.6厘米。2004CWWM7：58，大敞口，卷沿，束颈，下腹部鼓出，圜底。颈下饰一对盲鼻，上腹部饰两周凹弦纹。外施褐釉。口径14、腹径15、高10.2厘米（图四九，2；图版四〇，7）。2004CWWM7：75，大敞口，方唇，卷沿，束颈，斜肩，折腹，小平底。口径8.4、腹径8.8、底径4.2、高6厘米。2004CWWM7：93，大敞口，方唇，卷沿，束颈，折腹，小平底。口径8、腹径7.8、底径4.6、高5.2厘米。

盘　4件。分红陶和灰陶。

红陶盘　3件。均为泥质红陶。2004CWWM7：42，敞口，圆唇，宽平沿，折腹，圜底。通体挂釉，内壁及外壁沿下均施褐釉。口径20.8、底径5.5、高5厘米（图四九，3）。2004CWWM7：69，敞口，方唇，宽平沿，浅腹，下腹内收，小平底。口径11.8、底径5.6、高2.5厘米。2004CWWM7：88，敞口，方唇，宽平沿，浅腹，下腹斜内收，小平底。口径9.4、底径4、高2厘米（图四九，4；图版四〇，8）。

灰陶盘　1件。2004CWWM7：51，泥质陶。敞口，圆唇，平折沿，壁斜内收，大平底。

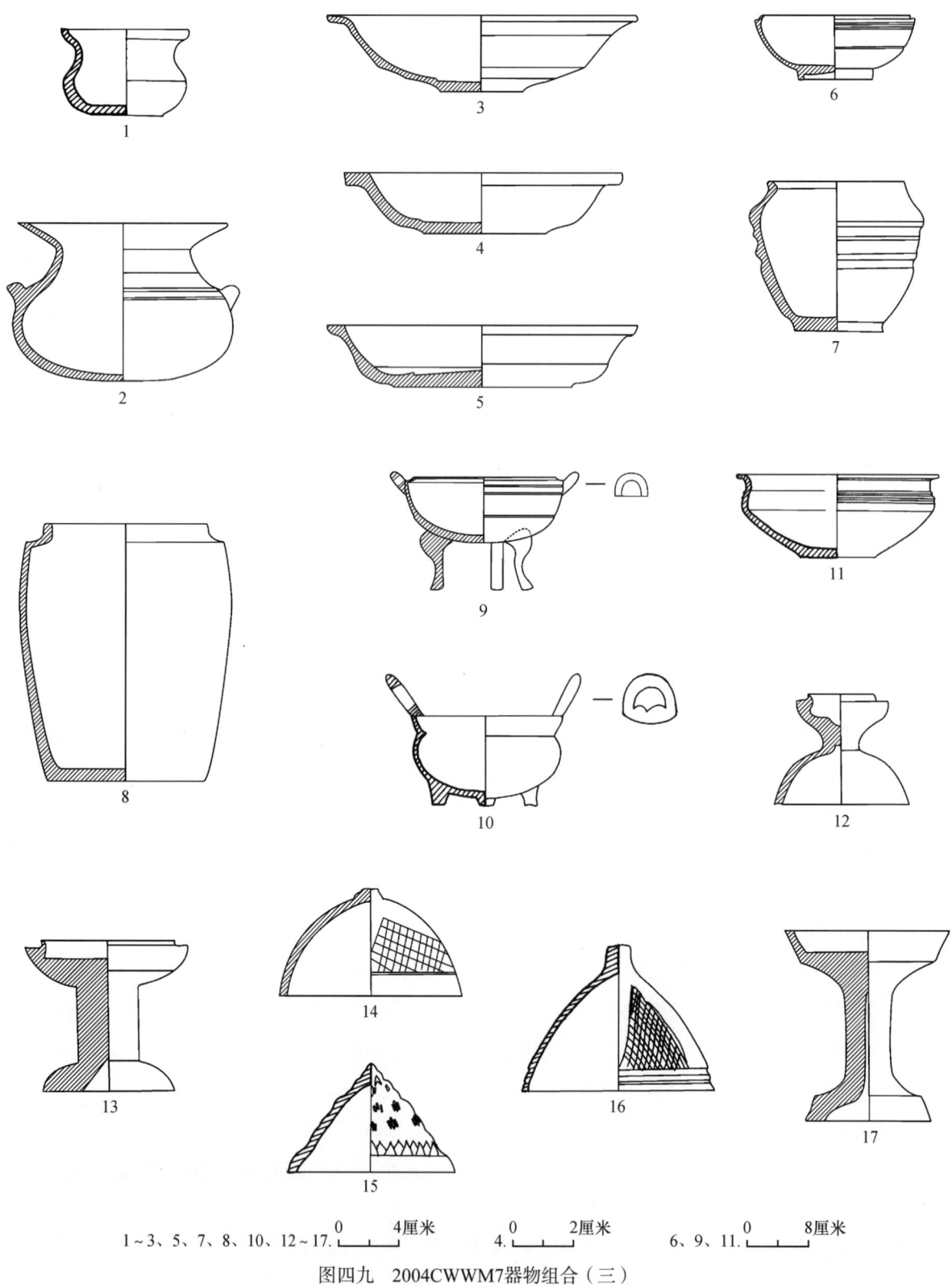

1~3、5、7、8、10、12~17. $\underline{\hspace{1cm}}$ 4厘米   4. $\underline{\hspace{1cm}}$ 2厘米   6、9、11. $\underline{\hspace{1cm}}$ 8厘米

图四九 2004CWWM7器物组合（三）

1、2. 陶盂（2004CWWM7：27、2004CWWM7：58） 3~5. 陶盘（2004CWWM7：42、2004CWWM7：88、2004CWWM7：51）
6. 陶盒（2004CWWM7：38） 7、8. 陶囷（2004CWWM7：26、2004CWWM7：107） 9、10. 陶鼎（2004CWWM7：39、2004CWWM7：81） 11. 陶盆（2004CWWM7：84） 12、13. 陶熏炉（2004CWWM7：31、2004CWWM7：74）
14~16. 陶熏炉盖（2004CWWM7：47、2004CWWM7：100、2004CWWM7：101） 17. 陶灯（2004CWWM7：87）

腹部饰一周凹弦纹。口径21、底径12、高4厘米（图四九，5）。

盒　1件。2004CWWM7：38，夹砂红陶。通体素面。仅见盒身不见盒盖。盒身为子母口，斜壁，矮圈足。盒身饰弦纹。口径19.2、底径10、高8厘米（图四九，6；图版四一，1）。

困　3件。均为泥质灰陶。2004CWWM7：26，口微敛，圆唇，短颈，折肩，斜腹内收，平底。腹外壁饰两道凸弦纹。口径9、腹径11.6、底径6、高9.6厘米（图四九，7）。2004CWWM7：30，口微敛，圆唇，折肩，斜腹内收，平底。腹外壁饰凸弦纹。口径9.5、腹径12.3、底径6.5、高9厘米。2004CWWM7：107，口微敛，圆唇，折肩，筒形腹较深，下腹壁略内收，平底。口径10.8、腹径14.2、底径10.4、高16.8厘米（图四九，8；图版四一，2）。

鼎　3件。均为泥质红陶。2004CWWM7：39，钵形，子母口，口微敛，方唇，弧腹，圜底近平。口沿下环形附耳，三蹄形足外撇。外壁饰凹弦纹。口径18.8、腹径21、通高15、足高7.6厘米（图四九，9；图版四一，3）。2004CWWM7：78，口微敛，方唇，折沿，内沿面下凹，束颈，扁圆腹，圜底。沿上一对环形立耳，三蹄形矮足。内外施青釉，外施半釉内施全釉。口径10.6、腹径10.4、通高10.2、足高3厘米。2004CWWM7：81，圆唇，折沿，内沿面下凹，颈部内束，圜底。沿上一对环形立耳，三蹄形矮足。外施半釉，内施全釉，釉多脱落。口径10.1、腹径10、高8.5、足高1厘米（图四九，10）。

盆　1件。2004CWWM7：84，夹砂红陶。通体素面。侈口，方唇，平折沿，短束颈，鼓腹，下腹斜而内收，小平底。肩部饰三道弦纹，内壁施褐釉，外壁肩部施一道褐釉。口径26.6、腹径25.4、底径10、高10.5厘米（图四九，11）。

熏炉出土时摆放凌乱，大多破碎，修复后熏炉（缺盖）有7件，熏炉盖4件。熏炉和熏炉盖无法合并，故分开编号描述。

熏炉（缺盖）　7件。均为夹砂红陶。2004CWWM7：31，子母口，敞口，尖唇，喇叭形柄，覆碗形底座。口径4.4、底径9、高7.2厘米（图四九，12；图版四一，4）。2004CWWM7：32，形制与2004CWWM7：31一致。子母口，敞口，尖唇，喇叭形柄，覆碗形底座。口径4.4、底径9、高7.2厘米。2004CWWM7：50，形制与2004CWWM7：31一致。子母口，喇叭形柄，覆碗形底座。口径4.5、底径8.5、高7厘米。2004CWWM7：54，形制与2004CWWM7：31一致。子母口，敞口，尖唇，喇叭形柄，覆碗形底座。口径6、底径9、高8.5厘米。2004CWWM7：64，形制与2004CWWM7：31一致。子母口，敞口，尖唇，喇叭形柄，覆碗形底座。口径5、底径9、高6.8厘米。2004CWWM7：48，豆形。平沿，沿面微凹，深盘，圜底，细柄，喇叭形圈足。口径9.6、底径8.2、高10.2厘米。2004CWWM7：74，豆形。敛口，子母状口沿，浅盘，筒形柄粗而高，喇叭状圈足。外施褐釉。口径9、底径9、高10厘米（图四九，13）。

熏炉盖　4件。均为夹砂红陶。2004CWWM7：47，盖体呈覆碗形，鸟首形纽，器表刻划三组倒"V"字形网纹，顶端各有一个镂孔。下腹部一周凹弦纹。口径12.5、高6.9厘米（图四九，14）。2004CWWM7：100，盖面浮雕多组米粒状凸起，三个为一组，顶部雕刻四个镂孔，底部刻划一周"Λ"形纹。口径11.4、高7厘米（图四九，15）。2004CWWM7：101，整体呈盔形，顶部有柱形纽。倒山形镂空，三组并列，山形外刻划网格纹，下腹饰两周凹弦纹。口径13、高9.4厘米（图四九，16）。2004CWWM7：103，整体呈盔形，鸟首形纽，倒山形镂空，三组并列，山形外刻划网格纹，下腹饰两周凹弦纹。口径12.4、高8.8厘米。

灯 2件。均为泥质红陶。通体素面。圆唇，平沿，敞口，浅盘。2004CWWM7：61，筒形柄，覆碗式足。外壁一周折棱，器表挂白陶衣。口径13.5、底径7.7、高10.5厘米。2004CWWM7：87，平底，细高柄，覆盘式矮圈足。釉陶。口径10.8、圈足8.2、通高12厘米（图四九，17）。

杯 5件。均为泥质红陶。通体素面。圆唇，深腹，直壁。2004CWWM7：53，口微侈，圜底。口沿一侧按菌状纽。上腹部一周凹弦纹。施青釉。口径6.4、腹径5.9、底径4、高6厘米。2004CWWM7：60，直口，筒形腹，上腹有一鋬，平底。上腹部一周凹弦纹。施青釉。口径6.6、底径5、高6.5厘米。2004CWWM7：76，窄平沿，侈口，平底微外弧。上腹一周凹弦纹，下腹部遗留有制作痕迹。口径7、腹径7、底径4.8、高5厘米（图五〇，1；图版四一，5）。2004CWWM7：80，直口，筒形腹微鼓，大平地。口沿一侧按菌状纽。上腹部饰两周凹弦纹。施褐釉。口径9.8、腹径10.8、底径9、高9.5厘米。2004CWWM7：89，敞口，弧腹，平底。腹部饰一周凹弦纹。口径7.2、底径4.2、高3.9厘米。

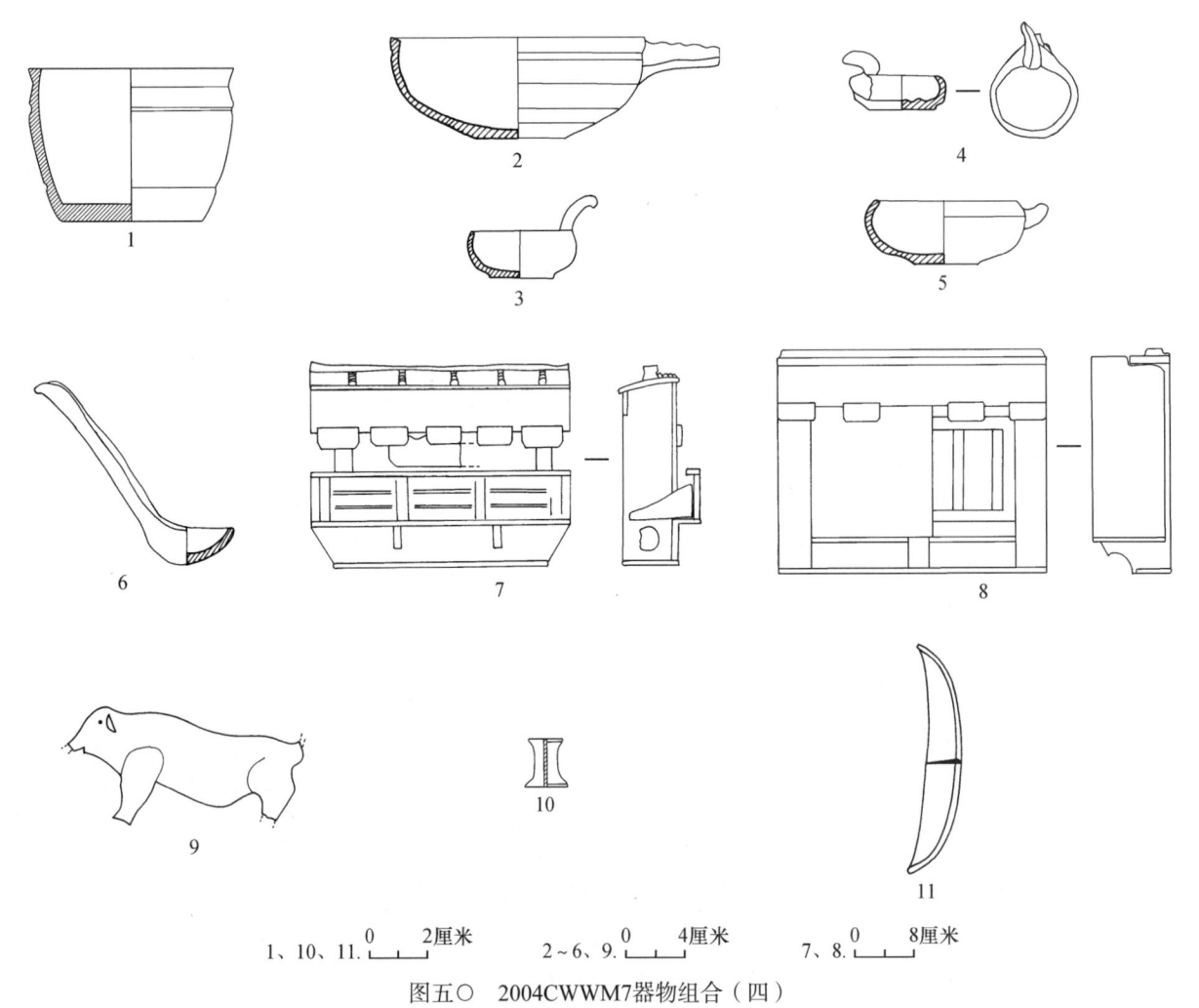

图五〇 2004CWWM7器物组合（四）
1. 陶杯（2004CWWM7：76） 2~5. 陶魁（2004CWWM7：52、2004CWWM7：55、2004CWWM7：77、2004CWWM7：59）
6. 陶勺（2004CWWM7：56） 7、8. 陶楼（2004CWWM7：37-1、2004CWWM7：37-2） 9. 陶猪（2004CWWM7：83）
10. 琉璃耳珰（2004CWWM7：2-2） 11. 铜柲首（2004CWWM7：2）

魁　9件。均为泥质红陶。通体素面。依据柄的长短曲度变化，可分为三类。

腹部横长柄　1件。2004CWWM7∶52，敛口，圆唇，平沿，鼓腹，下腹内收，小平底。直柄，似为兽头。上腹饰一周凹弦纹。内施全褐釉，外施半釉。口径17.2、底径6.2、高6.4、柄长5厘米（图五〇，2；图版四一，6）。

口沿上有銴　6件。均为泥质红陶。2004CWWM7∶55，敛口，圆唇，腹较深，下腹部内收，小平底。口沿上曲形銴呈鸟首状。内施褐釉。口径6.8、腹径7.4、底径4.2、高5.2厘米（图五〇，3）。2004CWWM7∶72，钵形，敛口，斜腹，下腹折而内收成平底。口沿上曲形銴呈鸟首状，銴残，无釉。口径4.4~5、底径3.6、高2厘米。2004CWWM7∶73，钵形，敛口，腹微鼓，平底。口沿上曲形銴呈鸟首状。内外均施褐釉。口径7、底径4.8、高4.8厘米。2004CWWM7∶77，敛口，圆唇，浅腹，下腹部内收，小平底。口沿上鸟喙形短柄。纵口径4.5~6、底径4.4、高3.6厘米（图五〇，4；图版四一，7）。2004CWWM7∶92，钵形，口微敛，圆唇，浅腹，平底。口沿上曲形銴呈鸟首状，銴残。口径纵4.8、横5.4、底径3.8、高1.5厘米。2004CWWM7∶102，钵形，口微敛，圆唇，浅腹，平底。口沿上曲形銴呈鸟首状，銴残。无釉。口径6.4、底径4.6、高2.8厘米。

腹部贴塑短小柄　2件。2004CWWM7∶59，敛口，圆唇，腹较深，下腹内收，平底。腹壁侧贴塑一鸟首銴，銴短小，腹部饰一周凹弦纹，无釉。口径9.5、腹径10.5、底径4.5、高4厘米（图五〇，5）。2004CWWM7∶90，口微敛，圆唇，弧腹，平底。腹壁侧贴塑一鸟首銴，銴短小，腹部饰一周凹弦纹，无釉。口径10、底径4.4、高4.1厘米。

勺　3件。通体素面。斜长柄，圆唇。2004CWWM7∶36，泥质红陶。勺头椭圆形，柄残，敞口，圜底。内外施褐釉。口径7.5~8.6、残高11厘米。2004CWWM7∶56，泥质红陶。似鸟首形长柄，勺头椭圆形，敞口，浅腹，圜底。内壁施褐釉。口径5.8~6.6、通高11.6厘米（图五〇，6；图版四一，8）。2004CWWM7∶71，泥质灰陶。似鸟首形长柄，勺头椭圆形，敞口，弧腹，腹较深，圜底。口径5.4~6.8、高7.8厘米。

楼　1件。2004CWWM7∶37-1、2004CWWM7∶37-2，泥质青灰陶。通体素面。分上下两部分，上层为房屋，单坡屋顶，单斗拱，前有阳台栏杆。下层似为猪圈，长方形，平顶，单斗拱。宽37、厚10.6、高29.4厘米（图五〇，7、8；图版四二，1）。

猪　1件。2004CWWM7∶83，泥质灰陶。通体素面。嘴微凸，体肥，四肢短粗，站立状。嘴、耳、尾稍残。模型明器。残长16.3、残高8厘米（图五〇，9；图版四二，2）。

琉璃耳珰　1件。2004CWWM7∶2-2，柱状，中间内凹。上径1.2、底径1.5、高1.6厘米（图五〇，10；图版四二，3）。

铜柶首　1件。2004CWWM7∶2，平面呈弯月形，扁体，两端尖一侧内弧，另侧外弧。长7.4、宽1.1厘米（图五〇，11；图版四二，4）。

五铢钱　300余枚。因保存较差，大多残破严重，难以确定准确数量。标本2004CWWM7∶1，方孔圆钱，正面有轮无郭，背面轮郭俱全。钱文篆书，文字清晰，字体中宽。"五"字中间两笔交叉弯曲；"铢"字的金字头呈镞形、与"朱"等齐，"朱"字上部圆折、下部方折。直径2.5、穿径0.9、厚0.13厘米。

20. 2004CWWM8

位于发掘B区的T1702内，墓向198°。

（1）墓葬形制

砖室墓，平面呈刀形，由甬道和墓室组成，总长4.96、墓室宽3.24米（图五一；图版四三，1）。甬道保存较好，甬道长1.96、宽1.76米；其下层由5～7层平砖垒砌，其上再以子母口券砖竖券成弧形顶；甬道前端仍保留有完整的10行券砖的弧形券顶；甬道内砖纹为车轮形。墓室保存也较好，其下层由9层条砖垒砌，其上用楔形砖横垒起券，券顶大部分破坏，多者残留8行砖。砖纹有3种，车轮形、菱形、十字形，错缝叠压。有铺地砖，较有规律。

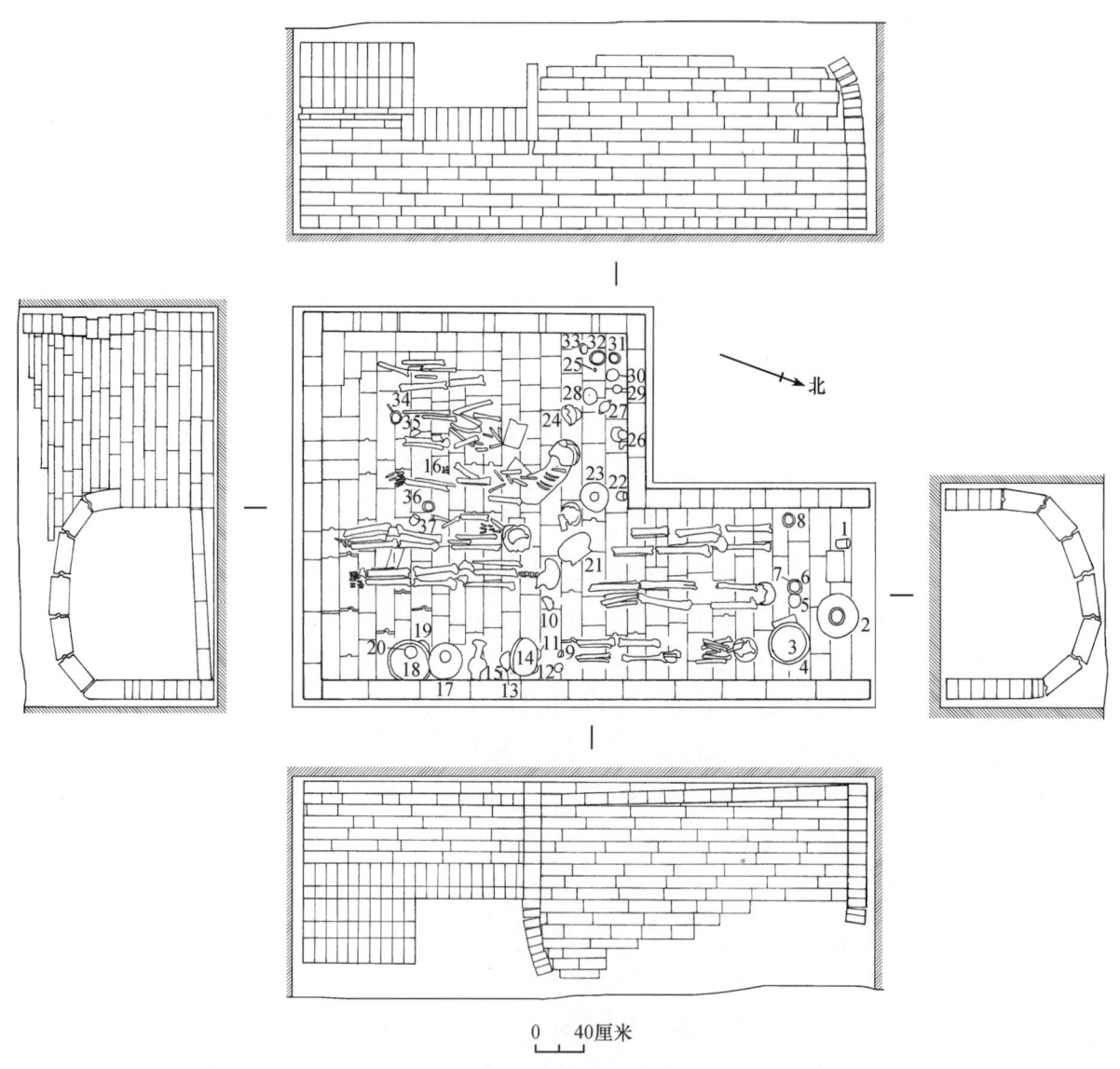

图五一 2004CWWM8平、剖面图

1、5、8、22、34.陶囷 2.15.陶壶 3、14、18.陶甑 4.铁釜 6、11、17、23.陶罐 7、9.陶魁 10、12、13、20、26、28、30、32.陶钵 16.铜钱 19、33.陶灯 21、27、36.陶釜 24、29.陶盂 25.铜指环 31、35.陶熏炉 37.陶杯

（2）葬具葬式

墓中的人体骨骼保存尚好，共有8具，头向与墓向一致，均仰身直肢葬，可分为三组。其中甬道3具，为第一组，自西而东一字排开，中间骨骼为男性，西侧为女性，东侧头骨不见，性别不明。墓室5具，自西而东一字排开，依据骨骼的距离可分作两组，西侧两具为第二组，保存较好，头骨、四肢均存，该组前端还有一具独立的头骨；东侧3具可为第三组，保存稍差，最东侧一具没有头骨，仅存肢骨。

（3）出土器物

墓中随葬品的位置大体也可分为三组。甬道口为一组，在甬道第一组骨骼的头端；墓室西壁旁侧为一组，靠近第二组骨骼的西侧；墓室东南角为一组，靠近第三组人骨的头端。多数头骨下枕一块半砖，第二组人骨的脚骨下也枕一块砖。骨骼之间、骨骼和墓壁之间的空隙太小，估计没有木质葬具。墓中器物能够复原的约37件，以陶器为主，灰陶、红陶皆有。另有铁器、银指环、琉璃耳珰等，有的腐蚀较甚。铜钱零散地散落于人的身侧和头部。

铜器

指环　1件。2004CWWM8：25，环形，横截面呈圆形。内径1.6、外径2厘米。

铁器

釜　1件。2004CWWM8：4，大敞口，外侈，圆唇，宽折沿，束颈，圆鼓腹，圜底。口径30、腹28、高24厘米（图五二，1）。

陶器

壶　2件。均为泥质红陶。2004CWWM8：2，盘口，盘较深，长直颈，弧肩，圆鼓腹，高圈足。覆碟式盖，上置纽。腹部饰一对铺首衔环和三道凹弦纹。通体施黄釉。口径16、腹径21.2、底径17.6、高36.8厘米。2004CWWM8：15，盘口，盘较深，长直颈，弧肩，圆鼓腹，高圈足。覆碟式盖，上有一环形纽，纽周边有柱形纽。腹部饰一对铺首衔环和三道凹弦纹。通体施黄釉。口径15.2、腹径20、底径16、高39厘米（图五二，2；图版四四，1）。

釜　3件。2004CWWM8：21，泥质灰陶。直口，平沿，直领，高领略内束，弧肩，鼓腹，小平底。口径23.2、腹径30、底径8.8、高22.4厘米（图五二，3；图版四四，2）。2004CWWM8：27，泥质红陶。敞口，圆唇，折沿，内沿面下凹，束颈，腰微鼓，平底。口沿外侧饰一对环形立耳。内施全褐釉，外施半釉。口径9、腹径9.6、底径5、高6.8厘米（图五二，4；图版四四，3）。2004CWWM8：36，泥质红陶。敞口，折沿，内沿面下凹，颈部内束，腰微鼓，平底。口沿外侧饰一对立耳，一耳残。口径10、腹径8.6、底径6、高5.3厘米。

甑　3件。均为泥质灰陶。2004CWWM8：3，大敞口，尖圆唇，卷沿，上腹壁微鼓，下腹壁急收，凹底。底有孔。上腹外壁饰两道凹弦纹。口径34、腹径、底径15.2、高20厘米。2004CWWM8：14，大敞口，尖圆唇，卷沿，上腹壁微鼓，下腹壁急收，凹底。底有孔。上腹外壁饰两道凹弦纹。口径17.5、腹径、底径7.8、高9.4厘米。2004CWWM8：18，大敞口微敛，卷沿，尖圆唇，上腹壁微鼓，下腹壁急收，凹底。底有孔。上腹外壁饰两道凹弦纹。口径33.2、腹径、底径15.2、高18.4厘米（图五二，5；图版四四，4）。

罐　4件。依据外形不同，可分小罐、扁腹罐两种类型。

小罐　2件。均为泥质红陶。2004CWWM8：6，直口，圆唇，直领稍内束，斜肩，折腹，

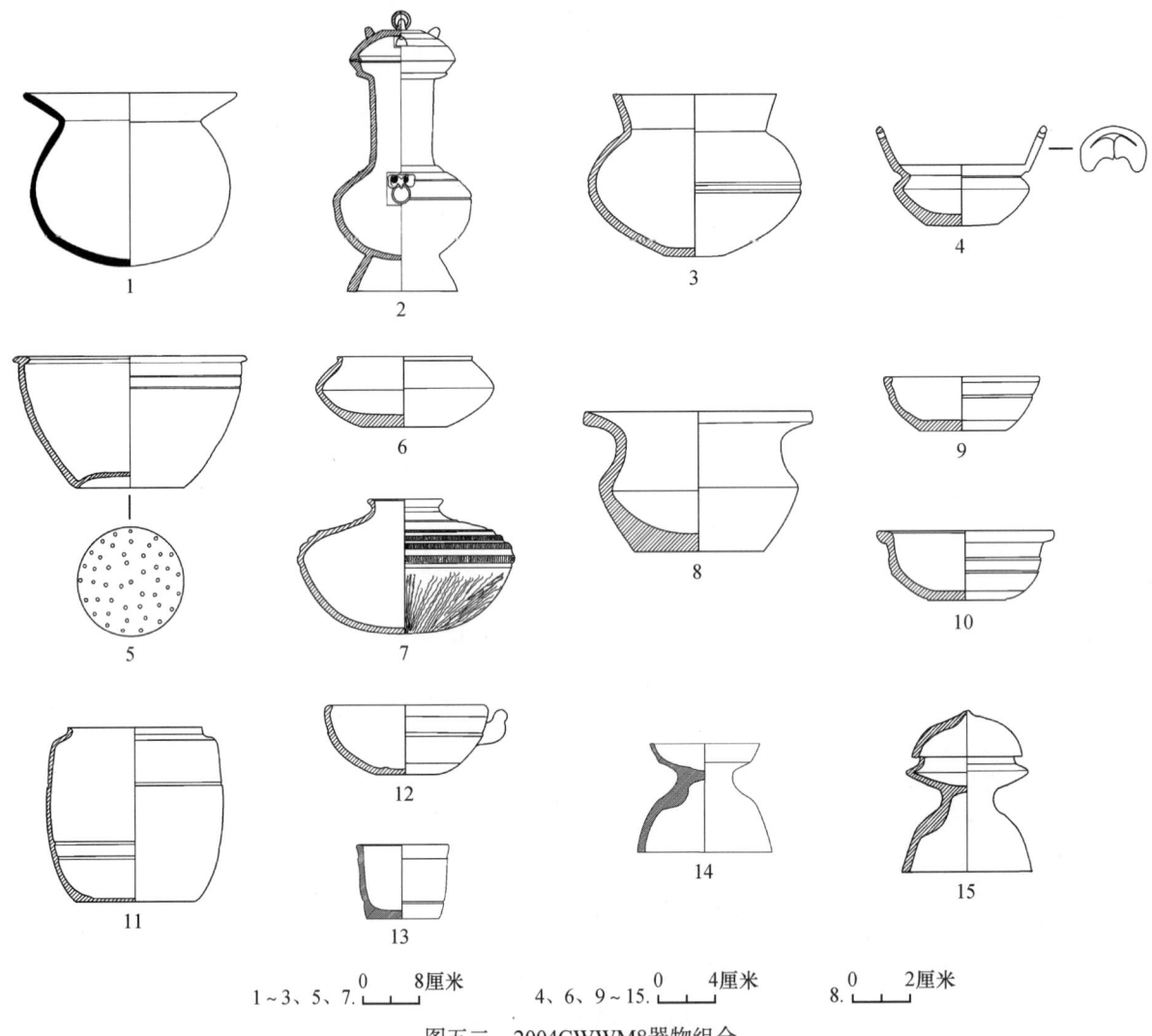

图五二　2004CWWM8器物组合

1. 铁釜（2004CWWM8：4）　2. 陶壶（2004CWWM8：15）　3、4. 陶釜（2004CWWM8：21、2004CWWM8：27）
5. 陶甑（2004CWWM8：18）　6、7. 陶罐（2004CWWM8：11、2004CWWM8：17）　8. 陶盂（2004CWWM8：24）
9、10. 陶钵（2004CWWM8：10、2004CWWM8：20）　11. 陶囷（2004CWWM8：34）　12. 陶魁（2004CWWM8：7）
13. 陶杯（2004CWWM8：37）　14. 陶灯（2004CWWM8：19）　15. 陶熏炉（2004CWWM8：35）

小平底。口径8、腹径8.8、底径5.2、高5.4厘米。2004CWWM8：11，卷沿，圆唇，斜肩，折腹，小平底。施黄釉，多已脱落。口径9.6、腹径12.6、底径6、高4.8厘米（图五二，6）。

扁腹罐　2件。均为泥质灰陶。2004CWWM8：17，小口，圆唇，卷沿，短颈，广肩，扁腹，圜底。腹部满饰绳纹，上腹饰多周粗凹弦纹。口径10.8、腹径31.4、高18.8厘米（图五二，7；图版四四，5）。2004CWWM8：23，小口，圆唇，卷沿，短颈，广肩，扁腹，圜底。腹部满饰绳纹，上腹饰多周粗凹弦纹。口径9.6、腹径24、高13.7厘米。

盂　2件。均为泥质红陶。2004CWWM8：24，大敞口，方唇，卷沿，束颈，折腰，弧腹，平底。口径8、腹径7、底径4.6、高4.8厘米（图五二，8）。2004CWWM8：29，大敞口，圆唇，卷沿，束颈，折腰，弧腹，平底。口径8.6、腹径8.3、底径5.7、高4.8厘米。

钵　8件。均为红陶。2004CWWM8：10，泥质陶。直口稍敛，平沿，上腹稍直，下腹内收，小平底。外壁饰一周凹弦纹。口径11、底径6、高3.8厘米（图五二，9）。

2004CWWM8：12，夹砂陶。敞口，平沿，上腹稍直，下腹内收，小平底。外壁饰一周凹弦纹。内壁施褐釉，多已脱落。口径12、底径6、高4.2厘米。2004CWWM8：13，泥质陶。侈口，平沿，上腹稍直，下腹内收，小平底。外壁饰一周凹弦纹。内外壁施褐釉，多已脱落。口径11.8、底径6.4、高4厘米。2004CWWM8：20，夹砂陶，敞口，圆唇，卷沿，弧腹，下腹斜收，小平底。外壁饰二周凹弦纹。内外壁施褐釉，多已脱落。口径12.5、底径5.5、高4.7厘米（图五二，10；图版四四，6）。2004CWWM8：26，夹砂陶。敞口，方唇，卷沿，下腹斜折，小平底。外壁饰凹弦纹。内外壁施褐釉，多以脱落。口径12、底径5、高3.5厘米。2004CWWM8：28，泥质陶。敞口，圆唇，卷沿，深腹，下腹斜折，小平底。外壁饰凹弦纹，内壁施褐釉，多以脱落。口径12.4、底径4、高4.8厘米。2004CWWM8：30，泥质陶。卷沿，敞口，下腹斜折，小平底。外壁饰凹弦纹，内壁施褐釉。口径12.4、底径4.2、高3.6厘米。2004CWWM8：32，泥质陶。卷沿，敞口，下腹斜折成小平底；外壁饰凹弦纹。口径12.2、底径7、高4.8厘米。

囷　5件。均为泥质灰陶。2004CWWM8：1，口微敛，圆唇，折肩，筒形腹微鼓较深，平底。腹外壁饰一周凹弦纹。口径9.2、腹径13、底径8.8、高13厘米。2004CWWM8：5，口微敛，圆唇，折肩，筒形腹微鼓较深，平底。腹外壁饰凹弦纹。口径9.6、腹径13.2、底径10、高13.4厘米。2004CWWM8：8，口微敛，圆唇，折肩，筒形腹微鼓较深，平底。腹外壁饰一周凹弦纹。口径9.2、腹径13.4、底径11、高13.4厘米。2004CWWM8：22，口微敛，圆唇，折肩，筒形腹微鼓较深，平底。腹外壁饰一周凹弦纹，口径9.2、腹径12.6、底径8.4、高12厘米。2004CWWM8：34，口微敛，圆唇，折肩，筒形腹微鼓较深，平底。腹外壁饰一周凹弦纹。口径9.4、腹径12.4、底径8.4、高11.9厘米（图五二，11；图版四五，1）。

魁　2件。均为泥质红陶。2004CWWM8：7，钵形，敛口，圆唇，鼓腹，下腹内收，平底。腹壁上侧贴塑一鸟首銎，銎小而短。内外施褐釉，多已脱落。口径11、底径4.2、高4.8厘米（图五二，12）。2004CWWM8：9，钵形口，敛口，圆唇，浅腹，下腹内收，平底。沿上的曲形銎呈鸟首状，曲形銎残缺。内施褐釉。口径6.1、底径4.2、高1.7厘米。

杯　1件。2004CWWM8：37，泥质红陶。直口，斜弧腹，平底。外壁饰两周凹弦纹，饰青釉，多已脱落。口径6.4、底径5、高5.1厘米（图五二，13）。

灯　2件。均为泥质红陶。2004CWWM8：19，豆状浅盘，短柄，喇叭状圈足。施釉多已脱落。口径7.8、底径9.6、高7.5厘米（图五二，14；图版四五，2）。2004CWWM8：33，豆状浅盘，短柄，喇叭状圈足足径大。盘内壁施褐釉。口径7、底径9.8、高8.4厘米。

熏炉　2件。均为泥质红陶。2004CWWM8：31，子母口，沿较深，束腰，大喇叭状圈足。口径6、底径9.6、高9.6厘米。2004CWWM8：35，子母口，沿部较深，束腰，大喇叭状圈足。覆碗形盖，纽残。口径6.6、底径9.2、盖径7.8、通高10.5厘米（图五二，15；图版四五，3）。

五铢钱　2004CWWM8：16，外径2.5、孔径1厘米。锈蚀严重，保存很差。

三、六 朝 墓

（一）砖室墓

1. 2001CWWM8

位于发掘区中部，方向344°。

（1）墓葬形制

砖室墓，平面呈"凸"字形，由墓道、甬道、墓室组成。墓道为斜坡土洞式，墓道与甬道之间有封门砖，残高1.3米。甬道的券顶尚保存一块起券砖，券砖采用车轮花纹装饰的梯形子母口砖，砖长31、宽21、厚11.5厘米。可以看到采用的是立砖起券法，与相邻的9号墓不同，这样起券的券顶较高，但顶部不很平整。甬道长2.54、宽2.34、残高1.3米。墓室平面呈正方形，长3.36、宽3.36、残高1.44米（图五三；图版四三，2）。墓室和甬道采用单层花纹砖错缝平砌，朝向墓室的一面模印菱形花纹。墓砖长40、宽18、厚8厘米，墓室后部的铺地砖采用券顶砖，前部使用平砖，也使用碎砖，致使铺地不太整齐。

（2）葬具葬式

尸骨腐朽较甚，葬式不明。从墓室东侧遗留的痕迹分析，有两具尸骨，墓室地面发现排列整齐的砖，可作支垫棺木之用，这点从随葬品集中摆放为两组也可以证明。

（3）出土器物

随葬器物集中分布在甬道与墓室的连接处，有瓷器23件、陶器3件、铜镜1件、五铢钱1组5枚。

瓷器　23件。

壶　3件。分四系壶和六系壶。

四系壶　1件。2001CWWM8:7，盘口，长颈，宽肩，腹微鼓，下腹斜而内收，平底。肩饰四对称横桥形纽。内外施青釉，外施半釉。口径10.6、腹径17.4、底径10、高25.2厘米（图五四，1；图版四五，4）。

六系壶　2件。2001CWWM8:18，盘口，短颈，宽肩，腹微鼓，下腹斜而内收，平底。肩饰六对称横桥形纽。内外施青釉，外施青釉不及底。口径16、腹径25.6、底径12.8、高31.6厘米（图五四，2；图版四五，5）。2001CWWM8:20，盘口，长颈，宽肩，腹微鼓，下腹斜而内收，平底。肩饰六对称横桥形纽。内外施青釉，外施青釉不及底。口径14.5、腹径25.2、底径13.6、高33.6厘米。

罐　3件。2001CWWM8:8，小口，短领，宽肩，收腹，平底。肩饰四对称横桥形纽。内外施青釉，外施半釉及腹下。口径8.4、腹径15.6、底径8.8、高16.2厘米（图五四，3；图版四五，6）。2001CWWM8:11，大口，沿内凹，鼓肩，上腹外鼓，下腹弧而内收，平底。肩饰四对称横桥形纽。内外施青釉，外施半釉及腹。口径17.4、腹径22.8、底径12、高18厘米。2001CWWM8:19，褐釉，大口，尖唇，平沿，宽肩，上腹外鼓，下腹弧而内收，平底。肩饰

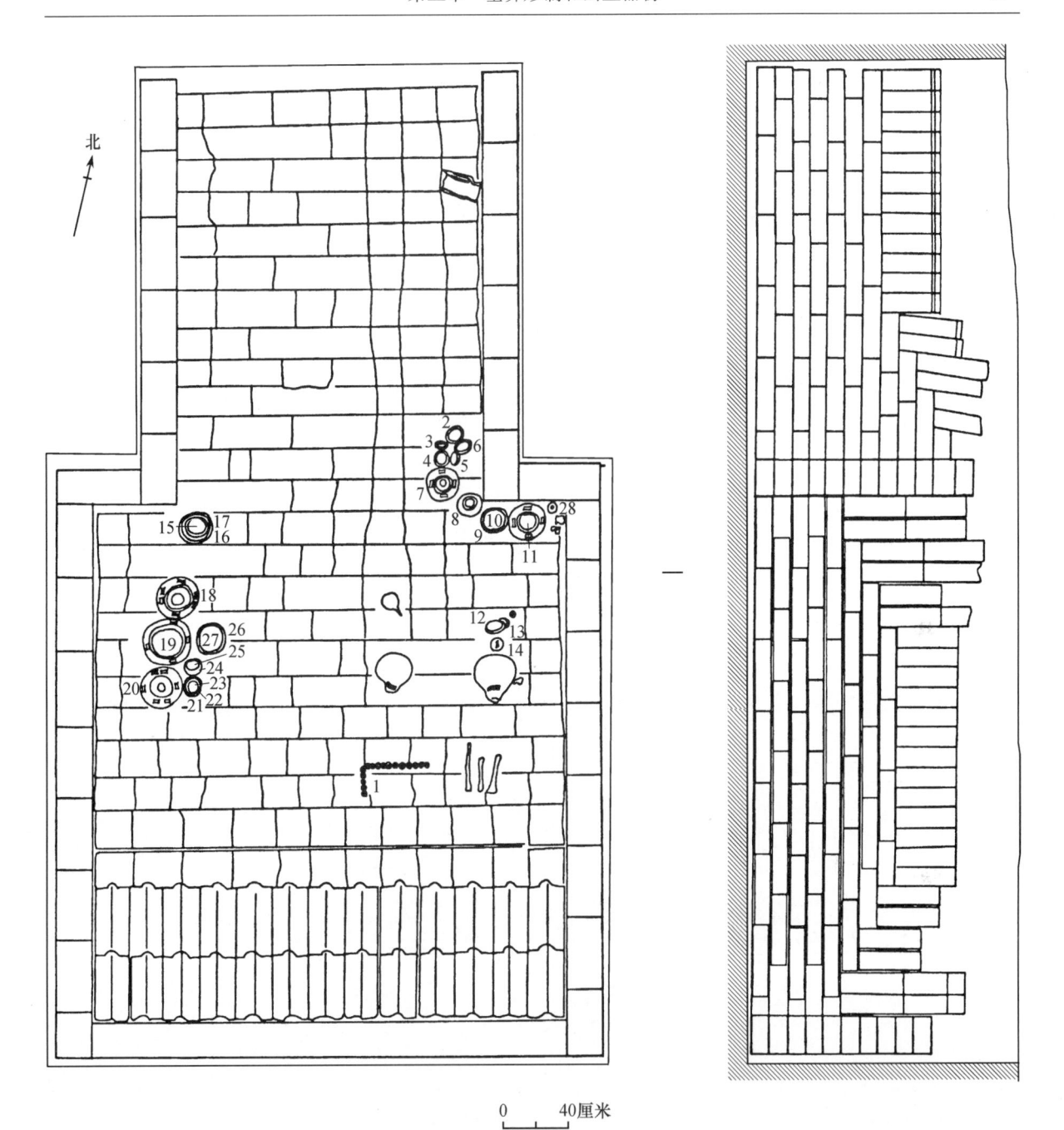

图五三　2001CWWM8平、剖面图
1.铜钱　2~6、9、10、13、17、21~27.瓷碗　7、18、20.瓷壶　8、11、19.瓷罐　12.瓷盘　14.铜镜　15.陶甑
16.陶釜　28.陶罐

四对称横桥形纽。内外施青釉，外施半釉及腹。口径21.8、腹径27.2、底径13.2、高22.4厘米（图五四，4）。

盘　1件。2001CWWM8：12，侈口，圆唇，浅盘，平底。内外施青釉，外施青釉不及底。口径12.4、底径12、高2厘米（图五四，5）。

碗　16件。2001CWWM8：2，敞口，圆唇，弧壁，平底。内外施青釉，外施青釉不及底。口径10.6、底径4.4、高4.7厘米（图五四，6）。2001CWWM8：5，形制与2001CWWM8：2一致。敞口，圆唇，弧壁，平底。内外施青釉，外施青釉不及底。口径9.2、底径3.8、高4.2厘米。2001CWWM8：23，形制与2001CWWM8：2一致。敞口，圆唇，弧壁，平底。内外施青釉，外施青釉不及底。口径8.8、底径4.5、高3.8厘米。2001CWWM8：25，形制与2001CWWM8：2一致。敞口，圆唇，弧壁，平底。内外施青釉，外施青釉不及底。口径8.6、底径4.2、高4厘米。2001CWWM8：3，青瓷，敞口，斜壁，平底。内外均施青釉。口径9、底径4.3、高3.9厘米（图五四，7；图版四六，1）。2001CWWM8：4，形制与2001CWWM8：3一致。敞口，弧壁，平底。内外施均青釉。口径8.8、底径4、高4.6厘米。2001CWWM8：13，形制与2001CWWM8：3一致。敞口，弧壁，平底。内外施均青釉。口径9、底径4.6、高4厘米。2001CWWM8：21，形制与2001CWWM8：3一致。敞口，弧壁，平底。内外施均青釉。口径8.9、底径4.2、高4厘米。2001CWWM8：22，形制与2001CWWM8：3一致。敞口，弧壁，平底。内外施均青釉。口径8.8、底径4.5、高4.2厘米。2001CWWM8：24，形制与2001CWWM8：3一致。敞口，弧壁，平底。内外施均青釉。口径8.6、底径4.8、高3.8厘米。2001CWWM8：9，敞口，弧壁，平底。内外施青釉，外施半釉。口径15.4、底径8.8、高6.4厘米（图五四，8；图版四六，2）。2001CWWM8：6，形制与2001CWWM8：9一致。敞口，弧壁，小平底。内外施青釉，外施半釉。口径8.9、底径3.8、高3.3厘米。2001CWWM8：10，形制与2001CWWM8：9一致。敞口，弧壁，平底。内外施青釉，外施半釉。口径15.4、底径8.8、高6.8厘米。2001CWWM8：26，形制与2001CWWM8：9一致。敞口，弧壁，平底。内外施青釉，外施半釉。口径14.8、底径9.2、高7.4厘米。

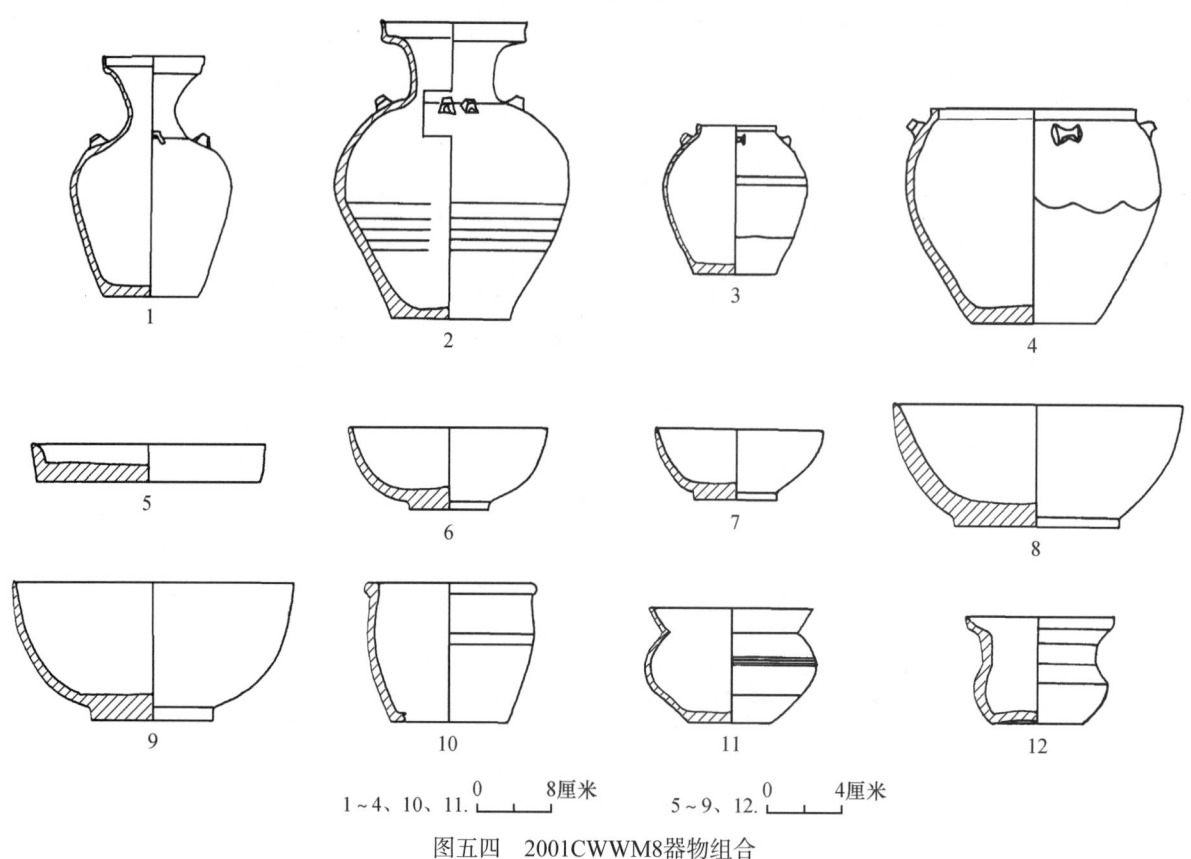

图五四　2001CWWM8器物组合

1、2. 瓷壶（2001CWWM8：7、2001CWWM8：18）　3、4. 瓷罐（2001CWWM8：8、2001CWWM8：19）
5. 瓷盘（2001CWWM8：12）　6~9. 瓷碗（2001CWWM8：2、2001CWWM8：3、2001CWWM8：9、2001CWWM8：17）
10. 陶釜（2001CWWM8：16）　11. 陶甑（2001CWWM8：15）　12. 陶罐（2001CWWM8：28）

2001CWWM8：17，敞口，弧壁，小平底。内外施均青釉。口径15.1、底径6.6、高7.2厘米（图五四，9）。2001CWWM8：27，形制与2001CWWM8：17一致。敞口，弧壁，平底。内外施均青釉，釉多脱落。口径14.8、底径8.4、高7.8厘米。

陶器 3件。

釜 1件。2001CWWM8：16，泥质灰陶。敞口，圆唇，折沿，鼓腹，平底。腹饰凹弦纹。口径17.6、腹径17.8、底径9、高12.4厘米（图五四，10；图版四六，3）。

甑 1件。2001CWWM8：15，泥质灰陶。敞口，圆唇，卷沿，直壁，深腹，平底。口径17.6、底径12.8、高15厘米（图五四，11；图版四六，4）。

罐 1件。2001CWWM8：28，泥质红陶。侈口，卷沿，弧腹，平底微凹。口径8、腹径7.2、底径5、高5.5厘米（图五四，12）。

铜镜 1件。2001CWWM8：14，圆形，个体较小，背面纹饰模糊。直径7.3厘米。

五铢钱 5枚。墓内发现较多，但多数锈蚀，保存很差，出土时有的呈串形，还可分辨穿系的痕迹。质地轻薄，五"字交笔较直，"朱"字上面的笔画方折，体现出晚期的特点。

2. 2002CWWM6

"凸"字形墓，位于发掘区南部，方向316°。

（1）墓葬形制

砖室墓，墓室券顶和墓室的后部遭到破坏，残存墓底和部分墓壁。墓葬形状由甬道和墓室组成，甬道残存砖壁高度0.2～0.48米，铺地砖也没有被破坏。长1.98、宽1.86、残高0.2～0.48米（图五五；图版四三，3）。甬道口处还保留一段封门砖，残宽1.1、高0.24、厚0.2米。墓室的后部被破坏，包括铺地砖，墓壁最高只保存四层砖。残长2.2、宽2.8、残高0.12～0.48、墙体厚0.2米。墓壁以花纹砖错缝平砌。铺地以条砖错缝平铺，地面很规整。墓砖有长方形条砖和子母口券顶砖两种规格，花纹有钱币网纹、"富贵"字纹、连体菱形纹三种。由于墓葬遭到破坏，券顶已经不存。随葬品保存较好。

（2）葬具葬式

墓内的尸骨凌乱，散见三个头骨和一些肢骨，葬式不明，没有发现葬具的痕迹。骨架摆放在甬道一具、墓室二具，均靠近墓壁的位置。

（3）出土器物

瓷器 13件。

碗 8件。分为大瓷碗、小瓷碗两类。

大瓷碗 3件。2002CWWM6：4，敛口，圆唇，上腹壁较直，大平底。口沿外壁饰凹弦纹。内外均施青釉。口径16、底径10、高6.4厘米（图五六，1）。2002CWWM6：10，敛口，圆唇，腹部深，底径较小，饼形底较厚。内外均施青釉。口径14.8、底径6.5、高7.6厘米（图五六，2；图版四六，5）。2002CWWM6：11，敛口，圆唇，腹部深，底径较小，饼形底较厚。内外均施青釉。口径16、底径6、高7.2厘米。

小瓷碗 5件。2002CWWM6：1，敞口，圆唇，深腹，饼形小底，底较薄。内外均施青釉。口径8.4、底径3.7、高4厘米（图五六，3；图版四六，6）。2002CWWM6：2，敛口，

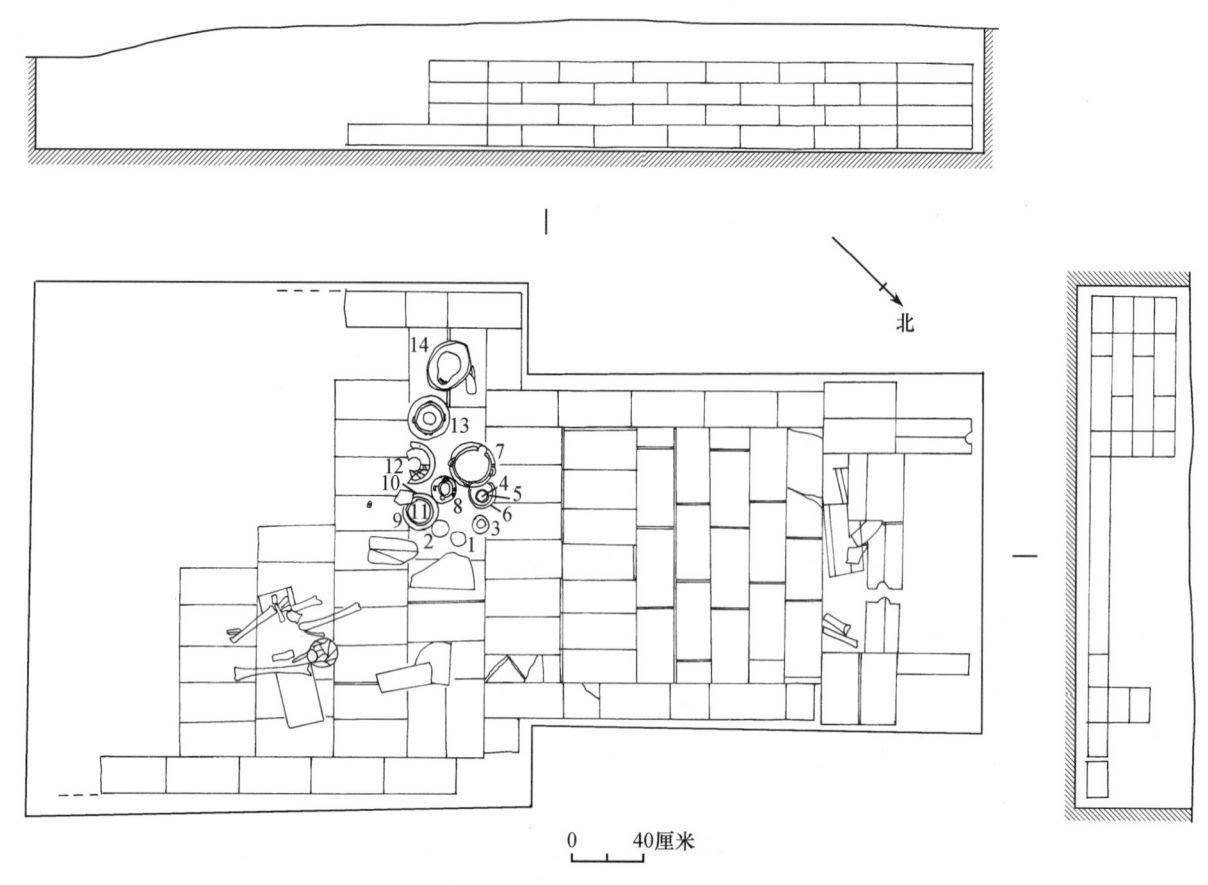

图五五　2002CWWM6平、剖面图
1~6、10、11.瓷碗　7~9.瓷罐　12、13.瓷壶　14.残瓷壶（无法复原）

圆唇，深腹，饼形小底，底较薄。内外均施青釉，釉多脱落。口径8.6、底径4.8、高4厘米。2002CWWM6：3，敛口，圆唇，深腹，饼形小底，底较薄。内外均施青釉，釉多脱落。口径8.6、底径4.2、高4厘米。2002CWWM6：5，侈口，圆唇，深腹，饼形小底，底较薄。内外均施青釉，釉已脱落。口径9.2、底径4.8、高3.6厘米。2002CWWM6：6，直口，圆唇，深腹，饼形小底，底较薄。口沿外壁饰凹弦纹。内外均施青釉，釉多脱落。口径7.6、底径5.2、高4厘米（图五六，4）。

罐　3件。2002CWWM6：7，圆唇，敛口，鼓腹，最大径在腹的中部，平底。肩饰四对称横桥形纽。内外施青釉，外施半釉。口径22.5、腹径27.5、底径13、高18.8厘米。2002CWWM6：8，侈口，圆唇，平沿，溜肩，深腹，下腹斜收，平底。系中穿饰一凹弦纹，肩饰四对称横桥形纽。内外施青釉，外施半釉。口径9.5、腹径14.2、底径9.5、高16.5厘米（图五六，5；图版四七，1）。2002CWWM6：9，小直口，圆唇，矮领，溜肩，鼓腹，小平底。肩饰四对称横桥形纽。内外施青釉，外施半釉。釉较好。口径12、腹径21.6、底径10.2、高19厘米。

壶　2件。2002CWWM6：12，盘口，口较浅，长颈，弧肩，圆腹，平底。肩饰四对称横桥形纽。内外施青釉，外施半釉。口径17.2、腹径25.2、底径13.6、高32.8厘米。2002CWWM6：13，盘口，长颈，弧肩，圆腹，平底。肩饰四对称横桥形纽。内外施青釉，外施半釉，釉多已脱落。口径17.2、腹径25.2、底径14.4、高34厘米（图五六，6；图版四七，2）。

图五六　2002CWWM6器物组合

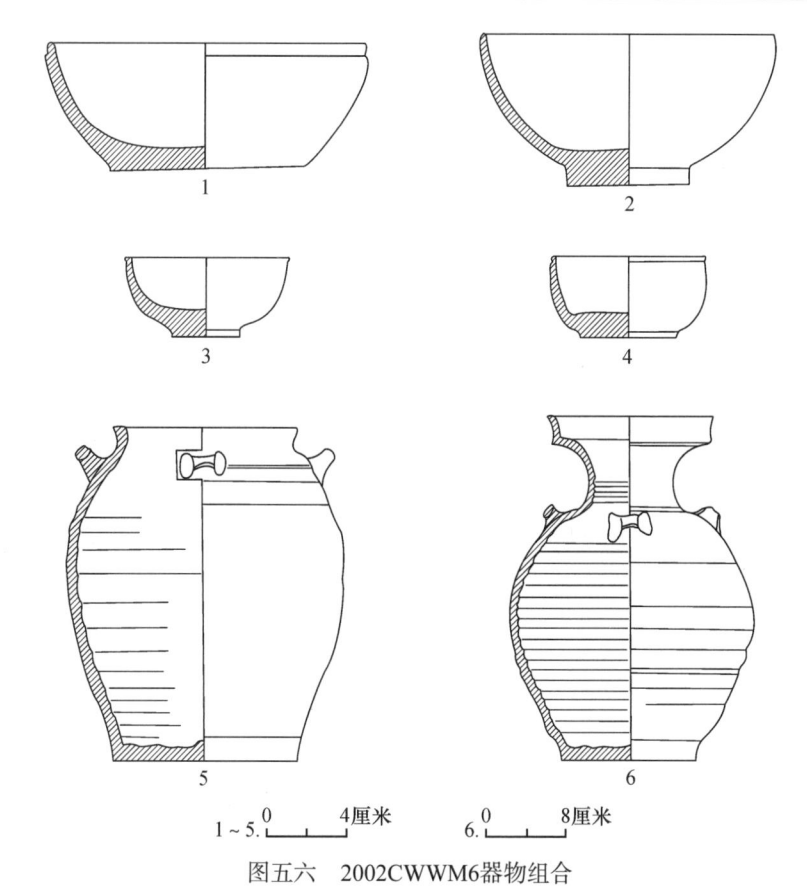

1~4.瓷碗（2002CWWM6：4、2002CWWM6：10、2002CWWM6：1、2002CWWM6：6）　5.瓷罐（2002CWWM6：8）
6.瓷壶（2002CWWM6：13）

3. 2002CWWM7

刀形墓，位于发掘区南部偏东，方向220°。

（1）墓葬形制

砖室墓，由墓道、甬道、墓室组成。

墓道为斜坡状，长1.2、宽1.82、深0~1.24米（图五七；图版四三，4）。墓道与甬道之间有保存完好的封门砖，砖有6层，上部高过甬道券顶。宽1.78、高0.5米。甬道的券顶保存完好，券砖采用菱形花纹装饰的梯形砖，砖长40、宽18、厚8厘米。采用纵式起券法，这样起券的券顶较低，顶部比较平整。甬道长1.86、宽1.8、残高1.52米。

墓室的券顶和上部被民房叠压和破坏，但墓底保存尚好，平面呈长方形，长3、宽3.2、残高1.96、墙体厚0.18米。墓室和甬道均采用单层花纹砖错缝平砌，朝向墓室的一面模印菱形花纹。砖长40、宽18、厚8厘米，铺地砖使用平砖，十分整齐。

（2）葬具葬式

发现尸骨两具，腐朽严重，位于墓室的中部偏东位置，仰身直肢，尚有大致的人体轮廓，头向与墓葬的方向一致。没有发现葬具的痕迹。

（3）出土器物

随葬器物集中分布在甬道与墓室的连接处，有青瓷器18件、陶器3件、五铢钱1组6枚。

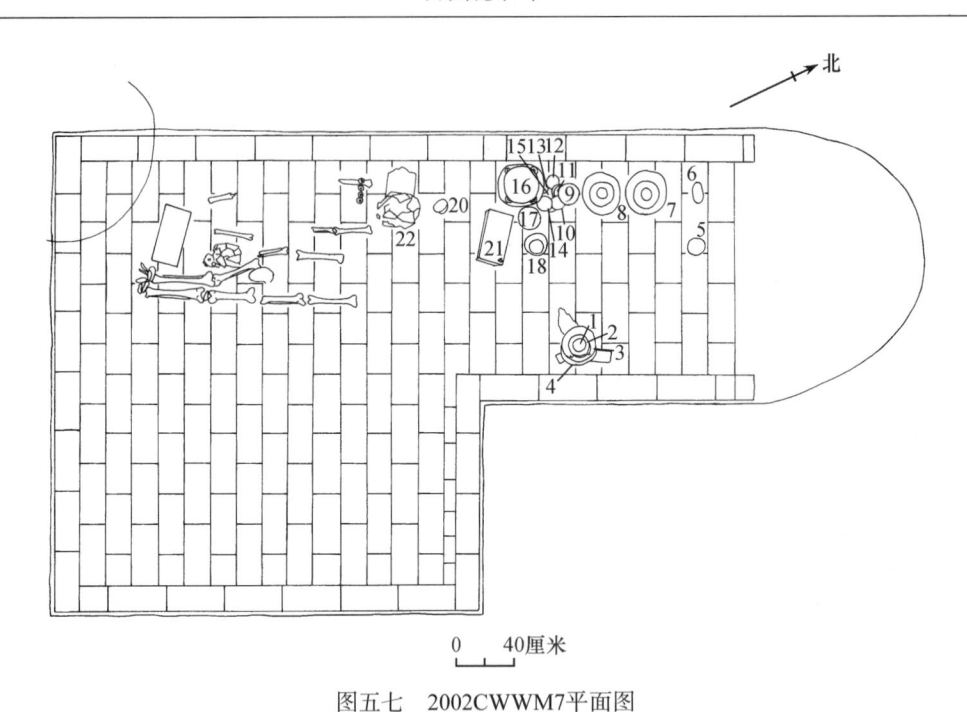

图五七 2002CWWM7平面图
1~3、5、9~14、17~20.瓷碗 4.陶釜 6.器盖 7、8.瓷壶 15.瓷盘 16.瓷罐 21.铜钱 22.陶困

瓷器 18件。

壶 2件。2002CWWM7:7，盘口，长颈，溜肩，圆腹，平底。肩饰四对称横桥形纽。内外施青釉，外施半釉到腹下，釉多脱落。口径16、腹径25、底径13.4、高34厘米（图五八，1；图版四七，3）。2002CWWM7:8，盘口，长颈，溜肩，圆腹，平底。肩饰四对称横桥形纽。内外施青釉，外施半釉到腹下。口径16.8、腹径25.6、底径13.2、高33.6厘米。

罐 1件。2002CWWM7:16，大口，尖唇，直沿，宽肩，鼓腹下腹斜收，小平底。肩饰四对称横桥形纽。内外施青釉，釉多脱落。口径23.7、腹径28.5、底径14、高19.8厘米（图五八，2；图版四七，4）。

碗 14件。2002CWWM7:1，口沿稍内敛，圆唇，上腹壁较直，大平底。内外施青釉，外施半釉。口径14.8、底径9.4、高7.5厘米（图五八，3；图版四八，1）。2002CWWM7:2，口沿稍内敛，圆唇，上腹壁较直，大平底。内外施青釉，外施半釉。口径16、底径9.8、高7厘米。2002CWWM7:3，敛口，圆唇，腹部加深，底残。外壁装饰莲花纹。此碗与陶釜同出，底也被有意打掉，可能与甑的用途相近。内外施青釉。口径23、残高11厘米。2002CWWM7:5，敛口，圆唇，腹部深，底径较小，饼形底较厚。内外施青釉。口径10、底径4.8、高5厘米。2002CWWM7:9，敛口，圆唇，腹部深，底径较小，饼形底较厚。内外施青釉，外施半釉。釉较好。口径15.2、底径6.4、高7.8厘米（图五八，4；图版四八，2）。2002CWWM7:10~2002CWWM7:14，与青瓷盏托同出。敞口，圆唇，斜壁，腹部加深，小平底，饼形底加厚。内外施青釉，外施半釉。口径9、底径4.2、高3.6厘米。2002CWWM7:17，敛口，圆唇，腹部深，底径较小，饼形底较厚。口沿下饰弦纹。内外施青釉，外施釉不及底。口径15.2、底径6.4、高8厘米（图五八，5；图版四八，3）。2002CWWM7:18，敛口，圆唇，腹部深，小平底，饼形底加厚。内外施青釉，外施釉不及底。釉较好。口径10.4、底径4.8、高5.5厘米。2002CWWM7:19，敛口，圆唇，腹部深，小平

第三章 墓葬形制和出土器物

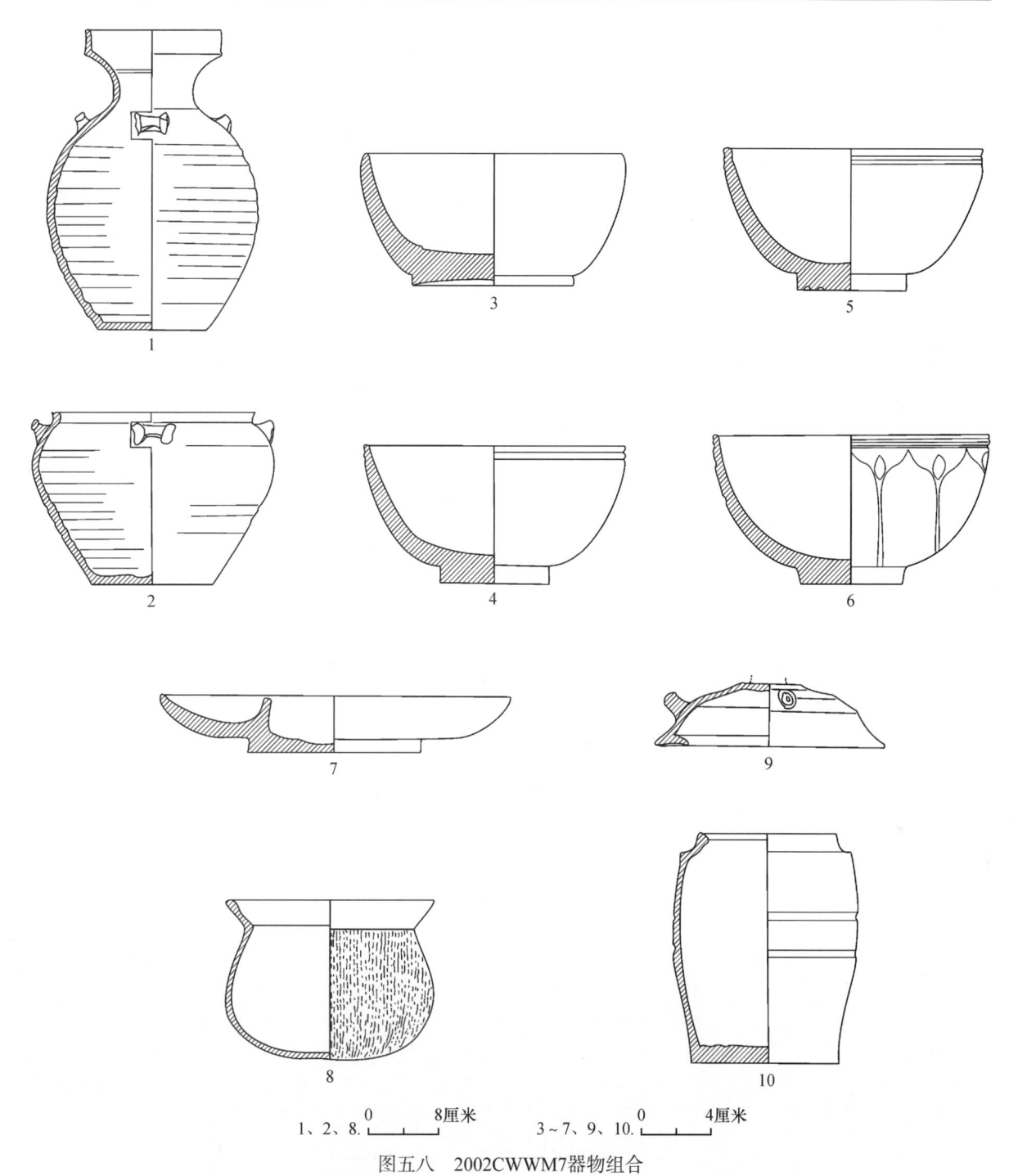

图五八 2002CWWM7器物组合
1. 瓷壶（2002CWWM7：7） 2. 瓷罐（2002CWWM7：16） 3~6. 瓷碗（2002CWWM7：1、2002CWWM7：9、2002CWWM7：17、2002CWWM7：19） 7. 盏托（2002CWWM7：15） 8. 陶釜（2002CWWM7：4） 9. 壶盖（2002CWWM7：6） 10. 陶囷（2002CWWM7：22）

底，饼形底较厚。外壁饰莲花纹。内外施青釉，外施釉不及底。口径16.2、底径6、高8.4厘米（图五八，6；图版四八，4）。2002CWWM7：20，敛口，圆唇，腹部加深，底径更小，饼形底加厚。内外施青釉，外施釉不及底。口径8.8、底径4.4、高4厘米。

盏托　1件。2002CWWM7：15，茶托，浅盘，平底，中心作碗形，出土时5只小碗放置在上面，成为一套完整的生活用具。内外施青釉，外施釉不及底。内径8.8、外径20.4、底径10、高3.2厘米（图五八，7；图版四八，5、6）。

陶器　3件。

釜　1件。2002CWWM7：4，泥质红褐陶。大敞口，圆唇，折沿，束颈，鼓腹，圜底。口径24.5、腹径24.5、高18厘米（图五八，8）。

壶盖　1件。2002CWWM7：6，泥质红陶。覆钵形，盖纽残，盖纽周边有三柱形纽。口径9.6、残高3.5厘米（图五八，9）。

囷　1件。2002CWWM7：22，泥质灰陶。子母口，折肩，直腹，平底。腹部饰有两周凹弦纹。口径8.2、腹径10.8、底径9、高13厘米（图五八，10；图版四七，5）。

五铢钱　1组6枚。2002CWWM7：21，墓内发现较多，多数锈蚀，保存很差。质地轻薄。

4. 2002CWWM8

长方形墓，位于发掘区南部偏东，紧邻M7，方向210°。

（1）墓葬形制

砖室墓，残存部分墓壁，保存部分最高为0.23米，有三层封门砖和铺地砖，但不见边壁有砖，疑为土坑壁。砖长40、宽18、厚8厘米。墓室残长2.5、宽1、残高0.23、墙体厚0.08米（图五九；图版四九，1）。

（2）葬具葬式

墓内可见零星肢骨，葬式不明，没有发现葬具的痕迹。

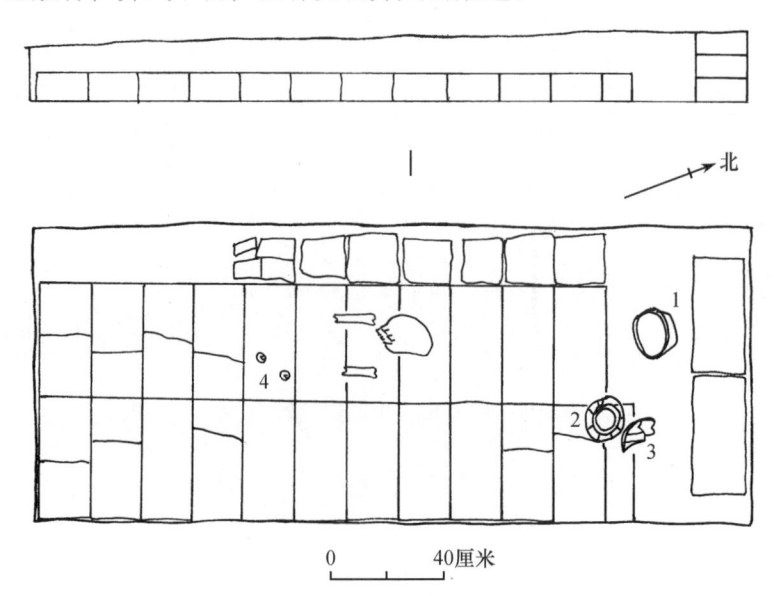

图五九　2002CWWM8平、剖面图
1、3.陶碗　2.陶罐　4.五铢钱

（3）出土器物

陶器　2件。

碗　1件。2002CWWM8：1，泥质灰陶。敞口，圆唇。深腹，小平底。口径16、底径5.2、高6.5厘米（图六〇，1）。

罐　1件。2002CWWM8：2，泥质红陶。直口，圆唇，平沿，斜直领，短折肩，弧腹，平底。口径10.4、腹径12.4、底径5.6、高8.4厘米（图六〇，2）。

另外在地层中出土了一件青瓷罐，应该是墓葬被破坏后遗留的。侈口，折沿，四系，筒形腹，大平底。釉色青绿。腹部饰多周凹弦纹。口径12.6、腹径16、底径14.8、高17.8厘米（图六〇，3）。

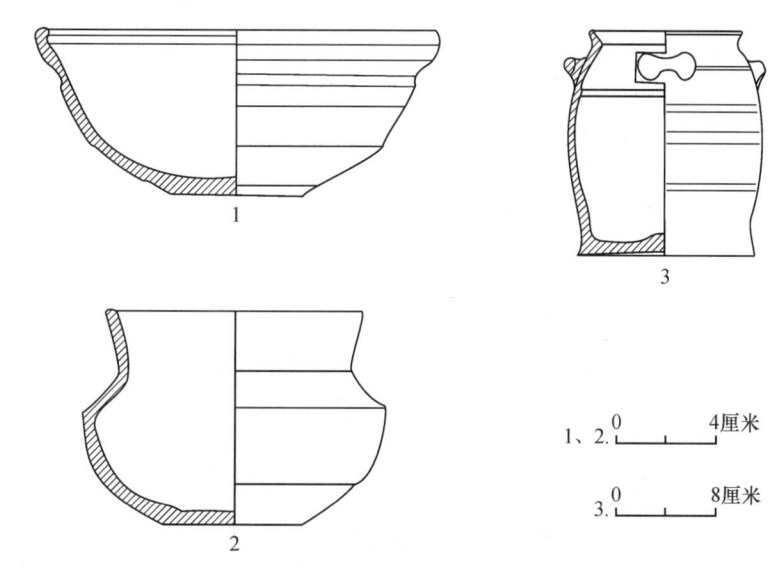

图六〇　2002CWWM8器物组合
1.陶碗（2002CWWM8：1）　2.陶罐（2002CWWM8：2）　3.青瓷罐（2002CWWM8地层）

5. 2003CWWM1

位于发掘区南部。由于距地表较浅，墓葬破坏严重。只残存墓底的铺底砖，残长1.46、宽0.45~0.8厘米（图六一）。墓葬形制不明，也未发现随葬品。

6. 2003CWWM2

位于发掘区南部。情况同M1相似，残存墓底略呈方形，边长1.18米（图六二）。墓葬形制不明，也未发现随葬品。

7. 2003CWWM4

位于发掘区南部偏西。方向94°。

（1）墓葬形制

长方形墓，券顶已经被破坏，但残留部分券砖。墓壁、铺底砖和封门砖保存完好。墓室长3.74、宽1.46、高1.16、墙体厚0.17米（图六三；图版四九，2）。使用菱形花纹砖垒砌，砖长36、宽17、厚8厘米。

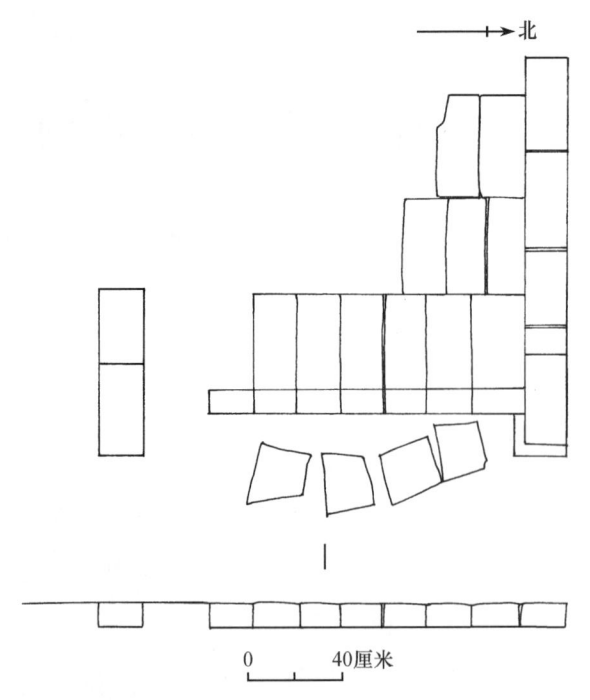

图六一　2003CWWM1平、剖面图

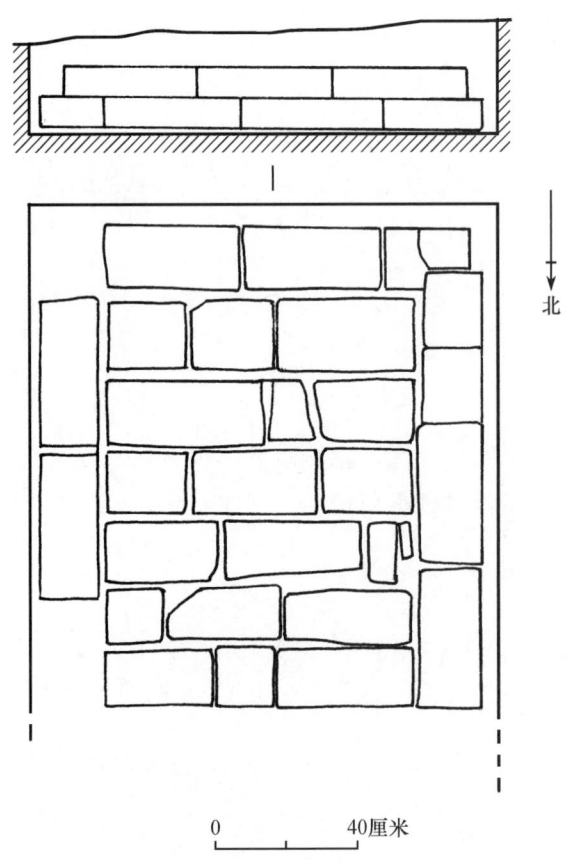

图六二　2003CWWM2平、剖面图

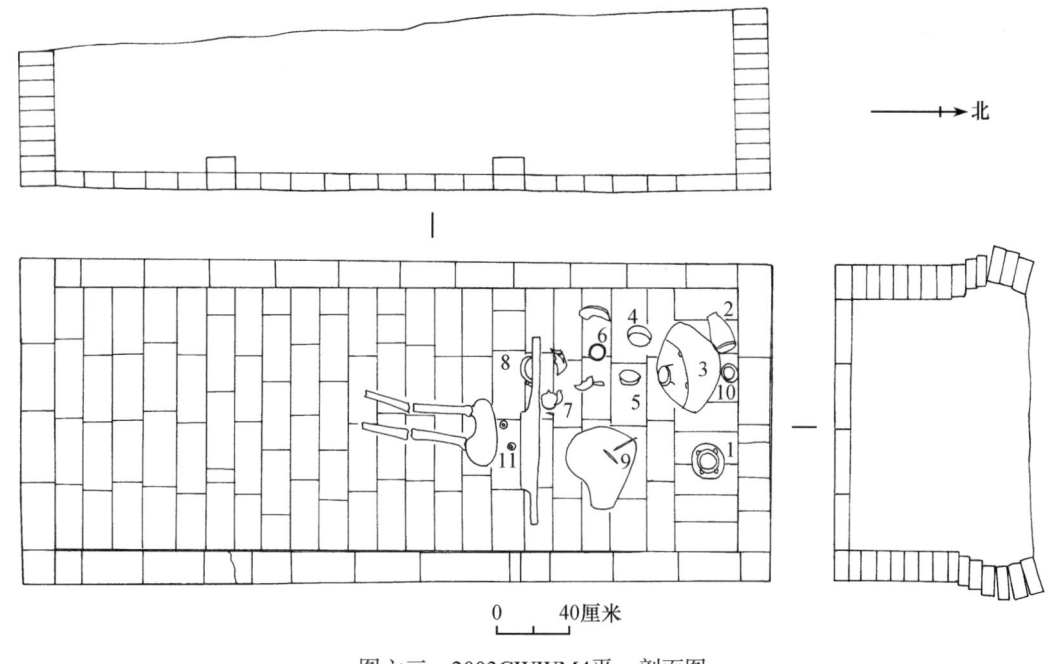

图六三　2003CWWM4平、剖面图
1、2.瓷罐　3.瓷壶　4~9.瓷碗　10.银簪　11.铜钱

（2）葬具葬式

墓内骨架腐朽严重，尚可分辨骨架1具，仰身直肢，头向东，在墓室接近墓门处，未发现葬具的痕迹。

（3）出土器物

瓷器　9件。

盘口壶　1件。2003CWWM4：3，盘口，束颈，圆肩，鼓腹，平底。肩饰四对称横桥形纽。内外施青釉。口径12.2、腹径24.4、底径13.2、高25.4厘米（图六四，1；图版五一，1）。

罐　2件。2003CWWM4：1，直口，方唇，斜肩，深腹微鼓，平底。肩饰四对称横桥形纽。有盖。内外施青釉，外施半釉。口径11.5、腹径17.2、底径11.4、高17.5厘米（图六四，2；图版五一，2）。2003CWWM4：2，侈口，方唇，斜肩，深腹，微鼓，平底。肩饰四对称横桥形纽。内外施青釉，外施半釉。口径10.8、腹径14.8、底径10.4、高17.6厘米。

碗　6件。2003CWWM4：4，尖圆唇，口微敛，斜壁，小平底。内外施青釉，外施半釉。口径8.4、底径4、高3.7厘米（图六四，3；图版五一，3）。2003CWWM4：5，尖圆唇，口微敛，斜壁，平底。内外均施青釉，外施釉不及底。口径8、底径5、高3.6厘米。2003CWWM4：6，尖圆唇，口微敛，斜壁，平底。内外均施青釉，外施釉不及底，釉多脱落。口径8.6、底径3.2、高3.6厘米。2003CWWM4：7，尖圆唇，口微敛，斜壁，平底。内外施青釉，外施半釉，多已脱落。口径9、底径5.4、高3.4厘米。2003CWWM4：8，尖圆唇，口微敛，斜壁，平底。口沿饰凹弦纹。内外均施青釉，外施半釉。口径8、底径4、高4厘米。2003CWWM4：9，尖圆唇，口微敛，弧腹，小平底。沿下饰一道凹弦纹。内外均施青釉，釉脱落。口径7、底径4、高5厘米（图六四，4；图版五一，4）。

银器　1件。

银簪　1件。2003CWWM4：10，长条形圆柱状。残长9.5厘米（图六四，5）。

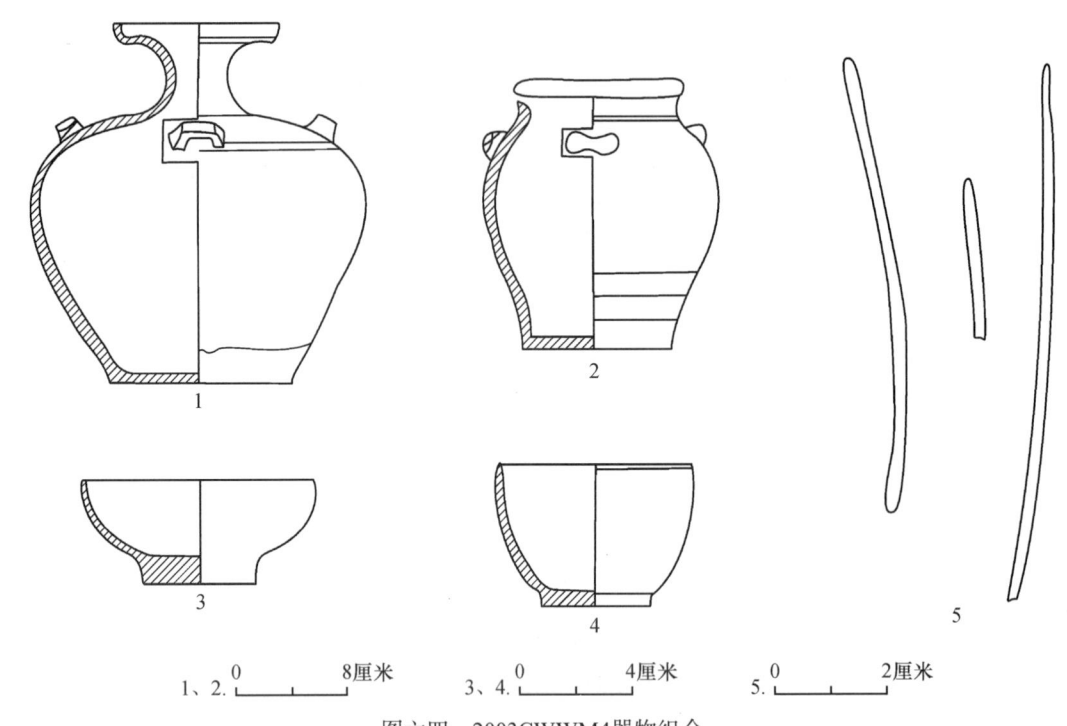

图六四 2003CWWM4器物组合

1. 瓷盘口壶（2003CWWM4：3） 2. 瓷罐（2003CWWM4：1） 3、4. 瓷碗（2003CWWM4：4、2003CWWM4：9）
5. 银簪（2003CWWM4：10）

8. 2003CWWM5

位于发掘区的北端，方向82°。

（1）墓葬形制

砖室墓。券顶已经被破坏，残留墓壁的直壁部分。墓壁、铺底砖保存尚好。甬道部分已经不存，前端被居民生活建筑所打破，无法判断墓葬的形制。墓室残长4.32、宽1.62、高0.72、墙体厚0.18米（图六五；图版五〇，1）。使用菱形花纹砖垒砌，砖长36、宽18、厚8厘米。铺底砖和随葬品保存较好。

（2）葬具葬式

墓内尸骨腐朽严重，散见一些肢骨，葬式不明，也没有发现葬具的痕迹。在墓室的后部，发现有一段粗壮的腿骨遗留，应为牛等大型动物的骨骼。

（3）出土器物

随葬器物集中摆放在墓室前端，主要是青瓷器，种类繁多，制作精美，包括鸡首壶、盘口壶、龙首碗、熏炉、罐、碗等。陶器只出土1件瓿。

瓷器 37件。其中鸡首壶1件，盘口壶5件，熏炉1件，碗盏1件，龙首碗1件，三足盘1件，罐6件，盘3件，碗18件。

鸡首壶 1件。2003CWWM5：27，盘口，束颈，宽肩，大平底。肩饰二对称横桥形纽，肩上塑鸡首形流，后有圆柱形把手。内外施青釉，外施釉及底。口径8.7、腹径18、底径10、高18厘米（图六六，1；图版五一，5）。

盘口壶 5件。2003CWWM5：5，大盘口，短颈，溜肩，鼓腹，平底。口径14、腹径20、

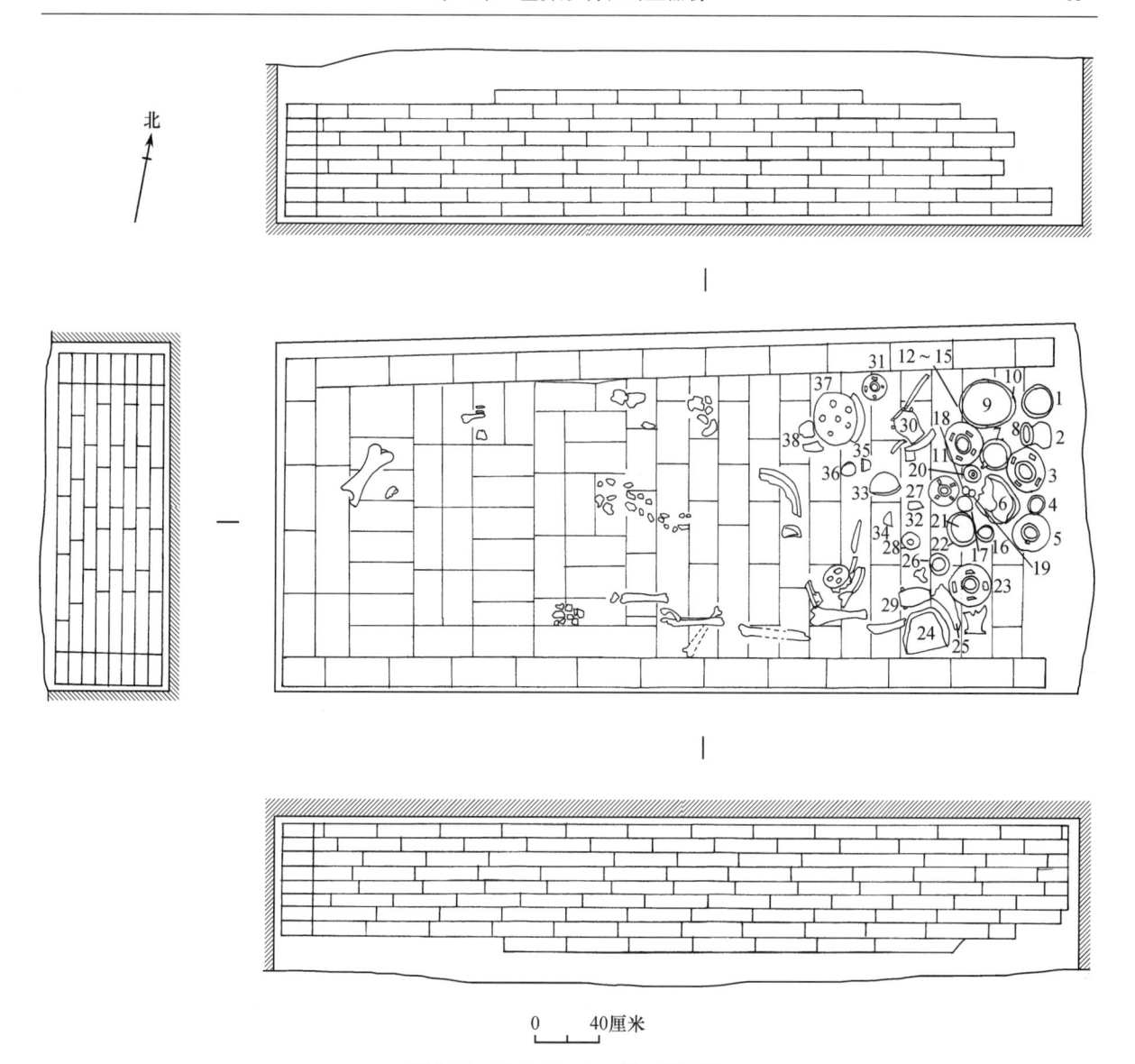

图六五　2003CWWM5平、剖面图

1、7、10、13、16～22、25、28、32～36. 瓷碗　2、3、6、9、29、30. 瓷罐　4. 瓷三足盘　5、11、23、24、31. 瓷盘口壶
8. 瓷龙首碗　12、15、26. 瓷盘　14. 瓷碗盏　27. 瓷鸡首壶　37. 陶甑　38. 瓷熏炉

底径14、高14.2厘米（图六六，2；图版五一，6）。2003CWWM5∶11，小盘口，短颈，宽肩，圆腹，小平底。肩饰四对称横桥形纽。内外施青釉，外施釉及腹。口径14.4、腹径26.6、底径13.2、高27.7厘米。2003CWWM5∶23，盘口、短束颈、圆肩、鼓腹、平底。肩饰四对称横桥形纽。自口沿下饰多周凹弦纹。内外施青釉，外施半釉，釉多脱落。口径15.5、腹径26.5、底径13、高29.5厘米。2003CWWM5∶24，大盘口，长颈，宽肩，圆腹，小平底。肩饰四对称横桥形纽。内外施青釉，外施釉及腹下。口径17.2、腹径28.2、底径14.5、高36.8厘米（图六六，3；图版五二，1）。2003CWWM5∶31，盘口，长颈，宽肩，收腹，平底。肩饰多周凹弦纹。内外施青釉，外施半釉。口径8.8、腹径17.6、底径10.6、高16.4厘米。

熏炉　1件。2003CWWM5∶38，小口，圆唇，椭圆形炉体，肩上雕刻四对称的上下三角形镂孔，下面有托盘和圆柱状底座。缺盖。内外施青釉，外施半釉。口径8.5、腹径14.8、底径10.5、高14.4厘米（图六六，4；图版五二，2）。

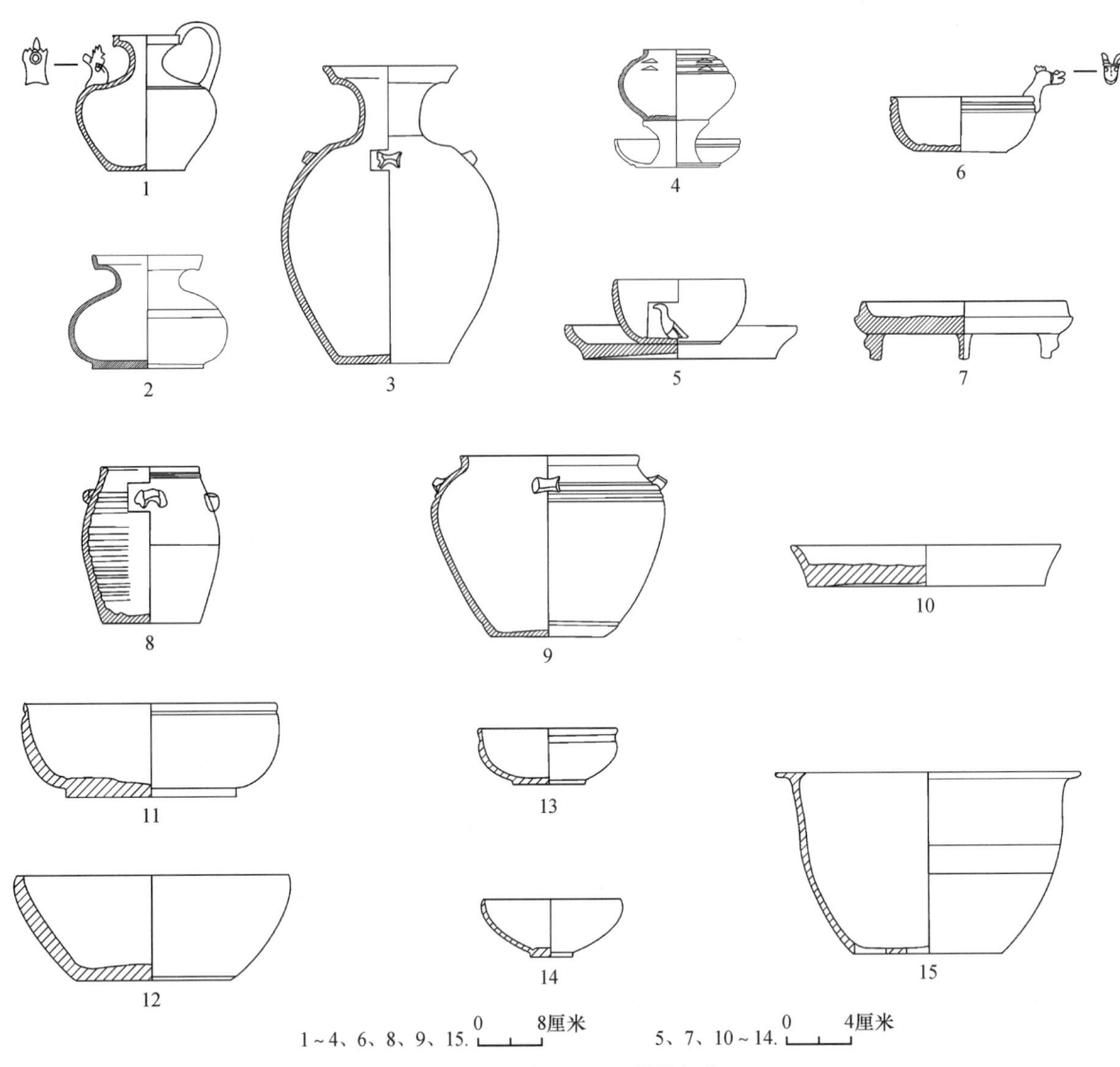

图六六　2003CWWM5器物组合

1. 瓷鸡首壶（2003CWWM5：27）　2、3. 瓷盘口壶（2003CWWM5：5、2003CWWM5：24）　4. 瓷熏炉（2003CWWM5：38）
5. 瓷碗盏（2003CWWM5：14）　6. 瓷龙首碗（2003CWWM5：8）　7. 瓷三足盘（2003CWWM5：4）　8、9. 瓷罐（2003CWWM5：2、2003CWWM5：9）　10. 瓷盘（2003CWWM5：12）　11~14. 瓷碗（2003CWWM5：22、2003CWWM5：33、2003CWWM5：10、2003CWWM5：13）　15. 陶瓿（2003CWWM5：37）

碗盏　1件。2003CWWM5：14，似为盘与碗结合而成的器物，在碗中还有一只小鸟，具体为何用途，尚不明晰。内外施青釉。碗口径8.5、盘口径14.9、底径12.5、高6厘米（图六六，5；图版五二，3）。

龙首碗　1件。2003CWWM5：8，敛口，圆唇，圆腹，平底。在碗的一侧加上了龙首形的把手，形制比较特别，较为罕见，口沿饰两周凹弦纹。内外施青釉，釉多脱落。口径18.1、底径11.8、高10.5厘米（图六六，6；图版五二，4）。

三足盘　1件。2003CWWM5：4，敛口，圆唇，浅盘，平底。底部饰三短兽蹄形足。内外施青釉，釉多脱落。口径13、底径12、高3.6厘米（图六六，7）。

罐　6件。以体型可分为两类。

筒形罐　4件。形体略小，口小，溜肩，圆腹，平底。2003CWWM5：2，方唇，口微敛，平底。肩饰四对称横桥形纽，腹部饰多周凹弦纹。内外施青釉，外施釉及腹。口径12.4、腹径17.6、底径12.4、高19.6厘米（图六六，8；图版五二，5）。2003CWWM5：3，方唇，深腹微鼓。肩饰四对称横桥形纽，腹部饰多周凹弦纹。内外施青釉，外施釉及腹。口径12、腹径16.8、底径12、高19厘米。2003CWWM5：29，侈口，方唇，深腹微鼓。肩饰四对称横桥形纽，腹部饰多周凹弦纹。内外施青釉，外施釉及腹。口径10.4、腹径14.4、底径10、高19厘米。2003CWWM5：30，侈口，方唇、深腹微鼓。肩饰四对称横桥形纽。内外施青釉，外施釉及腹，釉多脱落。口径11、腹径15.5、底径11.2、高17.5厘米。

大口罐　2件。形体较大，大口，宽肩，小平底。2003CWWM5：9，直口，方唇，平沿，深鼓腹。肩饰四对称横桥形纽，肩部及近底部饰多周凹弦纹。内外施青釉，外施釉及下腹。口径23、腹径30、底径15、高22.5厘米（图六六，9；图版五二，6）。2003CWWM5：6，直口，方唇，平沿，深腹微鼓。肩饰四对称竖桥形纽，肩部及近底部饰多周凹弦纹。内外施青釉，外施釉及下腹。口径23.3、腹径28、底径13.3、高17.9厘米。

盘　3件。2003CWWM5：12，侈口，圆唇，斜壁，浅腹，大平底微内凹。内外施青釉。口径17、底径15、高2.5厘米（图六六，10）。2003CWWM5：15，敞口，圆唇，斜壁，大平底。壁外饰一圈圆柱状突起。内外施青釉，外施半釉。口径15.6、底径12.6、高3厘米。2003CWWM5：26，侈口，圆唇，浅盘，大平底。口径15、底径14.3、高2.2厘米。

碗　18件。分为大、小碗。

大碗　4件。2003CWWM5：7，微敛口，尖圆唇，斜壁，平底。口沿下饰一周凹弦纹。内外施青釉，外施半釉，多已脱落。口径18.2、底径10、高6厘米。2003CWWM5：21，尖圆唇，口微敛，斜壁，平底。口沿下饰一周凹弦纹。内外施青釉。口径16.7、底径8.4、高5.4厘米。2003CWWM5：22，大敞口，口较直，圆唇，弧腹，饼形底。沿下饰一道凹弦纹，内外施青釉。口径16、底径10.8、高6厘米（图六六，11）。2003CWWM5：33，口微敛，圆唇，斜壁，大平底。内外施青釉，外施半釉，釉多已脱落。口径17.9、底径10.7、高6.5厘米（图六六，12；图版五三，1）。

小碗　14件。2003CWWM5：1，口微敛，尖圆唇，弧壁，平底。口沿下有一周凹弦纹，内外施青釉，多已脱落。口径16、底径10.5、高6.4厘米。2003CWWM5：10，微敛口，尖圆唇，斜壁，平底。口沿下有一周凹弦纹。内外施青釉，外施半釉。口径8.7、底径4.7、高3.5厘米（图六六，13）。2003CWWM5：13，敛口，圆唇，斜壁，饼形底。口沿下有一周凹弦纹。内外施青釉，釉脱离。口径8.7、底径2.6、高3.6厘米（图六六，14）。2003CWWM5：16，微敛口，尖圆唇，斜壁，平底。口沿下有一周凹弦纹。内外施青釉，釉脱落。口径8.5、底径5、高3.6厘米。2003CWWM5：17，微敛口，尖圆唇，斜壁，平底。通体施青釉。口径8.2、底径4.7、高3.1厘米。2003CWWM5：18，微敛口，尖圆唇，斜壁，平底。口沿下有一周凹弦纹。通体施青釉多已脱落。口径8.4、底径5.4、高3.4厘米。2003CWWM5：19，敛口，尖圆唇，斜壁，平底，通体施青釉，多已脱落。口径7.7、底径4.4、高3.3厘米。2003CWWM5：20，敛口，尖圆唇，斜壁，平底。口沿下有一周凹弦纹。通体施青釉多已脱落。口径8、底径4.5、高3.9厘米。2003CWWM5：25，微敛口，尖圆唇，斜壁，平底。口沿下有一周凹弦纹。通体青釉，外施半釉多脱落。口径10.5、底径6、高4.9厘米。2003CWWM5：28，微敛口，尖圆唇，斜壁，平底。口沿下有一周凹弦纹。通体施青釉及底。口径8.4、底径7、高3.4厘米。2003CWWM5：32，直口，圆唇，深腹，饼形底。通体施青釉。口径8.7、底径5.1、高4.1厘米。2003CWWM5：34，敛口，尖圆唇、弧腹，平底。通体施青釉。口径8.7、底径4.6、高4.7厘米。2003CWWM5：35，微敛口，尖圆唇，深腹，平底。通体施青釉不及底。口径7.8、底径4.5、高4.7厘米。2003CWWM5：36，直口，尖圆唇，斜壁，平底内凹。内外施青釉，多已脱落。口径8.2、底径4.6、高4.4厘米。

陶器

甑　1件。2003CWWM5：37，泥质灰陶。敞口，尖唇，大宽折沿，深腹，斜壁，大平底。底有圆孔。口径39.3、腹径32.9、底径18.8、高22.4厘米（图六六，15；图版五三，2）。

9. 2003CWWM6

位于发掘区南部，方向102°。

（1）墓葬形制

"凸"字形砖石混合墓。墓葬券顶遭到破坏，券顶已经不存。残存墓壁以加工规整的石条垒砌，其上还残留2～3行砖。墓葬由甬道和墓室组成，铺地砖也没有被破坏。甬道长1.5、宽1.02、残高0.5米。墓室长4.12、宽1.56、残高0.56～0.7、墙厚0.16米（图六七；图版五○，2）。墓壁先用长条形石块垒砌，石条面向墓室的一面加工光滑，在石条的上面砌砖，然后以砖起券。用砖也是菱形花纹砖，错缝平砌。由于埋藏略浅，此墓遭到的破坏较为严重，尤其是

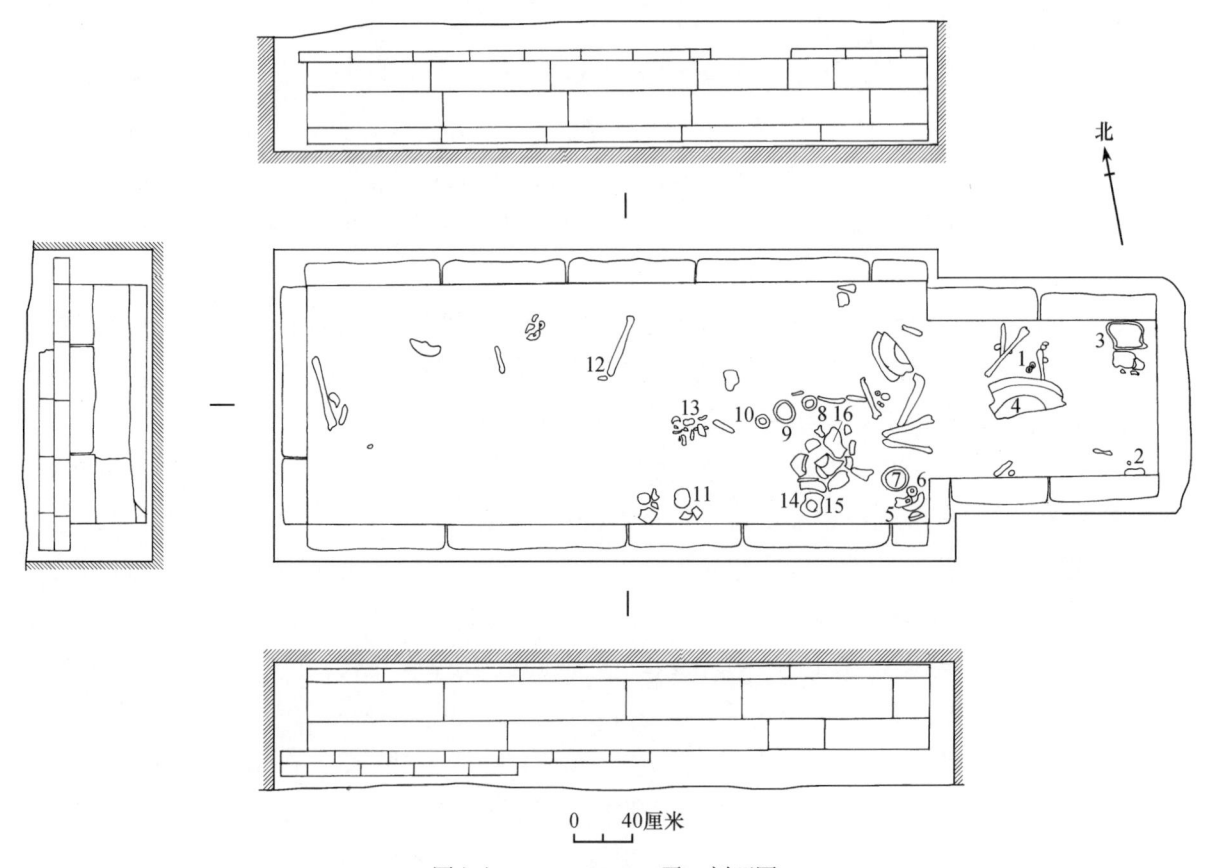

图六七　2003CWWM6平、剖面图
1.铜钱　2.砺石　3.陶釜　4.陶盆　5、7、9、11.瓷盘　6、8、10、12、15.瓷碗　13、16.瓷罐　14.瓷壶

形体较大的随葬品全部被打碎，完整器只有青瓷碗、盘等。

（2）葬具葬式

墓内的尸骨凌乱，散见一些肢骨，葬式不明，未发现葬具痕迹。

（3）出土器物

出土五铢钱、砺石、陶器、瓷器等共16件。

瓷器　12件。

碗　5件。2003CWWM6：6，敛口，圆唇，深腹，饼形小底，底较薄。口径7.2、底径4.8、高4.1厘米。通体施青釉不及底。2003CWWM6：8，敞口，尖圆唇，弧腹，平底。内外施青釉近底。口径8.6、底径3.9、高3.9厘米。2003CWWM6：10，敞口，圆唇，弧腹，平底。通体施青釉。口径8.8、底径4.6、高4厘米（图六八，1）。2003CWWM6：12，敛口，尖圆唇，斜壁，平底。通体施青釉多脱落。口径4、底径2.3、高2.1厘米。2003CWWM6：15，敞口，尖圆唇，斜壁，平底。口沿下刻划一周凹槽。内外施青釉，外施半釉。口径17.5、底径11.7、高6厘米（图六八，2；图版五三，3）。

罐　2件。2003CWWM6：13，大口，方唇，平折沿，宽肩，鼓腹，平底。肩饰四对称横桥形纽。腹部饰多周凹弦纹。外施半青釉。口径22.1、腹径27.3、底径14.2、高19厘米（图六八，3；图版五三，4）。2003CWWM6：16，直口，圆唇，溜肩，鼓腹，平底。肩饰二对称横桥形纽。内外施青釉，外施半釉。口径9.7、腹径14、底径10.2、高16.9厘米（图六八，4；图版五三，5）。

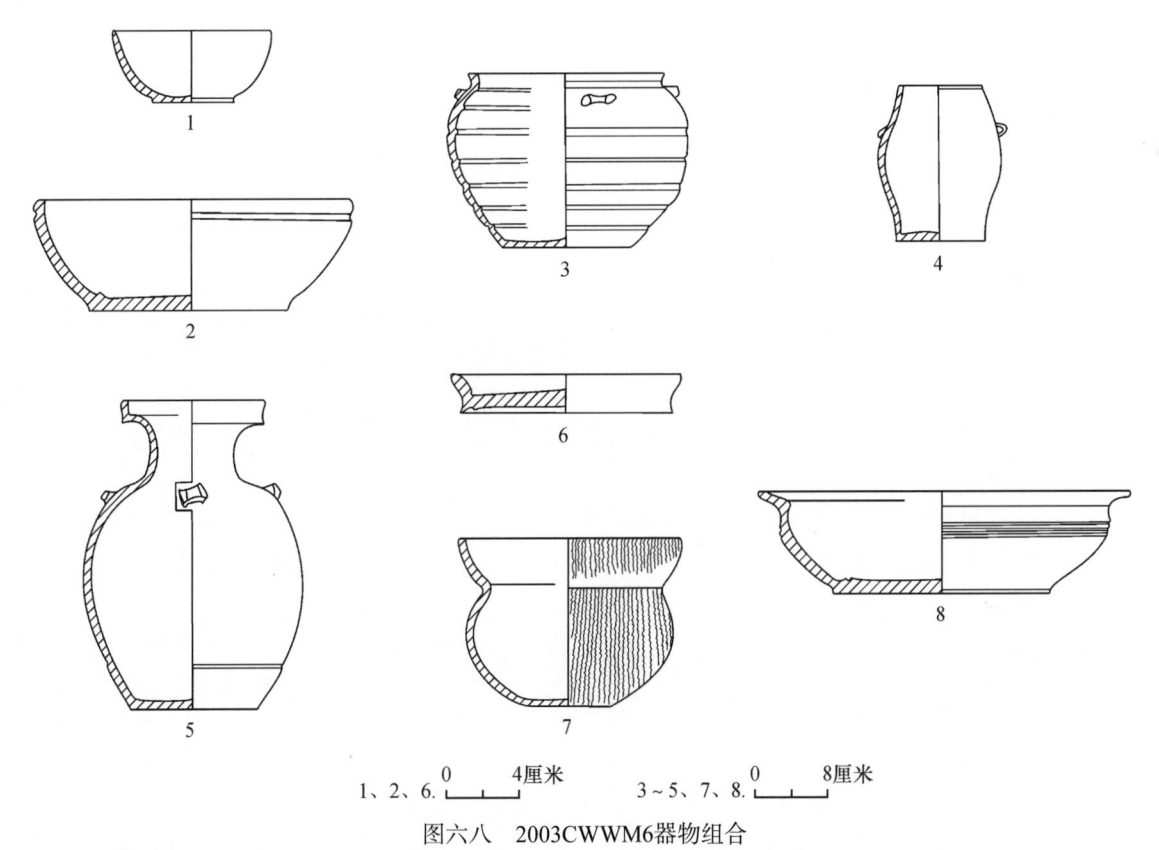

图六八　2003CWWM6器物组合

1、2. 瓷碗（2003CWWM6：10、2003CWWM6：15）　3、4. 瓷罐（2003CWWM6：13、2003CWWM6：16）
5. 瓷壶（2003CWWM6：14）　6. 瓷盘（2003CWWM6：5）　7. 陶釜（2003CWWM6：3）　8. 陶盆（2003CWWM6：4）

壶　1件。2003CWWM6：14，盘口，长颈，宽肩，圆腹，平底。肩饰四对称横桥形纽。内外施青釉，外施半釉多脱落。口径16.2、腹径25、底径14.2、高33.8厘米（图六八，5；图版五三，6）。

盘　4件。2003CWWM6：5，侈口，圆唇，浅盘，平底。内底可见支钉痕。内外施青釉，外施釉近底。口径12.9、底径12、高2.1厘米（图六八，6）。2003CWWM6：7，侈口，圆唇，浅盘，平底。通体施青釉。口径15、底径14.2、高2.3厘米。2003CWWM6：9，侈口，圆唇，浅盘，平底。内底可见支钉痕。通体施青釉近底。口径14.4、底径13.9、高2.1厘米。2003CWWM6：11，侈口，圆唇，浅盘，平底。内底可见支钉痕。通体施青釉近底，釉多已脱离。口径15.2、底径14.1、高1.9厘米。

陶器　2件。

釜　1件。泥质红陶。大敞口，圆唇，折沿，束颈，鼓腹，圜底。外壁饰多道刻划纹。2003CWWM6：3，口径25、腹径23.3、高17.8厘米（图六八，7；图版五四，1）。

盆　1件。泥质灰陶。2003CWWM6：4，大敞口，圆唇，平折沿，弧腹，大平底。腹部饰多道凹弦纹。口径41.7、底径24.7、高10.7厘米（图六八，8；图版五四，2）。

另外出土砺石1件，五铢钱2枚。其中五铢钱锈蚀严重，仅辨字形。

10. 2003CWWM7

位于发掘区中部，方向10°。

（1）墓葬形制

"凸"字形砖室墓。墓葬券顶遭到破坏。残存墓壁和墓底。墓葬由甬道和墓室组成，铺地砖也没有被破坏。甬道长1.46、宽1.02、残高0.5米（图六九；图版五五，1）。甬道口处还保留着封门石，残宽0.21、高0.48、厚0.4米。墓室长4.48、宽1.82、残高0.42～1.04、墙体厚0.16米。墓壁以菱形花纹砖错缝平砌。铺地以条砖错缝平铺，地面规整。随葬品保存较好。

（2）葬具葬式

墓内的尸骨凌乱，散见一些肢骨，葬式不明，没有发现葬具的痕迹。骨架摆放在甬道和墓室，均靠近墓壁的位置。

（3）出土器物

瓷器　19件

壶　1件。2003CWWM7：4，盘口，束颈，宽肩，圆腹，大平底。肩饰四对称竖桥形纽，两对称横桥形纽，肩饰两道凹弦纹。内外施青釉，外施半釉近底。口径10、腹径18.2、底径11.6、高17.2厘米（图七〇，1；图版五四，3）。

罐　4件。根据器型可分为大口罐、筒形罐两类。

大口罐　2件。2003CWWM7：13，大敞口，方唇，平折沿，宽肩，收腹，平底。肩上饰两横两竖对称桥形纽，肩部阴刻弦纹两道，一道穿系而过，一道位于系上方。外施褐釉至中部。口径20.3、腹径23、底径14.5、高18厘米（图七〇，2；图版五四，4）。2003CWWM7：19，大口，方唇，宽肩，腹向下急收，平底。最大径在肩部，肩上饰两横两竖对称桥形纽。外饰褐釉，大半已剥落。口径18.1、腹径24、底径13.7、高15.8厘米。

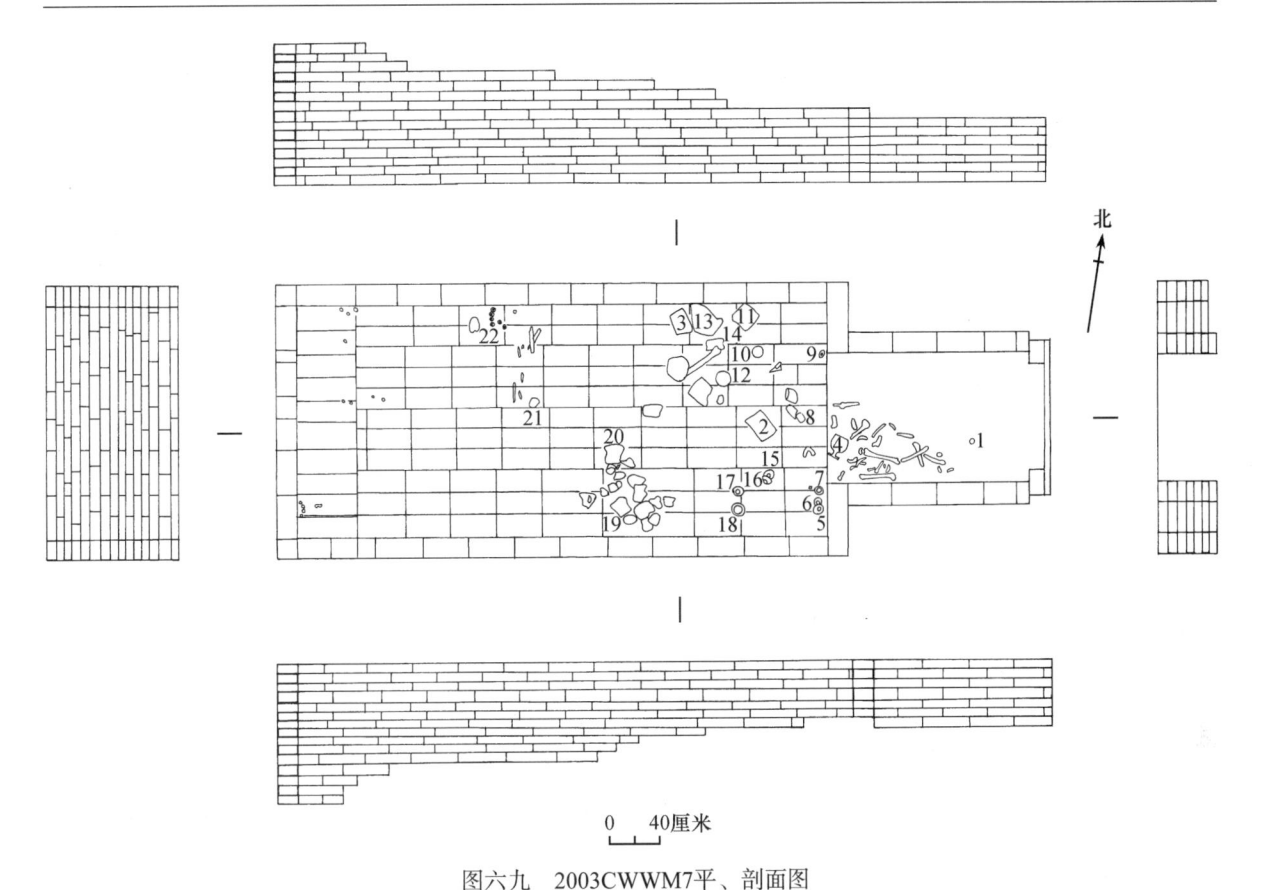

图六九　2003CWWM7平、剖面图

1.铜钱　2、3.石黛板　4.瓷壶　5～10、14～18、21.瓷碗　11、13、19、20.瓷罐　12.瓷三足盘　22.瓷器盖

筒形罐　2件。2003CWWM7：11，小直口，圆唇，溜肩，鼓腹，无底。肩饰四对称横桥形纽，肩部印刻数道弦纹。外施青釉至腹下。口径12.1、腹径16.7、高18.1厘米。2003CWWM7：20，口微敛，方唇，溜肩，深腹微鼓，平底。肩上饰四对称横桥形纽，口沿下饰多周凹弦纹，肩部饰一周凹弦纹，穿系而过。外施青釉至中部。口径11.9、腹径15.2、底径11.1、高16厘米（图七〇，3；图版五四，5）。

碗　12件。分大碗、小碗两种。

大碗　1件。2003CWWM7：21，微敛口，肩圆唇，上腹壁较直，下壁弧收，平底。沿下饰一道凹弦纹。内外均施青釉。口径16.8、底径10.8、高6.3厘米（图七〇，4；图版五四，6）。

小碗　11件。2003CWWM7：5，敞口，圆唇，弧腹，平底。沿下饰一道凹弦纹。内外施青釉近底，釉多脱落。口径9.1、底径8、高3.2厘米（图七〇，5）。2003CWWM7：6，敞口，尖圆唇，弧腹。圈足平底。沿下饰一道凹弦纹。内外均施青釉近底。口径9.5、底径5.6、高4厘米（图七〇，6）。2003CWWM7：7，口微敛，圆唇，弧腹，平底。内外施青釉近底，釉已脱落。口径8.9、底径6、高4.2厘米（图七〇，7）。2003CWWM7：8，微敛口，尖圆唇，斜壁，底内凹。内外均施青釉。口径8.8、底径5.7、高3.1厘米。2003CWWM7：9，口微敛，尖圆唇，斜腹，平底。沿下饰一道凹弦纹。内外施青釉近底，多脱落。口径8.9、底径6、高3.6厘米。2003CWWM7：10，口微敛，尖圆唇，弧腹，平底。沿下饰一道凹弦纹。内外均施青釉，釉多已脱落。口径8.8、底径5.3、高3.8厘米。2003CWWM7：14，敛口，圆唇，弧

图七〇 2003CWWM7器物组合

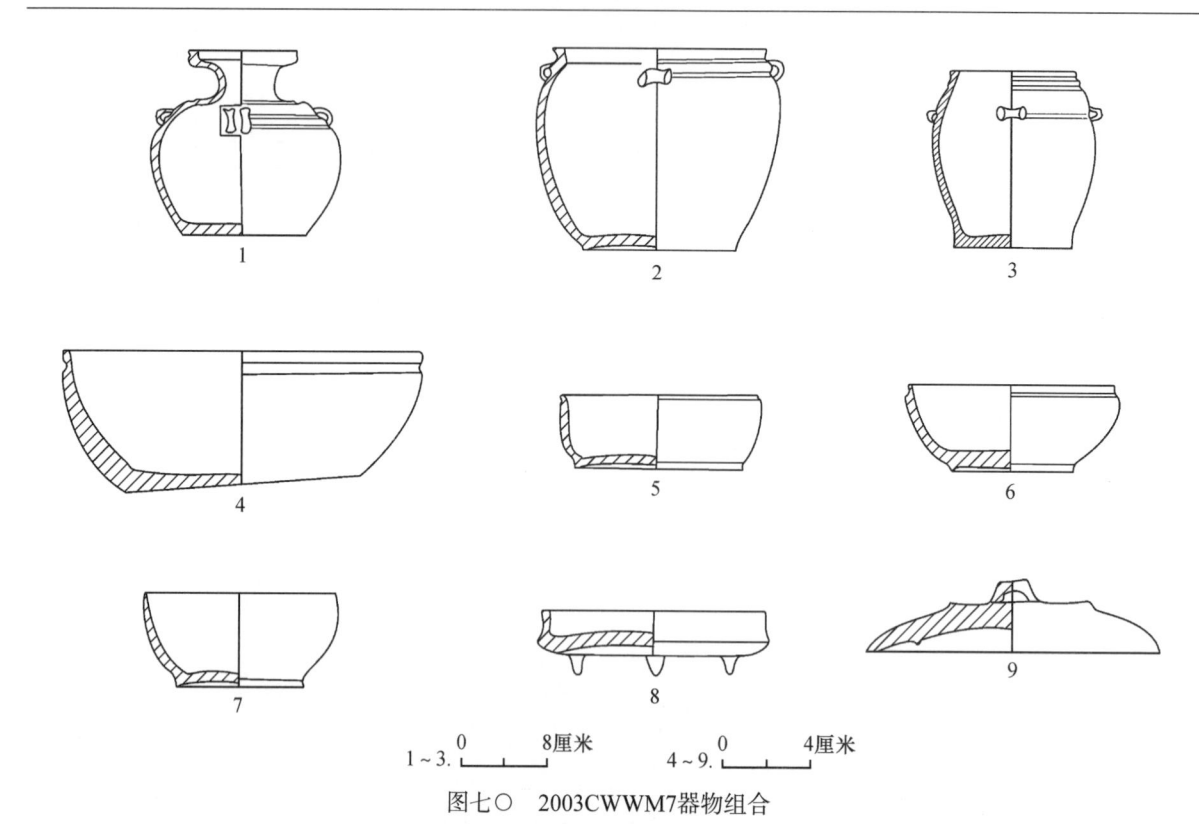

1. 瓷壶（2003CWWM7：4） 2、3. 瓷罐（2003CWWM7：13、2003CWWM7：20） 4~7. 瓷碗（2003CWWM7：21、2003CWWM7：5、2003CWWM7：6、2003CWWM7：7） 8. 瓷三足盘（2003CWWM7：12） 9. 瓷器盖（2003CWWM7：22）

腹，平底。沿下饰一道凹弦纹。内外施青釉，釉多已脱落。口径9.1、底径5.4、高3.5厘米。2003CWWM7：15，口微敛，尖圆唇，弧腹，平底。内外施青釉近底，釉多已脱落。口径8.1、底径5、高3.6厘米。2003CWWM7：16，敛口，圆唇，弧腹，平底。内外施青釉，釉多已脱落。口径8.8、底径5.7、高3.6厘米。2003CWWM7：17，敛口，圆唇，深腹，壁较陡直，厚饼形小底。内外施青釉。口径8.5、底径4.1、高3.9厘米。2003CWWM7：18，口微敛，尖圆唇，弧腹，足较厚。沿下饰一道凹弦纹。内外施青釉。口径8.3、底径4.8、高3.7厘米。

三足盘 1件。2003CWWM7：12，直口，圆唇，浅盘，平底，三足。内外施青釉。口径10.5、底径8.8、高2.9厘米（图七〇，8）。

器盖 1件。2003CWWM7：22，平顶，方桥形纽。外施青釉。口径13.7、高3.2厘米（图七〇，9）。

梳妆用具

石黛板 2件。均为黛板。标本2003CWWM7：2，长方形，中部有研磨痕迹。长19、宽10、厚5厘米（图版五四，7）。

钱币

五铢钱 2003CWWM7：1 只起取4枚，锈蚀严重，仅辨字形。

11. 2003CWWM8

位于发掘区南部偏西，方向32°。

（1）墓葬形制

刀形砖室墓，由墓道、甬道、墓室组成。墓道为斜坡状，长0.5、宽0.45、深0~0.3米。墓道与甬道之间有保存完好的封门砖，砖有9层。宽1.4、高0.72米。甬道的券顶保存完好，券砖采用菱形花纹装饰的梯形砖，砖长40、宽20、厚8厘米。采用纵式起券法，这样起券的券顶较低，顶部比较平整。甬道长2.4、宽1.4、高0.92米。墓室的券顶和上部被民房破坏，但墓底保存尚好，平面呈长方形，长2.8、宽2.6、残高1.56米，墙体厚0.2米（图七一；图版五五，2）。墓室和甬道均采用单层花纹砖错缝平砌，朝向墓室的一面模印菱形花纹。砖长40、宽20、厚8厘米，铺地砖使用平砖，十分整齐。

（2）葬具葬式

未发现尸骨，可能与腐朽严重，或者与该墓遭到早期盗扰有关系。

（3）出土器物

随葬器物集中分布在甬道和甬道与墓室的连接处，有青瓷器47件、银器2件、料珠1组、残耳珰1枚。

瓷器　47件。

鸡首壶　2件。2003CWWM8：8，盘口，束颈，宽肩，上腹圆鼓，下腹内收，平底。肩饰二对称横桥形纽，把手残断，鸡首流，肩饰一周凹弦纹。内外施青釉，外施半釉。口径8.8、腹径19.7、底径13、高18厘米（图七二，1；图版五六，1）。2003CWWM8：15，盘口，长束颈，宽肩，圆腹，平底。颈肩饰凹弦纹，肩饰二对称横桥形纽，把手、流均残断。内外施青釉，外施釉及底。口径10.2、腹径24.8、底径12、高23.6厘米。

四系盘口壶　2件。2003CWWM8：9，盘口，短颈，宽肩，上腹圆鼓，下腹内收，平底。肩饰四对称横桥形纽，肩饰凹弦纹。内外施青釉，外施釉到腹下，釉多脱落。口径14.6、腹径26.4、底径14.2、高27.3厘米（图七二，2；图版五六，2）。2003CWWM8：48，形制与2003CWWM8：9相同，口沿残缺。口径13.2、腹径27.2、底径14、高26.8厘米。

瓷罐　10件。根据有无器盖，可分为两类。

盖罐　4件。2003CWWM8：12，侈口，圆唇，斜肩，鼓腹，平底。肩饰对称二横二竖桥形纽。有盖，覆碟型，盖上有桥形纽。罐不施釉，盖施青釉。口径14.2、腹径21.8、底径11.8、通高20.7厘米（图七二，3；图版五六，3）。2003CWWM8：13，直口，直领，斜肩，扁鼓腹，平底。肩饰四对称横桥形纽，外施青釉至下腹。有盖，覆碟型，盖上有纽，施青釉。口径8.2、腹径12、底径7.2、通高9.5厘米（图七二，4；图版五六，4）。2003CWWM8：20，形制与2003CWWM8：13相同，釉多已脱落。口径8.8、腹径14、底径6.7、通高9.8厘米。2003CWWM8：36，侈口，斜宽肩，收腹，小平底。肩饰四对称横桥形纽，施半釉。有盖，覆碟型，盖上有纽，施青釉。口径8.4、腹径13.1、底径7.6、通高10厘米。

罐　6件。2003CWWM8：1，敛口，方唇，斜肩，深腹微鼓，平底。肩饰四对称横桥形纽，肩部饰一周凹弦纹，穿系而过。外施青釉至下腹。口径8.8、腹径13.5、底径8.8、高16.4

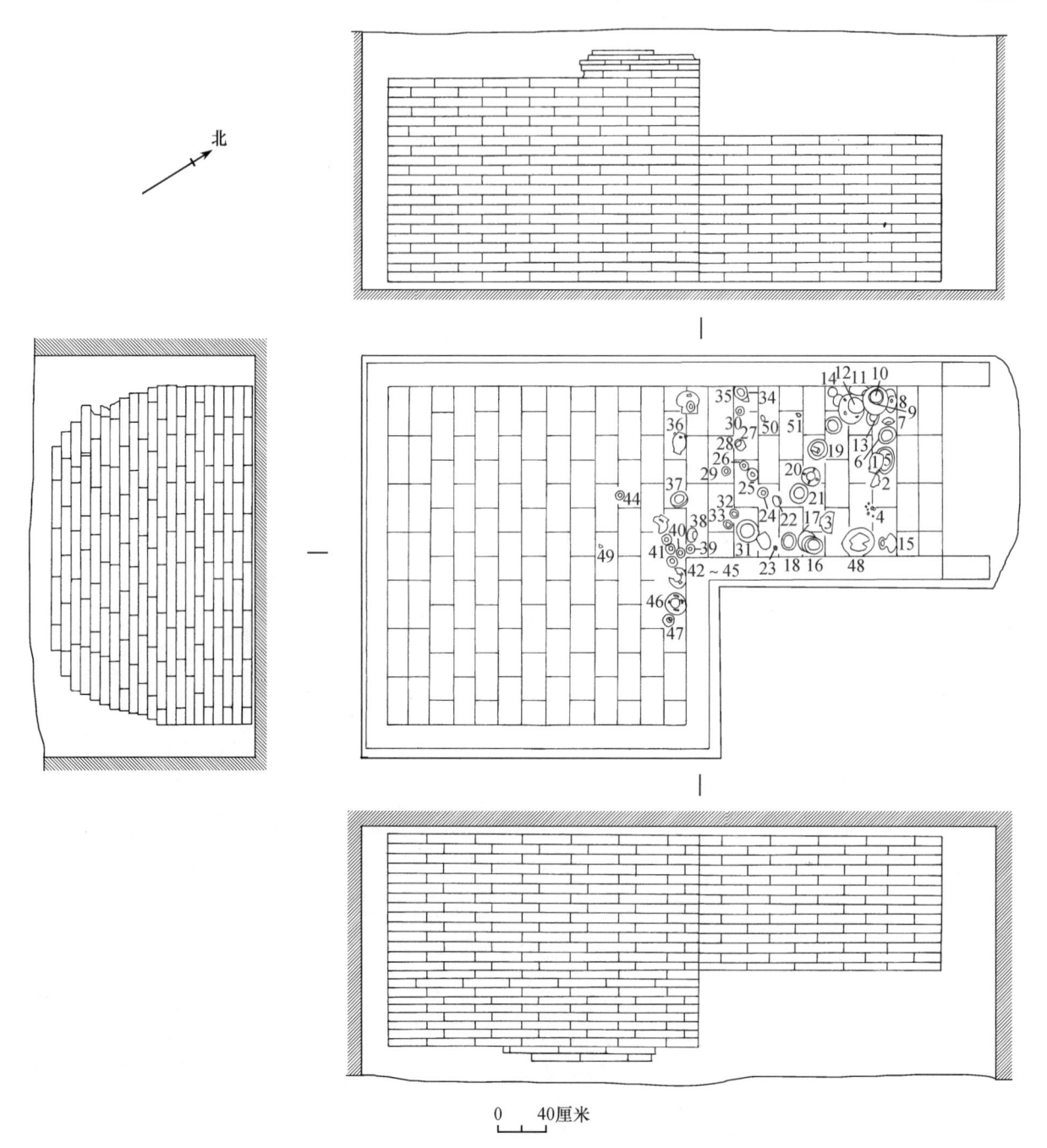

图七一　2003CWWM8平、剖面图

1、6、11～13、20、34～36、46.瓷罐　2、3、5、7、10、14、16～19、21～33、37～45、47.瓷碗　4.料珠　8、15.瓷鸡首壶　9、48.瓷盘口壶　49.银戒指　50.银镯　51.琉璃耳珰

厘米。2003CWWM8：6，直口，方唇，溜肩，鼓腹，大平底。沿下有一周凹弦纹，肩饰四对称横桥形纽。外施青釉至下腹，釉多已脱落。口径11、腹径15.5、底径10.6、高15.4厘米。2003CWWM8：11，直口，方唇，斜肩，深腹微鼓，平底。肩饰四对称横桥形纽。外施青釉至腹中，釉多脱落。口径9.2、腹径12.8、底径9.9、高13.8厘米（图七二，5；图版五六，5）。2003CWWM8：34，侈口，方唇，斜肩，腹微鼓，大平底。口沿下一周凹弦纹，肩饰四对称横桥形纽。外施青釉至下腹处，釉多已脱落。口径11.4、腹径16.8、底径12、高18.2厘米。2003CWWM8：35，侈口，圆唇，斜肩，深腹微鼓，平底。肩饰四对称横桥形纽，肩部饰一周

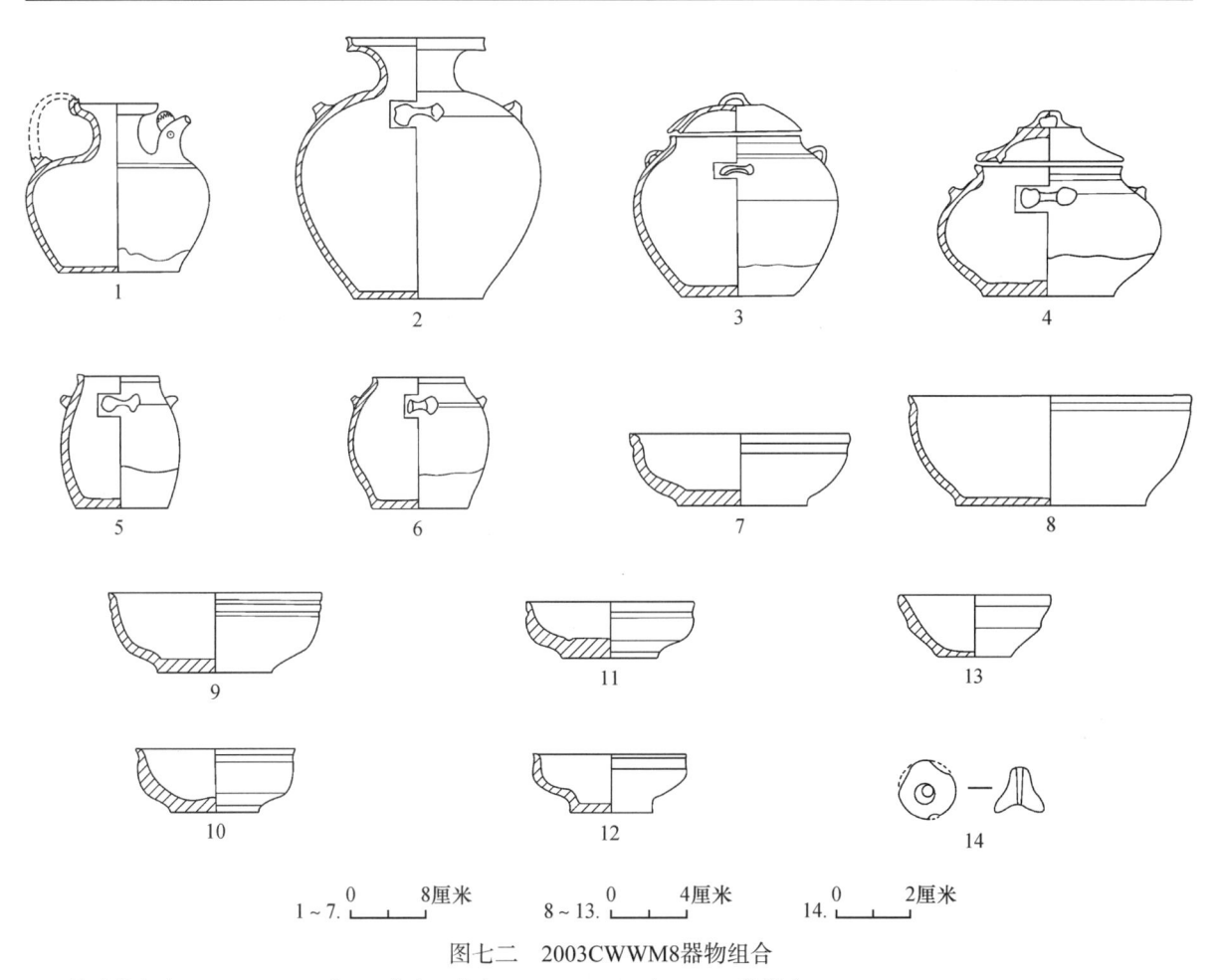

图七二　2003CWWM8器物组合

1. 瓷鸡首壶（2003CWWM8：8）　2. 瓷盘口壶（2003CWWM8：9）　3~6. 瓷罐（2003CWWM8：12、2003CWWM8：13、2003CWWM8：11、2003CWWM8：35）　7~13. 瓷碗（2003CWWM8：5、2003CWWM8：45、2003CWWM8：2、2003CWWM8：10、2003CWWM8：22、2003CWWM8：26、2003CWWM8：42）　14. 琉璃耳珰（2003CWWM8：51）

凹弦纹，穿系而过。外施青釉至下腹。口径10.2、腹径15.2、底径10.2、高13.8厘米（图七二，6；图版五六，6）。2003CWWM8：46，口微敛，圆唇，深腹微鼓，平底。肩饰四对称横桥形纽，肩部饰一周凹弦纹，穿系而过。外施釉至下腹处，釉已脱落。口径9.8、腹径14.1、底径10.2、高14.8厘米。

碗　33件。分为大、小碗两型。

大碗　12件。敞口，圆唇，弧腹，大平底。外施半釉。2003CWWM8：3，沿下饰一周凹弦纹。内外施青釉。口径18.5、底径10.2、高5.9厘米。2003CWWM8：5，尖唇，折沿，斜壁。沿下饰一周凹弦纹。内外施青釉。口径23.8、底径13.5、高7.4厘米（图七二，7；图版五七，1）。2003CWWM8：7，沿下饰两周凹弦纹。内外施褐釉。口径16、底径10、高5.4厘米。2003CWWM8：16，沿下饰一周凹弦纹。内外施青釉，釉多已脱落。口径16.6、底径4.8、高9.2厘米。2003CWWM8：17，沿下饰一周凹弦纹。内外施青釉，釉多已脱落。口径18.2、底径11.2、高6.8厘米。2003CWWM8：18，沿下饰一周凹弦纹。内外施青釉釉多已脱落。口径16.4、底径9.8、高5.8厘米。2003CWWM8：19沿下饰一周凹弦纹。内外施青釉，釉已脱落。口径16.5、底径10、高5.8厘米。2003CWWM8：21，沿下饰一周凹弦纹。内外施青釉。口径16、底径10、高6厘米。2003CWWM8：31，沿下饰一周凹弦纹。内外施青釉。口径19、底径11.2、高7.8厘米。2003CWWM8：37，沿下饰一周凹弦纹。内外施青釉，釉多脱落。口径14.2、底径8.4、高5.2厘米。2003CWWM8：38，沿下饰一周凹弦纹。内外施青釉，釉多脱落。口径12.4、底径7.8、高4.5厘米。2003CWWM8：45，口微敛，壁较直，大平底。沿下饰两周凹弦纹。内外施青釉，外施釉近底。口径15.2、底径10.2、高5.7厘米（图七二，8；图版五七，2）。

小碗　21件。按照形制不同分为两式。

Ⅰ式：敞口，斜壁。6件，敞口，圆唇，弧腹。内外施青釉，釉多已脱落。2003CWWM8：2，大平底。口沿下饰两周凹弦纹。口径11.4、底径5.8、高4.2厘米（图七二，9）。2003CWWM8：10，矮实足底。口沿下饰一周凹弦纹。口径8.8、底径4.8、高3.4厘米（图七二，10；图版五七，3）。2003CWWM8：25，矮实足底。口沿下饰一周凹弦纹。口径8.4、底径4.8、高3.2厘米。2003CWWM8：33，矮实足底。口沿下饰一周凹弦纹。口径7.2、底径3.6、高2.9厘米。2003CWWM8：40，平底。口沿下饰一周凹弦纹。口径8.6、底径4.6、高3.2厘米。2003CWWM8：47，平底。口沿下饰一周凹弦纹。口径8.2、底径4、高3厘米。

Ⅱ式：近直口，折腹。15件。直口，圆唇，折腹，下腹斜收，小实足底。内外施青釉，外施青釉至下腹，釉多已脱落。2003CWWM8：14，口径7.4、底径4.1、高2.7厘米。2003CWWM8：22，口径8.9、底径5、高2.8厘米（图七二，11；图版五七，4）。2003CWWM8：23，口径7.9、底径3.7、高2.7厘米。2003CWWM8：24，口径7.8、底径4.8、高2.8厘米。2003CWWM8：26，口径8、底径4.2、高3.1厘米（图七二，12；图版五七，5）。2003CWWM8：27，口微敛，口径8.8、底径4.6、高3.6厘米。2003CWWM8：28，口径8.5、底径4、高3.2厘米。2003CWWM8：29，口径7.8、底径3.9、高2.8厘米。2003CWWM8：30，口径8、底径4.2、高2.4厘米。2003CWWM8：32，釉已脱落。口径8.5、底径3.8、高3厘米。2003CWWM8：39，口径8.8、底径5.2、高3.6厘米。2003CWWM8：41，口径8.4、底径4.4、高2.8厘米。2003CWWM8：42，口径8.2、底径4、高3.3厘米（图七二，13）。2003CWWM8：43，口径8.6、底径4.5、高3.2厘米。2003CWWM8：44，口径7.4、底径3.8、高3.2厘米。

饰品　有银镯、银戒指、料珠和琉璃耳珰等。

银镯　1件。2003CWWM8：50，圆形，其外侧镂刻花纹。外径5.9～6.3、内径5.4～5.7厘米（图版五八，1）。

银戒指　1件。2003CWWM8：49，圆形，有戒面，无花纹。外径2、内径1.6厘米（图版五八，2）。

琉璃耳珰　1件。2003CWWM8：51，亚腰形，残余一半。残高1.4厘米（图七二，14；图版五八，3）。

料珠　1组5个。2003CWWM8：4，橙色1个，蓝色4个，中间有穿孔，料珠直径2～3厘米（图版五八，4）。

12. 2004CWWM1

位于发掘A区的T0806内，墓向181°。

（1）墓葬形制

刀形砖室墓。由甬道和墓室组成，总长5.64米，甬道宽2米，墓室宽度不明（图七三）。墓葬破坏严重，在甬道处最多残留有5层砖高度，错缝叠压；墓室破坏殆尽，部分墓壁砖也不存，估计是后人取砖用作他途所致。未发现铺地砖。砖有子母口券砖和条砖两种，条砖长约40、宽20、厚10厘米。两种砖纹均为菱形几何花纹。

（2）葬具葬式

在甬道内发现零乱的人体骨骼，有头骨和一些肢骨。

（3）出土器物

墓中未发现出土器物。

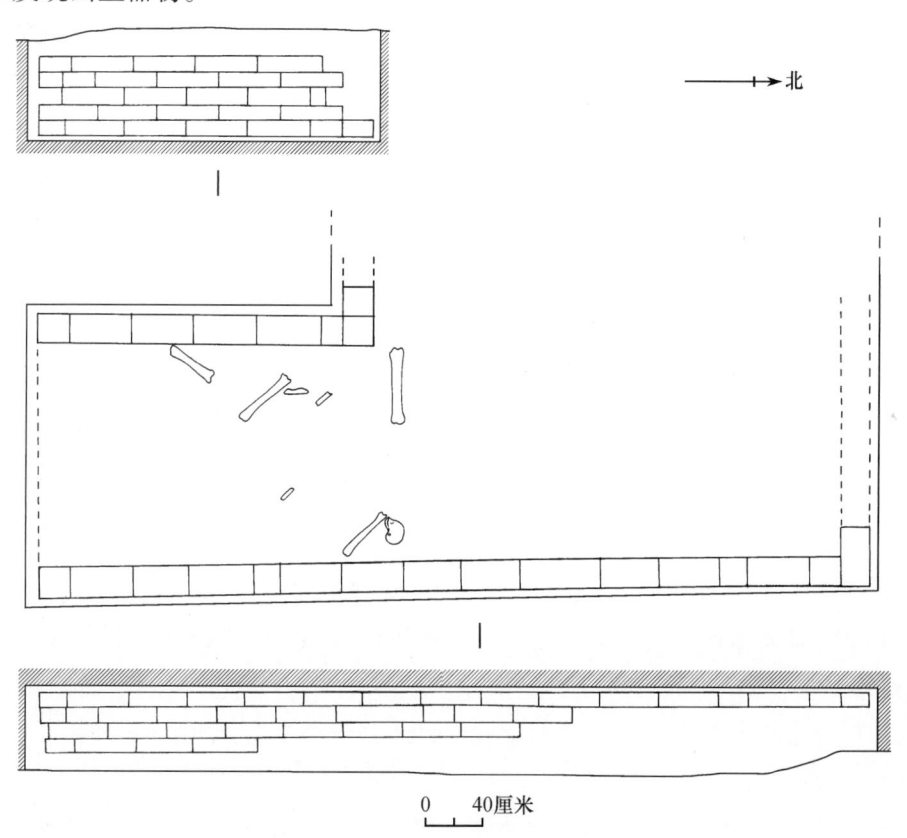

图七三　2004CWWM1平、剖面图

13. 2004CWWM2

位于发掘A区的T0606内，墓向75°。

（1）墓葬形制

刀形砖室墓。先挖成土坑，再依着土坑壁砌砖而成，由甬道和墓室组成，总长5.4、宽2.16米（图七四；图版五九，1）。墓葬上部破坏一部分下部保存尚好，墓壁保存高度为0.8～1.32米。甬道口东侧有树立的石条，应是封门之用；甬道壁保存较好，底层为8层条砖垒砌，其上

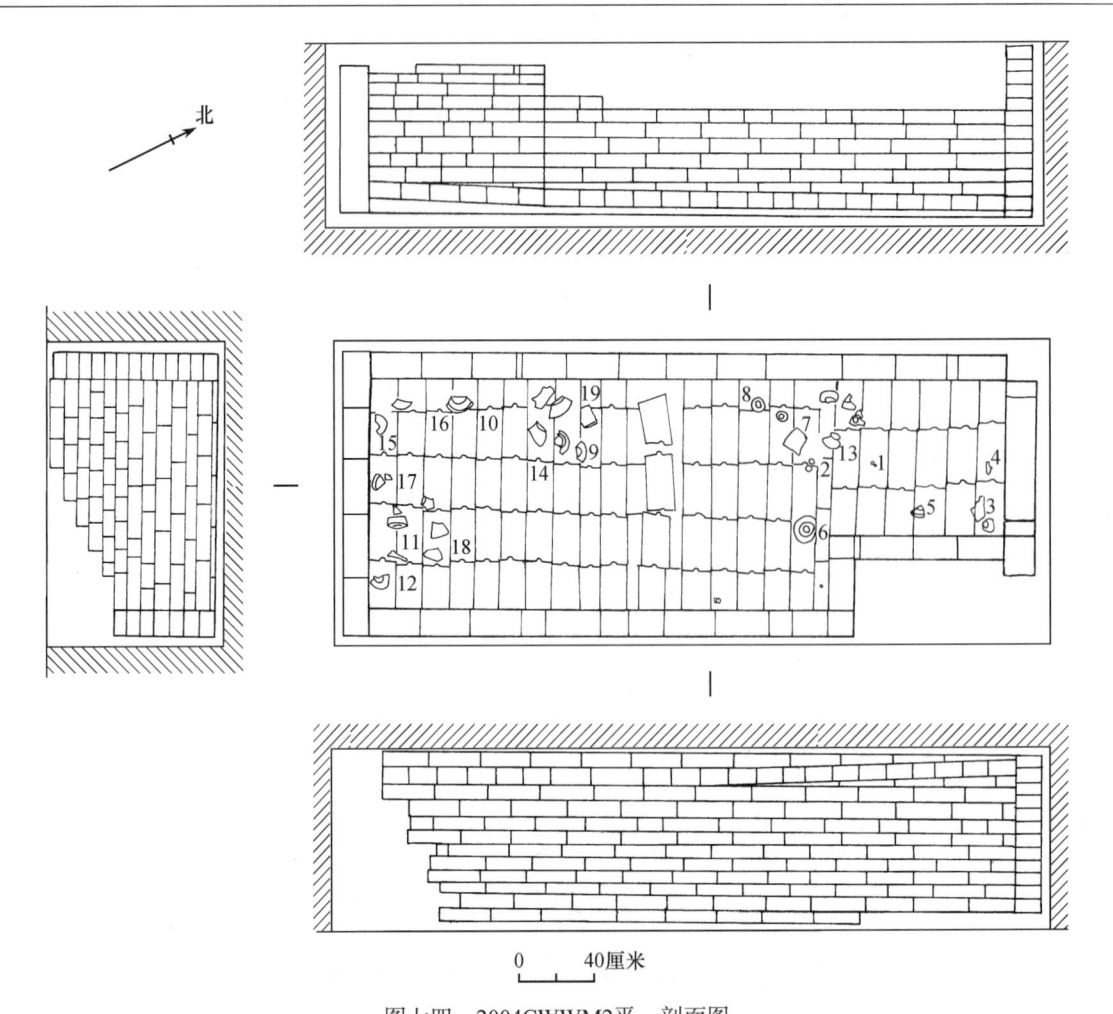

图七四　2004CWWM2平、剖面图
1.铜五铢钱　2.银指环、铅珠　3～10、12～14、17～19.瓷碗　11.瓷罐　15.陶甑　16.瓷唾壶

起券，以子母口楔形砖横砌。墓室较长，长达3.8米，在墓室底部中央有一层砖将之分割；砖壁下部以平砖垒砌，其上横券，方法与甬道相同。墓室东西两壁残留有10行砖，错缝叠压，1～5行（南北壁）墓砖素面和菱形花纹相错。铺地砖保存较好，上抹一层石灰面。

（2）葬具葬式

人体骨骼保存较少，也失去了原有的位置，只能判定至少有1个个体。

（3）出土器物

墓内随葬器物十分零乱，大多的瓷器破碎，但许多可以复原，一些迹象表明，该墓被盗。在墓口处有一个近现代的大坑。出土器物主要为瓷器，可复原者16件；另有1件陶器及五铢钱、银指环等。

瓷器　16件。

碗　14件。依据器形大小，可分为大瓷碗和小瓷碗两种类型。

大瓷碗　6件。依据口沿不同，分为A、B两型。

A型　5件。敞口，圆唇，斜壁，平底。2004CWWM2：14，口沿有支钉痕。口沿下腹壁外侧有一道较深凹弦纹。内外壁施青釉，外壁为半釉。口径17.6、底径10.4、高6厘米（图七五，1；图版六一，1）。2004CWWM2：5，口沿外侧有一道较深凹弦纹。内外壁施青釉，外施半釉，下腹及底无釉。口径11.6、底径7.2、高4.1厘米。2004CWWM2：10，外壁口沿下有两道凹弦纹。内外施青釉，外施半釉。口径15.6、底径10.4、高7.4厘米。2004CWWM2：12，口沿下有一道凹弦纹。内外施青釉，外施釉及底。口径15.2、底径9.6、高7.4厘米。2004CWWM2：13，口沿下有一道凹弦纹。内外施青釉，外施半釉，釉多脱落。口径15.2、底径8.8、高6.4厘米。

B型　1件。2004CWWM2：6，口稍直，尖唇，平折沿，腹壁稍鼓，平底。外壁有一道较浅的凹弦纹。内外壁施青釉，开片。口径20.8、底径12.4、高6.4厘米（图七五，2；图版六一，2）。

小瓷碗　8件。依据口、唇、腹不同，分为三型。

A型　2件。微敛口，圆唇，斜壁，平底。2004CWWM2：18，上腹略鼓出。内外壁施青釉，外壁施半釉。口径6.6、底径3、高2.1厘米（图七五，3）。2004CWWM2：4，上腹较直，下腹急收。内外施青釉，外施半釉。口径5.6、底径2.8、高1.9厘米。

B型　5件。敞口，圆唇。2004CWWM2：8，斜壁，饼形底。口沿外侧有一道较深凹弦纹。内外壁均施青釉。口径9.6、底径5.6、高3.6厘米（图七五，4）。2004CWWM2：3，腹壁圆弧，平底。外壁口沿下有一道凹弦纹较浅。内外壁施青釉。口径8、底径5、高3厘米（图七五，5；图版六一，3）。2004CWWM2：7，弧壁，平底。口沿外侧有一道较深凹弦纹。内外壁施青釉，外施半釉，部分釉已脱落。口径9、底径5、高3.3厘米。2004CWWM2：9，弧壁，平底。口沿外侧有一道较深的凹弦纹。内外均施青釉。口径10.4、底径7.2、高4.3厘米。2004CWWM2：17，斜壁，平底。口沿下有一道凹弦纹。内外施青釉，外施半釉，釉多脱落。

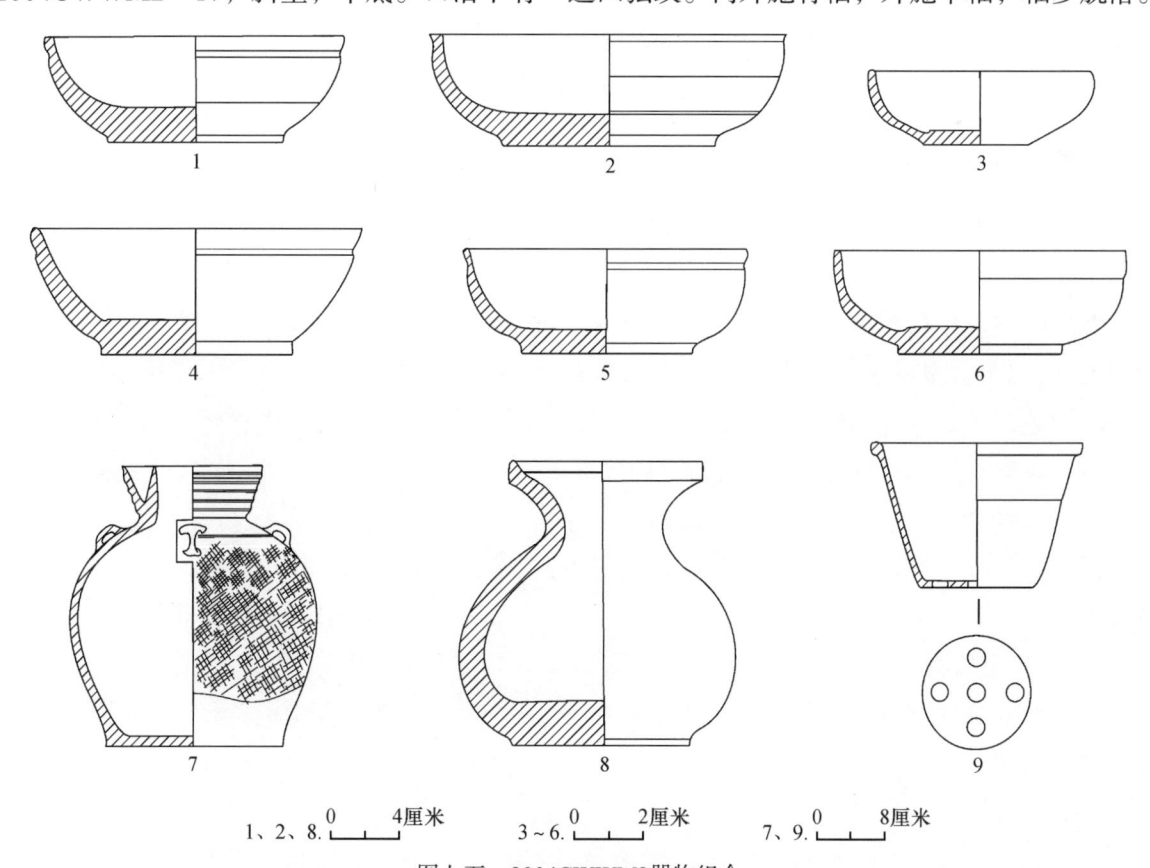

图七五　2004CWWM2器物组合

1~6.瓷碗（2004CWWM2：14、2004CWWM2：6、2004CWWM2：18、2004CWWM2：8、2004CWWM2：3、2004CWWM2：19）
　　7.瓷罐（2004CWWM2：11）　8.瓷唾壶（2004CWWM2：16）　9.陶甑（2004CWWM2：15）

口径8.2、底径4、高3.2厘米。

C型　1件。2004CWWM2：19，口直，圆唇，上腹壁直，下腹壁内折，饼形小平底。外壁饰一道弦纹。内外壁施青釉，外壁施半釉。口径8.6、底径4.8、高3厘米（图七五，6；图版六一，4）。

罐　1件。2004CWWM2：11，敞口，方唇，短束颈，溜肩，深鼓腹，平底。颈、肩之间饰有四对称竖桥形纽，口沿外饰多道凸弦纹，腹部拍印方格纹。外壁通施褐釉。应为泡菜罐。口径16.4、腹径29、底径20.8、高32厘米（图七五，7；图版六一，5）。

唾壶　1件，2004CWWM2：16，盘口，束颈，溜肩，腹圆鼓下垂，平底。外施青釉及底。口径11.4、腹径16、底径10.4、高16厘米（图七五，8；图版六一，6）。

陶甑　1件。2004CWWM2：15，夹砂红褐陶。敞口，方折沿，厚唇，腹壁斜直，平底。底部五个箅孔大而规整。口径25.4、腹径10、底径13.8、高16.6厘米（图七五，9；图版六二，1）。

饰品

银指环　1件。2004CWWM2：2，圆形，横断面呈圆形。直径1.8厘米。

铅珠　1件。2004CWWM2：2-1，扁圆形，中间有圆形小孔，形体较小。直径0.6、高0.5厘米。

料珠　1件。2004CWWM2：2-2，扁圆形，中间有圆形小孔，形体小。直径0.4、高3.5厘米。

五铢钱，2004CWWM2：1，正面有轮无郭，背面轮郭俱全。钱文篆书，文字清晰。"五"字中间两笔交叉弯曲；"铢"字的"金"字头呈三角形，与"朱"等齐，"朱"字的上、下部均圆折。外径2.5、孔径0.9、厚0.15厘米（图版六二，2）。

14. 2004CWWM10

位于发掘B区的T1301、T1302内，墓向0°。

（1）墓葬形制

刀形砖室墓。墓葬是先挖成土坑，再依着土坑壁砌砖而成，总长8.4、宽2.8米（图七六；图版五九，2）。由甬道、前墓室、后墓室组成；甬道口发现三块封门砖，但不规整。墓葬上部破坏严重，下部残存砖壁最高约1米，有9层砖，最低仅3层。从后室保存较高的墓壁来看，底部6～7层条砖为平铺，之上用子母口券砖竖券。铺地砖完好。砖纹一种，为莲花几何纹。

（2）葬具葬式

保存部分人体骨骼，位于后室西侧，判断为2个个体；其中一个个体保存有头骨、盆骨及肢骨，另一个个体在其旁侧仅存下肢骨骼。不见棺木痕迹，但在头骨和下肢骨下有一层垫砖。

（3）出土器物

后室保存高度较甬道和前室高，出土器物均在后室。共4件，其中瓷器1件，陶器3件，另有大量五铢钱，多为剪轮五铢，成堆出土，似是多次倾洒所致。

瓷罐　1件。2004CWWM10：2，直口，有矮直领，上腹圆鼓，下腹斜直，平底。肩饰四对称横桥形纽。肩部饰两周凹弦纹。口径10、腹径20、底径10.4、高24.8厘米（图七七，1；图版六二，3）。

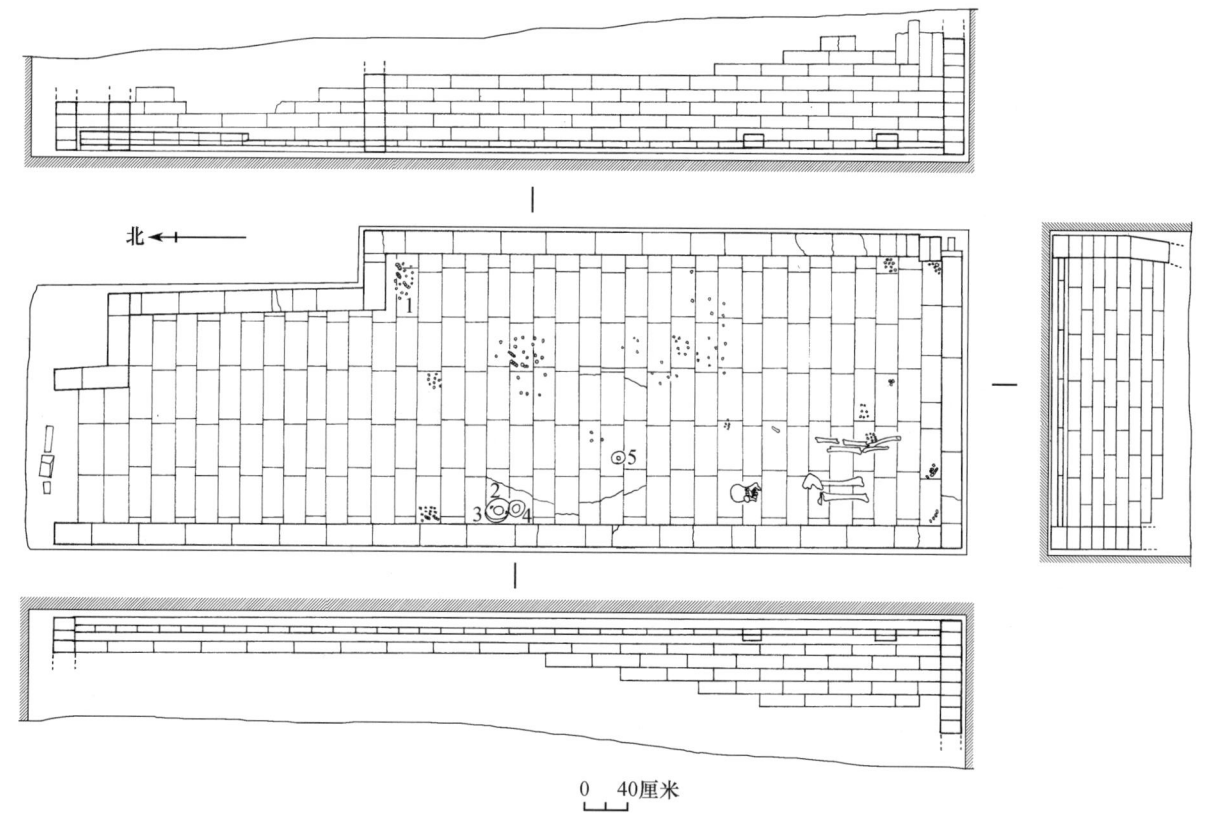

图七六　2004CWWM10平、剖面图
1.铜钱　2.瓷罐　3.陶盆　4.陶囷　5.陶灯（残）

陶器

盆　1件。2004CWWM10：3，泥质灰陶。敞口，方折沿，厚唇，外腹壁较直，深腹，平底。口径17.4、底径9.4、高11.2厘米（图七七，2；图版六二，4）。

囷　1件。2004CWWM10：4，泥质灰陶。卷沿，折短肩，弧腹内收，平底。整个形体较矮。口径12.8、腹径15、底径7.2、高8.4厘米（图七七，3；图版六二，5）。

灯　1件。2004CWWM10：5，泥质灰陶。灯盘残失，直柄，覆碗形底座。口径13.2、残高11.8厘米。

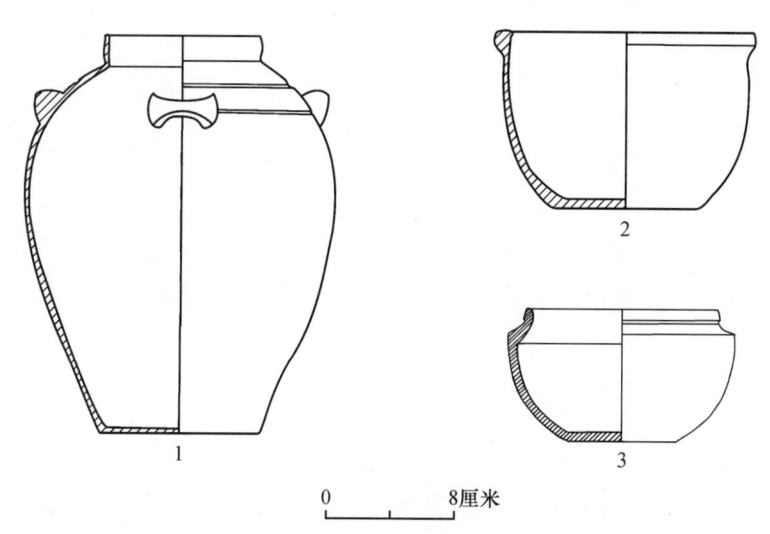

图七七　2004CWWM10器物组合
1.瓷罐（2004CWWM10：2）　3.陶盆（2004CWWM10：3）　3.陶囷（2004CWWM10：4）

（二）石室墓

1. 2001CWWM3

位于发掘区的西北侧，方向61°。

（1）墓葬形制

石室墓，残存墓底和部分墓壁。墓葬甬道被破坏，残存墓室的一部分，形制不明，墓壁以长条石砌成，加工平整的石面朝里，内壁平直，外壁则不很规则。铺地以菱形花纹砖齐缝平铺，砖长36、宽16、厚10厘米，地面规整。墓室残长3.4、宽1.88、残高0.6米（图七八；图版五九，3）。

（2）葬具葬式

墓内的尸骨凌乱，散见一部分肢骨，葬式不明，没有发现葬具的痕迹。

（3）出土器物

陶三足砚　1件。2001CWWM3：4，泥质褐陶。敞口，浅盘，弧腹，砚面上凸、弧圆，砚盘边沿支三矮蹄足。口径22.5、底径21、高5厘米（图七九，1；图版六二，6）。

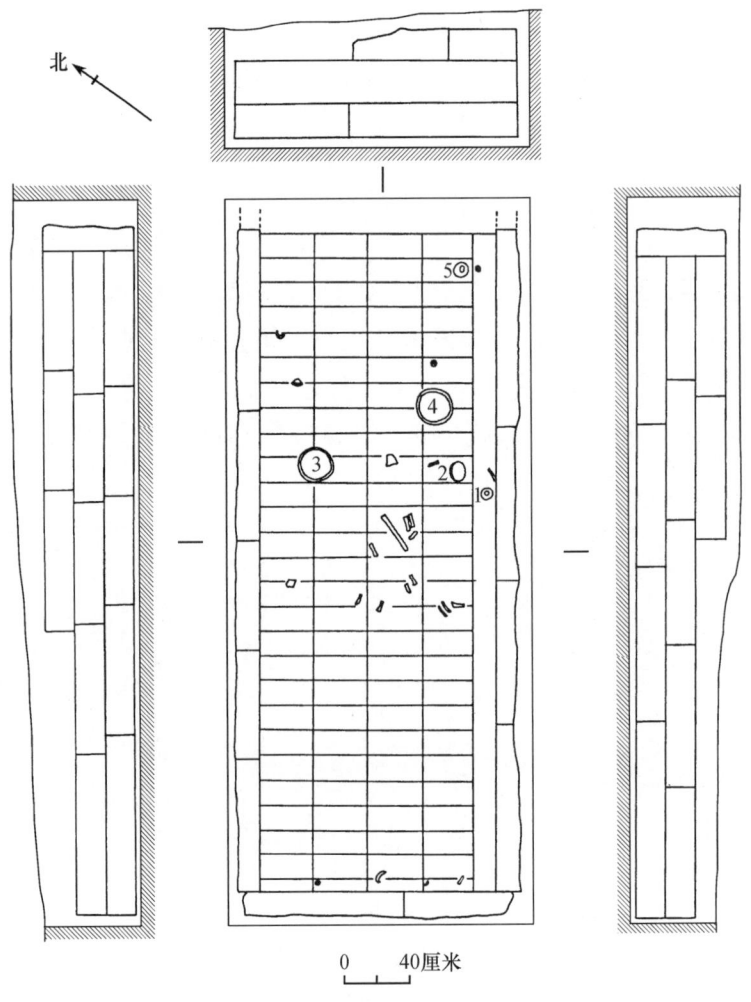

图七八　2001CWWM3平、剖面图
1～3、5.瓷碗　4.陶砚

瓷器

碗 4件。2001CWWM3：2，敞口，圆唇，斜壁，平底。内外施青釉，外施半釉。口径10.5、底径5.4、高4.4厘米（图七九，2；图版六三，1）。2001CWWM3：1，敛口，圆唇，斜壁，平底。内外施青釉，外施半釉。口径8.8、底径4、高3.8厘米。2001CWWM3：5，敞口，圆唇，弧壁，饼形底。内外均施青釉。口径8.8、底径3.8、高4厘米。2001CWWM3：3，微敛口，圆唇，斜弧壁，矮圈足，平底。器壁较薄，外壁饰莲花纹和数周凹弦纹。口径21.5、底径8.5、高10.5厘米（图七九，3；图版六三，2）。

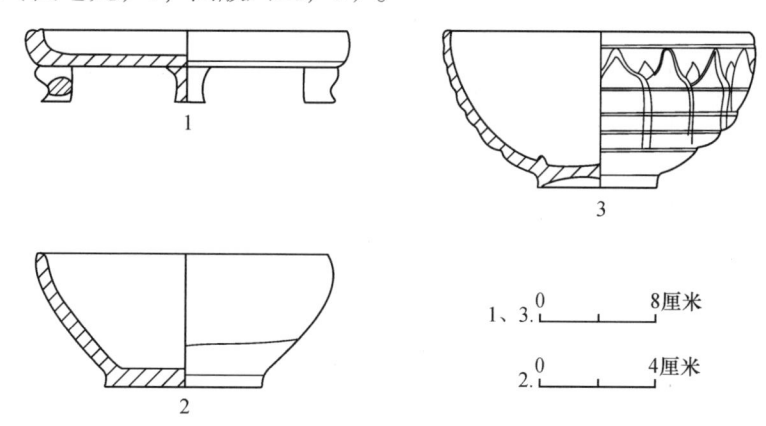

图七九 2001CWWM3器物组合
1. 陶三足砚（2001CWWM3：4） 2、3. 瓷碗（2001CWWM3：2、2001CWWM3：3）

2. 2001CWWM5

位于发掘区中偏东侧，方向72°。

（1）墓葬形制

石室墓，平面呈"凸"字形，残存墓底和部分墓壁。墓葬形状基本完整，由甬道和墓室组成，甬道长1.94、宽1.26、残高0.36～0.52米（图八〇；图版六〇，1）。甬道口两侧立石柱，嵌有封门的石板，甬道和墓室之间有凸起的石门槛。墓室长4.36、宽1.96、残高0.36米。墓壁以长条石砌成，加工平整的石面朝里，内壁平直，外壁则不很规则。铺地以平砖错缝平铺，地面很规整。由于墓葬遭到破坏，券顶已经不存。

（2）葬具葬式

墓内的尸骨凌乱，散见部分头骨和肢骨，葬式不明，没有发现葬具的痕迹。

（3）出土器物

瓷器

碗 15件。敞口，圆唇，弧壁。2001CWWM5：1，小平底。内外施青釉，外施半釉。口径9、底径4.2、高4厘米。2001CWWM5：2，腹较浅，矮圈足，小平底。内外均施青釉。口径8.7、底径4.2、高3.8厘米（图八一，1）。2001CWWM5：3，小平底。内外施青釉，外施半釉。口径7.6、底径4.4、高3.6厘米。2001CWWM5：4，矮圈足，小平底。内外施青釉，外施釉不及底。口径8.8、底径4.4、高3.8厘米。2001CWWM5：5，小平底。内外施青釉，外施半釉。口径16、底径8.8、高6.4厘米。2001CWWM5：7，矮圈足，小平底。内外施青釉，外施釉不及底。口径9.6、底径4.6、高4.8厘米。2001CWWM5：9，矮圈足，

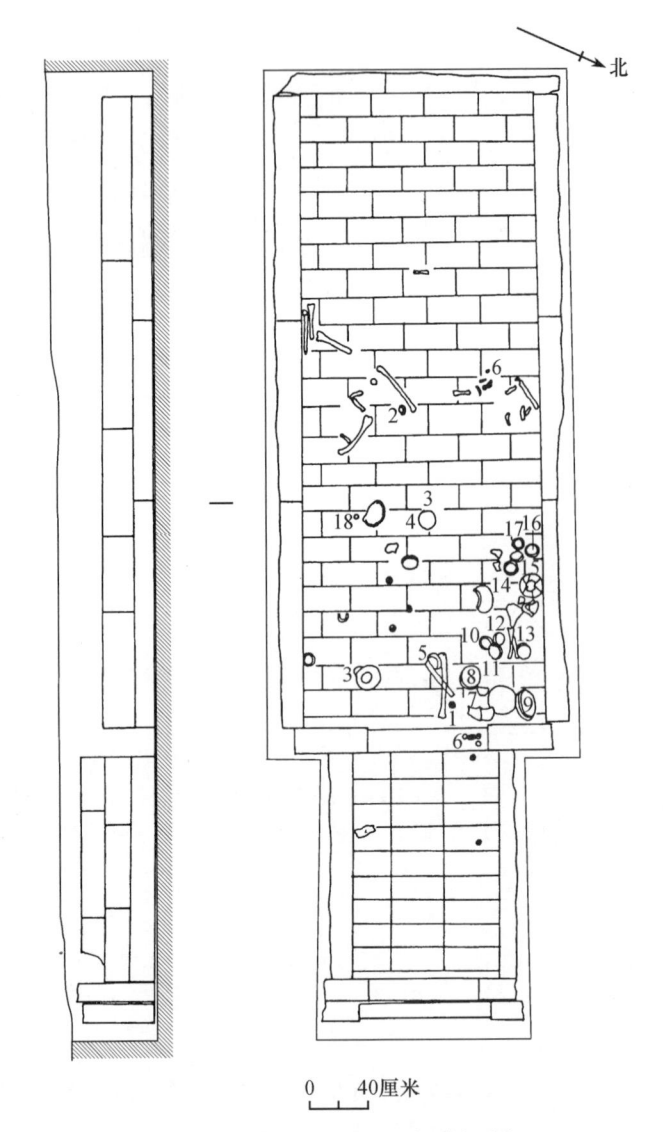

图八〇　2001CWWM5平、剖面图
1~5、7、9~17.瓷碗　6.铜钱　8.瓷盘　18.玛瑙珠

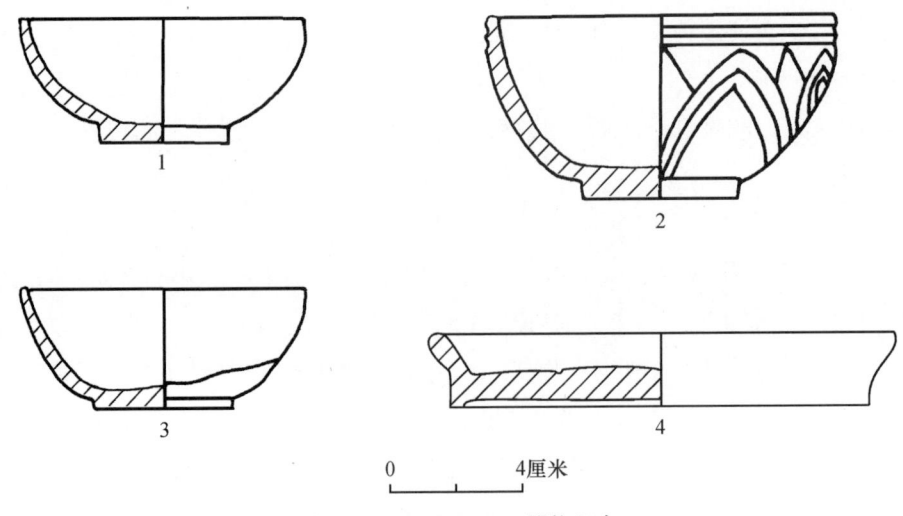

图八一　2001CWWM5器物组合
1~3.瓷碗（2001CWWM5：2、2001CWWM5：9、2001CWWM5：17）　4.瓷盘（2001CWWM5：8）

小平底。外壁饰莲花纹。内外施青釉，外施釉及底。口径10.6、底径4.8、高5.45厘米（图八一，2；图版六三，3）。2001CWWM5∶10，敞口，斜壁，小平底。釉脱落。口径7.8、底径5、高4.4厘米。2001CWWM5∶11，小平底。内外施青釉及底。口径7.4、底径3.8、高4厘米。2001CWWM5∶12，矮圈足，小平底。内外施青釉及底。口径9、底径4.4、高3.6厘米。2001CWWM5∶13，矮圈足，小平底。内外施青釉及底。口径8.4、底径3.8、高4.1厘米。2001CWWM5∶14，小平底。内外施青釉，釉脱落。口径9、底径4.3、高3.8厘米。2001CWWM5∶15，小平底。内外施青釉，外施半釉，釉脱落。口径9.3、底径4.4、高3.8厘米。2001CWWM5∶16，矮圈足，小平底。内外施青釉，外施半釉，釉多脱落。口径9、底径4.4、高3.6厘米。2001CWWM5∶17，矮圈足，小平底。内外施青釉及底。口径8.7、底径4.3、高3.6厘米（图八一，3；图版六三，4）。

盘　1件。2001CWWM5∶8，敞口，圆唇，浅腹，平底。内外施青釉。口径14.2、底径13、高2.2厘米（图八一，4；图版六四，1）。

玛瑙珠　1件。2001CWWM5∶18，红褐色，圆形，中有穿孔。直径1.2厘米。

五铢钱　6枚。标本2001CWWM5∶6，质地较差，铸造不精，字体与汉墓所出有很大不同，"五"字交笔较直，字体较瘦。直径2.5～2.6厘米。

3. 2001CWWM11

位于发掘区西北侧，方向147°。

（1）墓葬形制

石室墓，残存墓底，残长5.44、宽2.56、残高0.46米（图八二；图版六〇，2）。墓壁以长条石砌成，加工的石面朝里，内壁十分平直，外壁则不很规则。以不规则的大、小石板铺地。

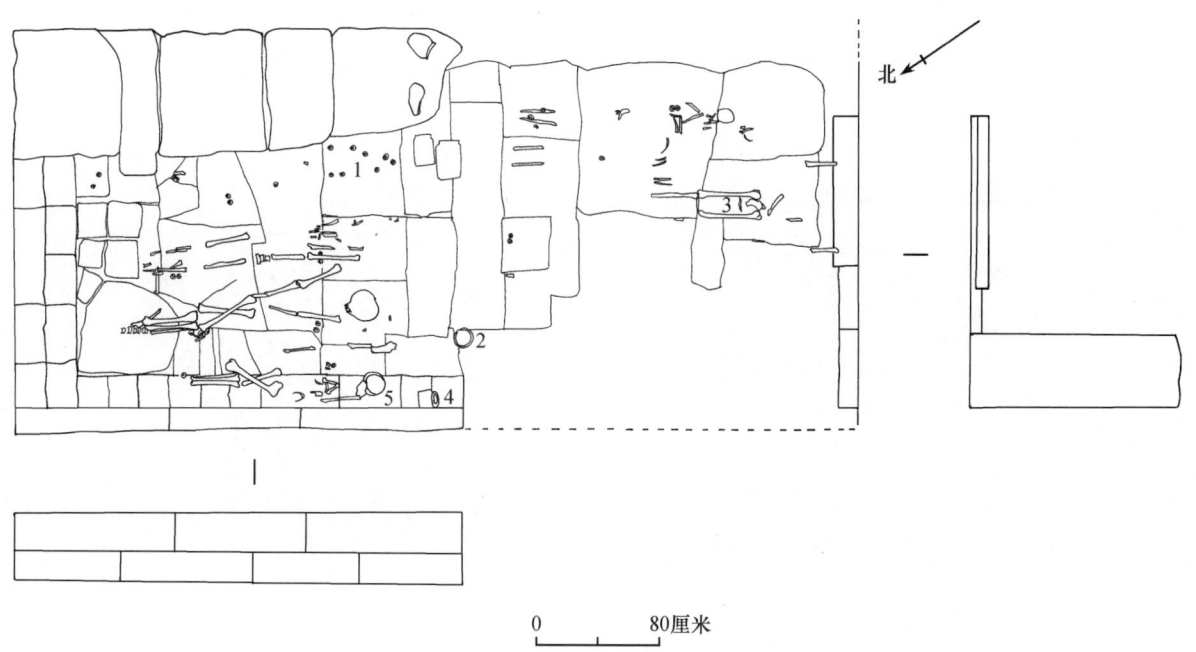

图八二　2001CWWM11平、剖面图
1. 铜钱　2. 铜镜　3. 铜带钩　4. 陶罐　5. 陶甑

（2）葬具葬式

由于遭到破坏，尸骨凌乱，从肢骨的数量推断为4具，墓室里3具，甬道1具。葬式不明，未发现葬具的痕迹。

（3）出土器物

陶器　2件。

罐　1件。2001CWWM11：4，泥质灰陶。直口，圆唇，卷沿，宽折肩，斜直壁，平底。口径8.2、腹径12、底径6.8、高10厘米（图八三，1；图版六四，2）。

甑　1件。2001CWWM11：5，泥质灰陶。口微敛，圆唇，宽平沿，斜壁，平底。底有一孔。口径16、底径7.8、高7.6厘米（图八三，2；图版六四，3）。

铜器　2件。

镜　1件。2001CWWM11：2，圆形，背有卷云纹带和铭文带，文字因锈蚀不清晰，有桥形纽。直径11.1、厚0.4、纽径1.4、纽高0.9厘米（图八三，3）。

带钩　1件。2001CWWM11：3，方头，弧颈，弧身，圆扣。长8.3、宽端1.1、窄端0.6、纽径1.4、纽高1.2厘米（图八三，4）。

五铢钱　40枚。标本2001CWWM11：1，正面有轮无郭，背面轮郭俱全。质地轻薄，但铸造较精，钱文篆书，文字清晰，字体较小。"五"字中间两笔交叉弯曲圆晕；"铢"字的金字头呈三角形，与"朱"等齐，"朱"字的上、下部均圆折。直径2.5厘米。

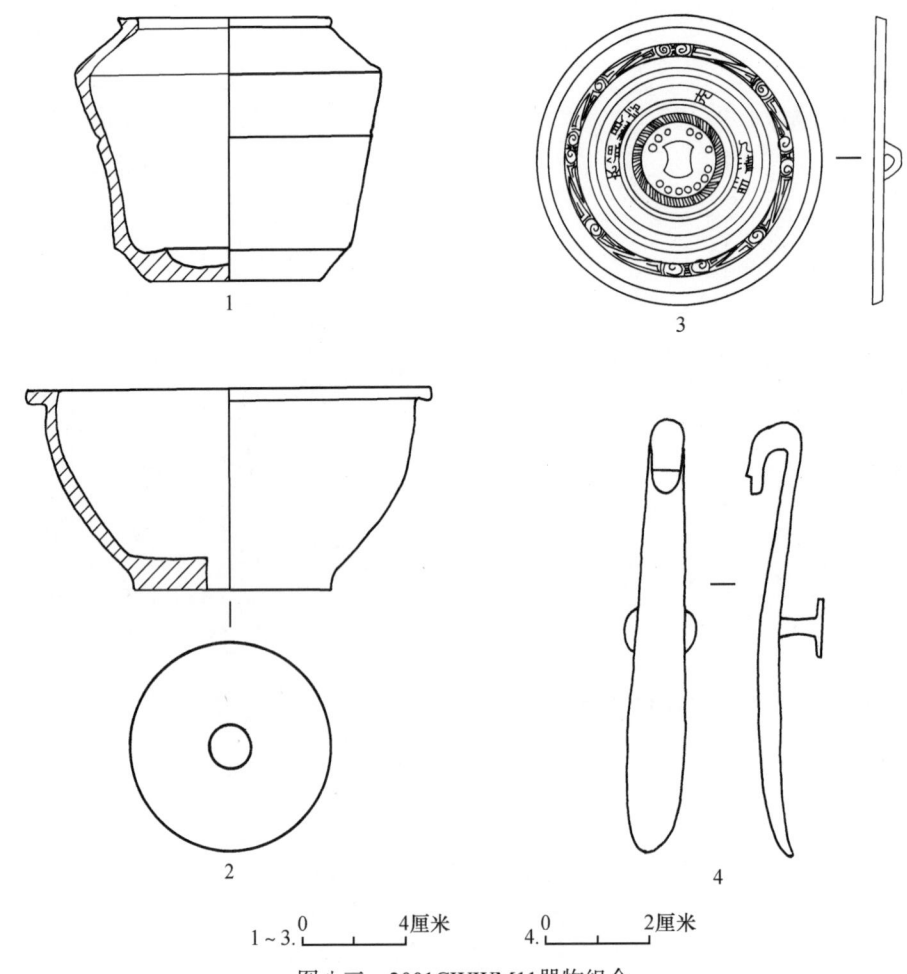

图八三　2001CWWM11器物组合

1.陶罐（2001CWWM11：4）　2.陶甑（2001CWWM11：5）　3.铜镜（2001CWWM11：2）　4.铜带钩（2001CWWM11：3）

第四章　主要收获

万州瓦子坪遗址发掘历经5年时间，共发掘西汉到六朝墓葬38座，其中西汉墓1座，东汉墓20座，六朝墓17座。在这其中，土坑墓1座，砖室墓34座，石室墓3座。由此可以看出，砖室墓是这一时期本地区的最主要的墓葬样式。在砖室墓中，形制可以分为长方形、刀形和"凸"字形，其中刀形墓为本地区的特色墓葬形制，即甬道位于墓室的一侧。

由于埋藏较浅，或者坪坝上土层不厚的缘故，墓葬顶部大多数遭到破坏，但是墓葬被盗现象很少，未发现随葬器物的原因也是破坏到达墓底造成的。

甬道券顶普遍低于墓室券顶，因此甬道券顶保存完好的较多，砖室墓的起券方式分为两种：一种是纵向起券，另一种是横向起券，无论哪种形式，起券均使用带有榫卯结构的券砖。

除了砖室墓外，六朝墓还发现有石室墓，为长方形，墓顶因为被破坏，造成形制不清。

东汉墓中，所发现的20座墓全部为砖室墓。其形制为平砖垒砌，到达一定高度时使用券砖起券，墓室多使用纵向起券，起券高度不高，券顶纵向有榫卯，横向平滑，因此结构不是非常紧密，容易垮塌。甬道使用横向起券，受力点沿着榫卯落在两侧直壁上，因此较为坚固，发掘时拆除都较为费力。

砖室墓均使用花纹砖，其中最为常见的花纹就是菱形纹，其他还有钱币纹、文字砖、画像砖等，本地区最具特色的为车马出行画像砖，以及由此演变和简化而成的车轮纹画像砖（图版六五；表一）。

万州地区东汉砖室墓使用均为家族式，封门砖多次开启，造成砖碎而凌乱。在葬式上，有二次葬，但是多为仰身直肢葬，不使用棺椁，夫妻并排放置，而且是多次放置，应该是既有长辈，又有平辈，还有晚辈的埋葬方式，显示出峡江地区特有的埋葬习俗。

随葬品的放置也较为清晰，多为陶器和饰品放置在人骨的一侧，但是在埋葬个体较多的墓葬中，随葬品堆满甬道，甚至连立足之地都难以寻找。随葬品主要是陶器，显示出与墓葬规模相等的社会等级，主要是釜甑以及罐、碗等日常生活用品，女性有钗、手镯、耳珰等装饰品。另有数量不一的五铢钱，显示出这些墓葬死者的身份为东汉平民阶层。

六朝墓葬发现17座，墓葬形制除了少量石室墓外，仍然以砖室墓为主。六朝砖室墓以"凸"字形居多，建造方式未有非常大的改变，但是墓砖的烧制温度提高了，砖的颜色更多的呈现一种青蓝色。砖的花纹也变化了，以菱形纹和莲花纹为主，尤其是莲花纹，不只是出现在墓砖上，在瓷器上也成为常见的装饰纹样。六朝墓另外一个显著的特点是埋葬方式的改变，东汉时期常见的家族墓消失，常见的是一夫一妻的合葬墓，随葬品严格按照夫妻分别放置在两侧，甬道和墓室的结合处。

墓葬随葬品以青瓷器为主，多为壶、罐、碗等日常用品，也可以见到一些饰品和钱币，数量与东汉比较则大大下降了。

表一　万州瓦子坪遗址墓砖纹饰

墓号	时代	墓砖纹饰	尺寸（厘米）	图示
2001CWWM1	东汉	车轮网格形	44×20×10	
2001CWWM3	六朝	菱形花纹	36×16×10	
2001CWWM4	东汉	车轮、钱纹和细密菱形组合花纹	45×20×11	
2001CWWM6	东汉	十字交叉纹 网格菱形纹 十字车轮纹 连续菱形纹	41×18×11 36×18×11 42×18×11 36×18×10	
2001CWWM7	东汉	菱形花纹 骑马出行纹	38×20×11 42×20×10	

续表

墓号	时代	墓砖纹饰	尺寸（厘米）	图示
2001CWWM8	六朝	菱形花纹 车轮花纹	30×18×8 34×18×8 24×10×4 42×10×6 24×18×9 28×18×8	
2001CWWM9	东汉	菱形花纹	40×18×8 44×18×13 28×18×8	
2001CWWM10	东汉	车轮纹 "富贵"字样花纹	45×22×11 28×22×10 38×22×11	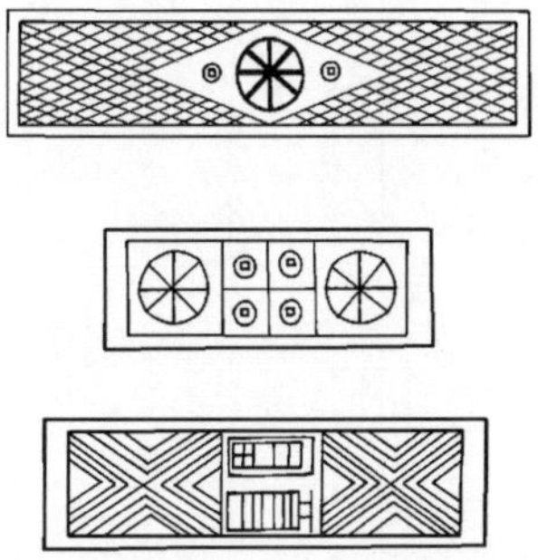
2001CWWM12	东汉	钱网格花纹 十字交叉纹	40×18×8 38×18×12	

续表

墓号	时代	墓砖纹饰	尺寸（厘米）	图示
2001CWWM13	东汉	车轮菱形花纹	42×19×10	
2001CWWM14	东汉	菱形花纹	39×18×7.5	
2001CWWM15	东汉	菱形花纹	42×20×11	
2002CWWM1	东汉	连续菱形纹	42×20×12	
2002CWWM2	东汉	连体菱形花纹 车轮纹	43×21×12 39×21×12	 
2002CWWM3	东汉	菱形花纹	40×17×7	
2002CWWM5	东汉	车轮菱形花纹 连体菱形纹	38×20×12	 
2002CWWM6	六朝	钱币网纹 "富贵"菱形纹	42×20×12 34×20×12	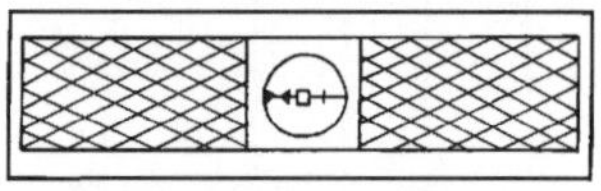 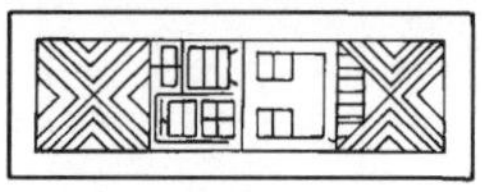
2002CWWM7	六朝	菱形花纹	40×18×8	

续表

墓号	时代	墓砖纹饰	尺寸（厘米）	图示
2002CWWM8	六朝	菱形花纹	40×18×8	
2003CWWM4	六朝	菱形花纹 莲花纹	36×17×8 36×20×9	 
2003CWWM5	六朝	菱形花纹 车轮纹	36×18×8	 
2003CWWM6	六朝	菱形花纹	36×18×8	
2003CWWM7	六朝	菱形花纹	34×18×7 36×18×7	 
2004CWWM1	六朝	菱形花纹	36×20×10	
2004CWWM2	六朝	菱形花纹	40×20×10	
2004CWWM3	东汉	菱形花纹	41×18×8 42×15×6	 

续表

墓号	时代	墓砖纹饰	尺寸（厘米）	图示
2004CWWM4	东汉	菱形花纹 网格纹	26×19×9 44×19×7~9 41×19×10	
2004CWWM5	东汉	网格纹 菱形花纹	41×19×9 40×19×7 26×19×9 14×20×9	
2004CWWM6	东汉	菱形花纹 十字和菱形组合纹	41×19×10 39×20×11	
2004CWWM7	东汉	菱形花纹	40×20×9	
2004CWWM8	东汉	十字纹 菱形纹 菱形车轮组合纹饰	42×20×10 40×20×10 43×17×7	
2004CWWM10	六朝	莲花几何纹	43×20×11	

第五章 结　　语

　　重庆万州瓦子坪遗址第五章在最初南京大学考古调查时发现大量瓦片，被认为是一处居住遗址。山东博物馆考古队经过大量的钻探工作，以及接下来4年的连续发掘，证实这里是一处新发现的西汉到六朝时期的家族墓地。

　　其中西汉墓数量较少，为竖穴土坑墓，随葬品多为模型明器，红陶制作，火候较低，保存状况差。东汉和六朝时期墓葬多为砖室或者石室墓，其中东汉墓葬多为家族墓，在同一座砖室墓中发现迁葬和一次葬并存，最多达到12个个体，表现出峡江地区特有的埋葬习俗。墓葬之间很少存在打破关系，表明这一地区在这一时期人口居住生活的稳定性，少有迁入外来人群，因此墓葬规划较为有序，同时说明，这一地区在东汉到六朝时期人口数量不多，才没有出现叠压打破的情形。

　　峡江地区民风淳朴，盗墓现象较少，墓葬大多数保存较好。由于地处山脚地带，土层较薄，后来的人群在生产生活时产生了土层翻动情况，较容易对墓葬顶部造成扰动，因此，大型砖室墓的券顶扰动较为严重，小型砖室墓券顶保存较好。石室墓因为埋藏浅，顶部基本全部被破坏。虽然券顶扰动较为严重，但是墓葬的随葬品基本完好，除了个别墓葬因为扰动到底之外，其他随葬品较为丰富，反映出峡江地区在东汉、六朝时期的文化面貌和生活习俗，尤其是其中发现的精美的青瓷器和金银饰品都是峡江地区的首次发现，已经成为重庆三峡博物馆的重要馆藏和明星展品。

　　在发掘区分布上，2001年的发掘区最为宽阔，位于橘子林中；后来的发掘多分区进行，多为小地块，墓葬也较为分散，到2004年，因为村庄搬迁，考古工作进而覆盖至村庄占压区，也发现了部分墓葬，但是，无论是钻探还是发掘，都未能发现人类居住遗址。根据当地的风俗习惯，埋葬区要向山上走的特点，生活区应该在最低的近江边的平台地，或者被村庄占压。总之，未能发现人类居住遗址还是留下了一些遗憾！

　　这一时期的砖室墓多以花纹砖垒砌，花纹常见菱形纹、钱纹、车轮纹、吉语纹等。从东汉到六朝时期，砖的花纹有变化，尺寸也有变化。汉砖更为宽厚，花纹中可见画像，其中车轮纹最富有时代气息。到了六朝时期，墓砖尺寸变小，而且窑温变高，花纹出现了莲花纹。从车轮纹到莲花纹，正反映了时代的风俗和道德观念的较大变化。

　　随葬品方面，东汉时期墓葬以陶器为主，也可见铜器、铁器和原始瓷器，反映出汉代人事死如生的丧葬观念和崇尚物质生活的社会习俗。六朝墓葬随葬品以瓷器居多，器物组合较为简单，反映出原始瓷器在这一时间段飞速发展的史实，瓷器迅速替代了陶器和铜器，成为平民生活的日常用器。较为简单的组合反映出这一时期的人们已经不相信死后的世界，社会生活也发生了较大的变化,由此开始了新的社会形态,世家大族逐渐控制政权,平民生活更加贫苦,直到唐末黄巢起义后这种现象才最终改变。

重庆瓦子坪遗址的发掘在墓葬形制、随葬品等方面为峡江地区历史文化研究提供了新的资料。

后　记

1981年山东省文物考古研究所独立后，直到2000年7月才重新成立考古研究部。当时，主任李大营，成员有杨波、于秋伟、肖贵田、朱华、禚柏红等。5月，编者跟随李大营主任前往崔大庸老师主持发掘的章丘洛庄汉墓工地学习，发掘车马坑。秋天，就在李大营、杨波的带领下，乘坐K15次列车开赴重庆万州三峡考古工地。这一去，就是8年！

再次坐下来编辑这本报告，时间已经过去了15年，中间考古研究部在2013年撤销，2022年再次成立，当年参加考古发掘的同志仅有于秋伟一人而已。在此，谨向已经故去的李大营致敬！向所有曾经战斗在三峡考古工地的考古人致敬！向杨波、于秋伟、肖贵田、常兴照、惠夕平、禚柏红、苏兆秀、李猛、王元平、孙柱才、魏慎玉、杨爱国、魏慎军、杨三军、杨三辰等同志致敬！向肖永贵、熊道生、肖永会等同志致敬！向我们在万州的"中央军"致敬！

三峡考古工作期间，感谢鲁文生馆长、卢朝辉副馆长，给予我们最坚强的支持！感谢王川平、刘豫川、邹后曦同志对我们的无私的爱，感谢向渠奎、周启荣、杜鹃同志的全力配合，感谢杨晓刚、李琳同志给予我们家一样的温暖！感谢郑同修馆长，考古研究部再一次成立，才有了文化的传承，也才有这本报告的最终面世。

如今考古研究部已有8人。已经超过昔日的规模，只是，故人已遥，惟余一个孤独的我，在这个有雨的夜里，想起三峡，想起江笛声声，想起曾经美丽的你，黯然伤逝。

衷心感谢朱华、刘梦雨同志，她们的辛勤付出和工作，保证了报告的出版；感谢科学出版社的编辑们，这是所有参与三峡考古发掘的同志应该铭记的，再次致谢所有为报告出版付出心力的同志们！

是为记。

本书编委会

图版一

瓦子坪遗址全景（由南向北）

图版二

瓦子坪遗址

图版三

1. 2004CWWM11

2. 2001CWWM1

瓦子坪遗址墓葬场景

图版四

1. 陶鼎（2004CWWM11：5）

2. 陶盒（2004CWWM11：7）

3. 陶壶（2004CWWM11：8）

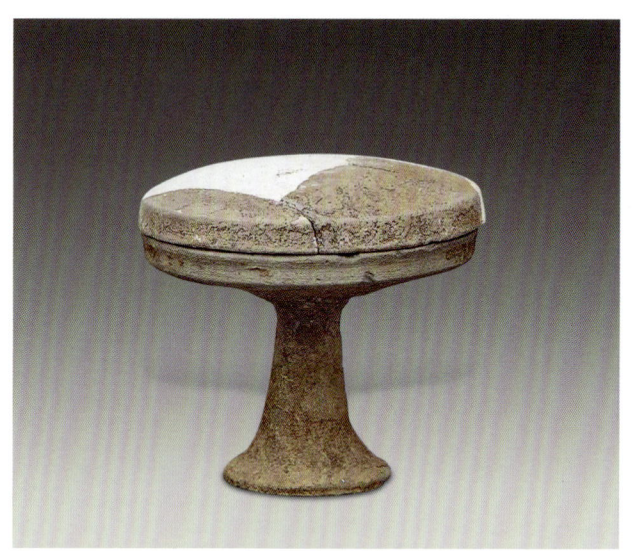

4. 陶豆（2004CWWM11：2）

5. 陶勺（2004CWWM11：4）

6. 陶斗（2004CWWM11：6）

瓦子坪遗址出土陶器

图版五

1. 陶罐（2001CWWM1:1）

2. 陶罐（2001CWWM1:6）

3. 陶罐（2001CWWM1:2）

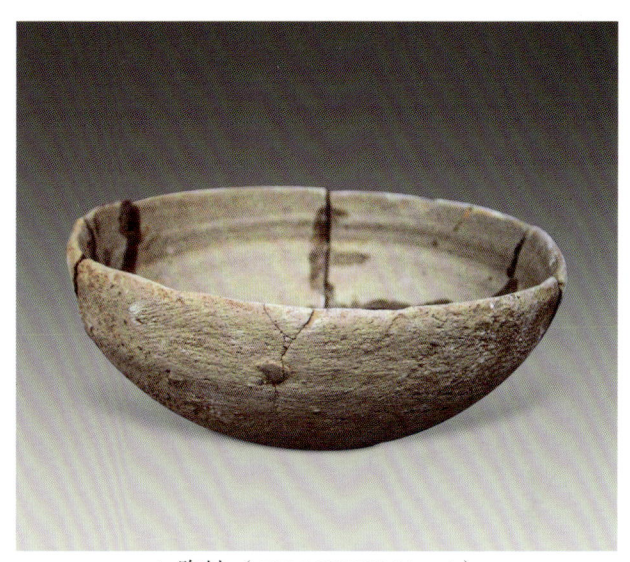

4. 陶钵（2001CWWM1:4）

5. 陶熏炉（2001CWWM6:2）

6. 陶灯（2001CWWM6:3）

瓦子坪遗址出土陶器

图版六

1. 陶杯（2001CWWM6∶4）

2. 陶魁（2001CWWM6∶5）

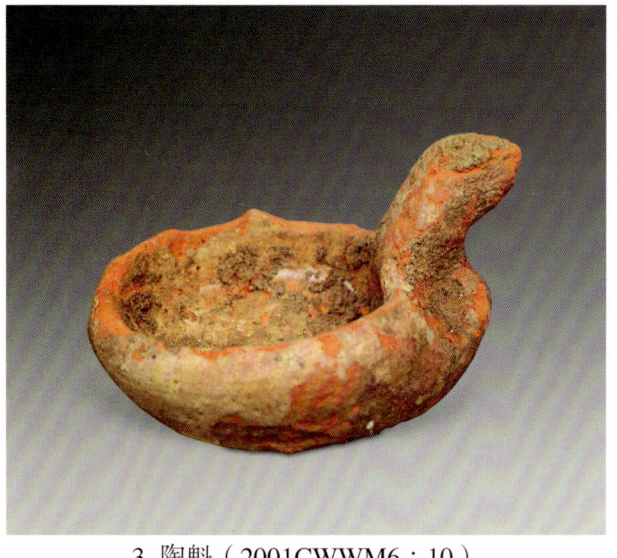

3. 陶魁（2001CWWM6∶10）

4. 陶罐（2001CWWM6∶6）

5. 陶钵（2001CWWM6∶8）

6. 陶釜（2001CWWM6∶9）

瓦子坪遗址出土陶器

图版七

1. 2001CWWM4

2. 2001CWWM4墓砖

3. 2001CWWM6

4. 2001CWWM7

瓦子坪遗址墓葬场景

图版八

1. 五铢钱（2001CWWM6:1-1、2001CWWM6:1-2）

2. 陶甑（2001CWWM7:6）

3. 陶罐（2001CWWM7:3）

4. 陶罐（2001CWWM7:8）

5. 陶罐（2001CWWM7:2）

6. 陶罐（2001CWWM7:4）

瓦子坪遗址出土器物

图版九

1. 陶杯（2001CWWM7：14）

2. 陶盘（2001CWWM7：13）

3. 陶钵（2001CWWM7：11）

4. 陶壶（2001CWWM9：25）

5. 陶壶（2001CWWM9：29）

6. 陶甑（2001CWWM9：31）

瓦子坪遗址出土陶器

图版一〇

1. 陶甑（2001CWWM9：66）

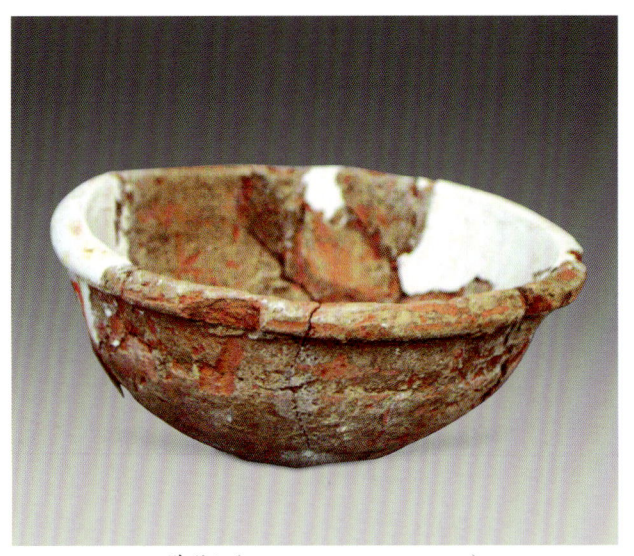

2. 陶甑（2001CWWM9：20）

3. 陶罐（2001CWWM9：38）

4. 陶罐（2001CWWM9：16）

5. 陶罐（2001CWWM9：11）

6. 陶罐（2001CWWM9：35）

瓦子坪遗址出土陶器

图版一一

1. 陶罐（2001CWWM9：57）

2. 陶罐（2001CWWM9：14）

3. 陶罐（2001CWWM9：45）

4. 陶罐（2001CWWM9：65）

5. 陶罐（2001CWWM9：40）

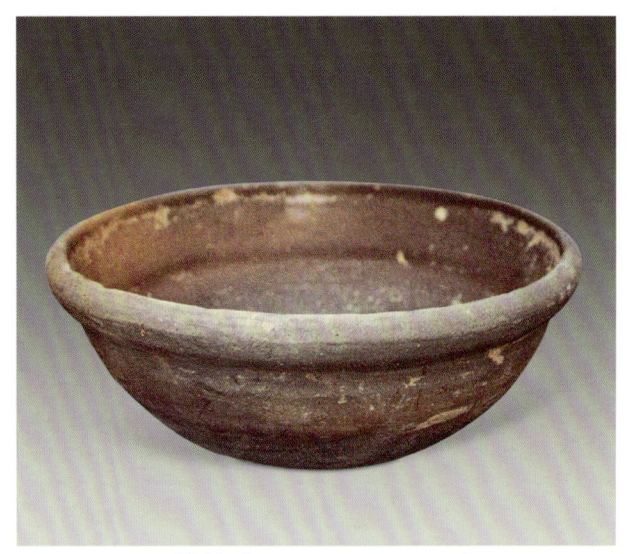

6. 陶钵（2001CWWM9：9）

瓦子坪遗址出土陶器

图版一二

1. 陶钵（2001CWWM9：13）

2. 陶钵（2001CWWM9：18）

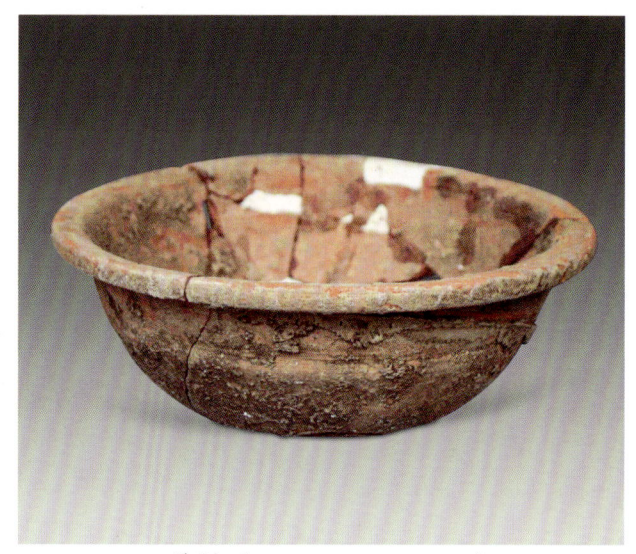

3. 陶钵（2001CWWM9：42）

4. 陶钵（2001CWWM9：37）

5. 陶钵（2001CWWM9：52）

6. 陶钵（2001CWWM9：43）

瓦子坪遗址出土陶器

图版一三

1. 陶杯（2001CWWM9∶54）

2. 陶杯（2001CWWM9∶36）

3. 陶魁（2001CWWM9∶46）

4. 陶魁（2001CWWM9∶60）

5. 陶魁（2001CWWM9∶73）

6. 陶盂（2001CWWM9∶48）

瓦子坪遗址出土陶器

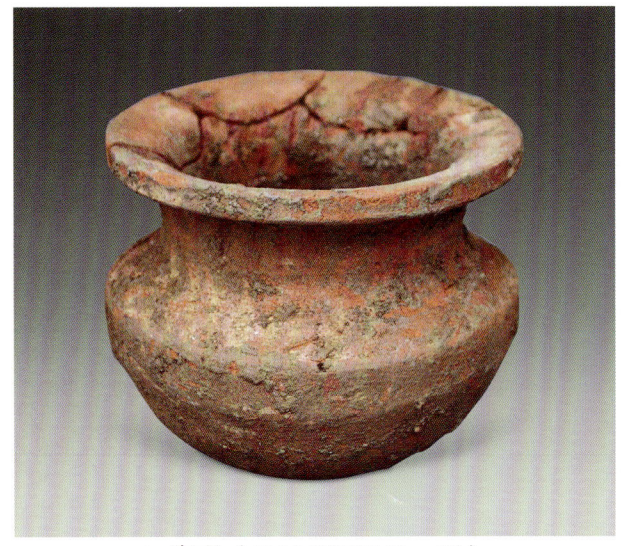

图版一四

1. 陶盂（2001CWWM9：55）

2. 陶盂（2001CWWM9：56）

3. 陶熏炉（2001CWWM9：19）

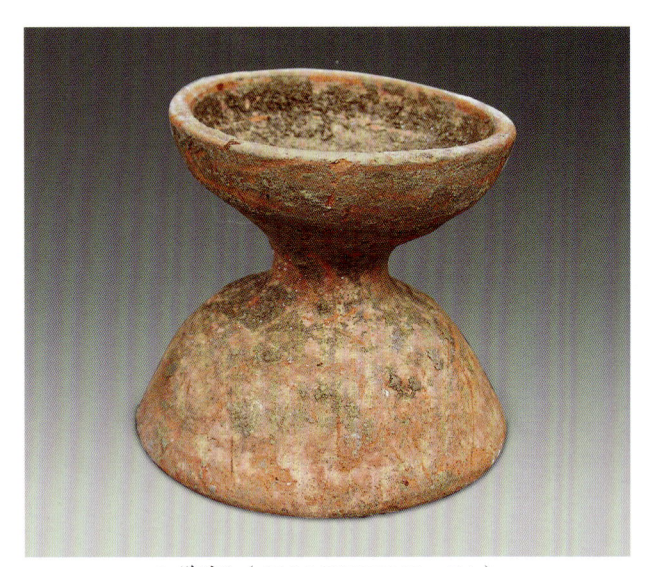

4. 陶灯（2001CWWM9：71）

5. 陶灯（2001CWWM9：70）

6. 陶盘（2001CWWM9：63）

瓦子坪遗址出土陶器

图版一五

1. 陶釜（2001CWWM9：72）

2. 铜壶（2001CWWM9：7）

3. 铜鍪（2001CWWM9：8）

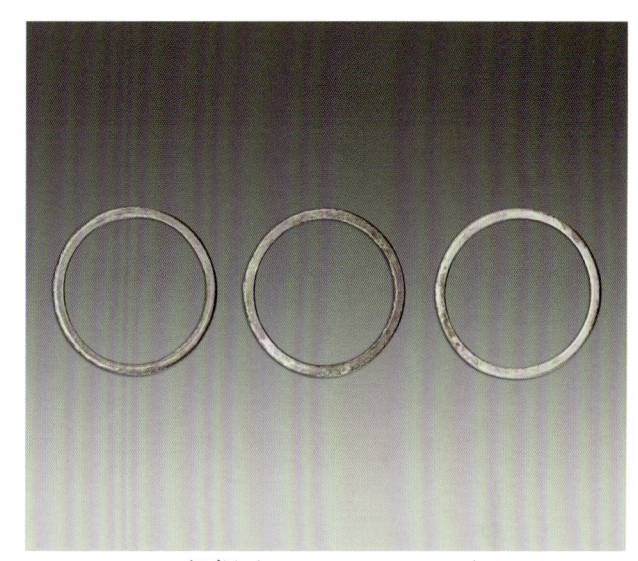

4. 银镯（2001CWWM9：5）

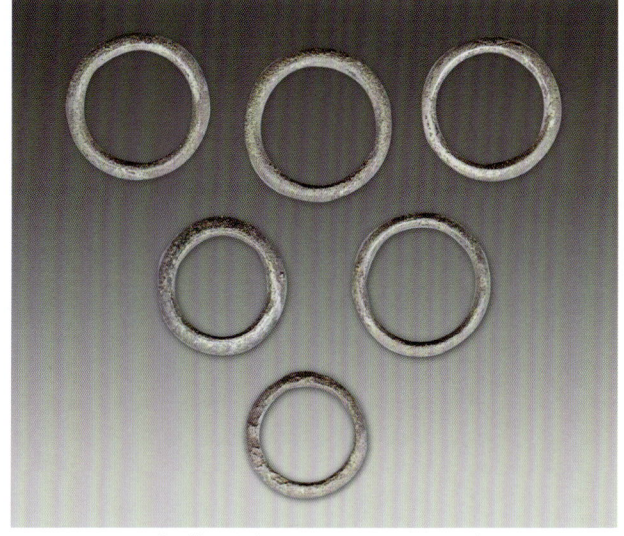

5. 银指环（2001CWWM9：4）

6. 五铢钱（2001CWWM9：1）

瓦子坪遗址出土器物

图版一六

1. 2001CWWM9

2. 2001CWWM10

3. 2001CWWM10墓砖

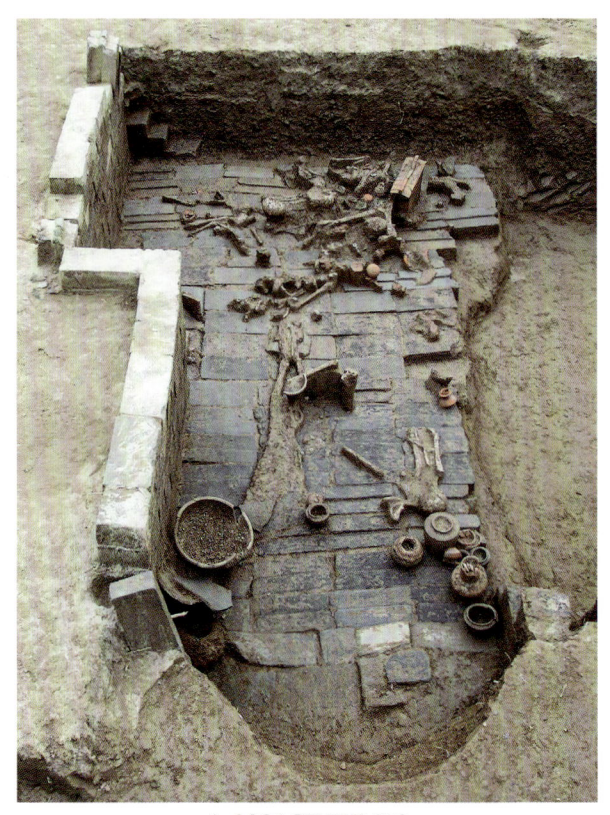

4. 2001CWWM12

瓦子坪遗址墓葬场景

图版一七

1. 陶甑（2001CWWM10∶4）

2. 陶罐（2001CWWM10∶7）

3. 陶罐（2001CWWM10∶10）

4. 陶钵（2001CWWM10∶5）

5. 陶钵（2001CWWM10∶9）

6. 陶灯（2001CWWM10∶6）

7. 陶杯（2001CWWM10∶11）

8. 五铢钱（2001CWWM10∶1）

瓦子坪遗址出土器物

图版一八

1. 陶罐（2001CWWM12：10）

2. 陶罐（2001CWWM12：34）

3. 陶钵（2001CWWM12：23）

4. 陶钵（2001CWWM12：31）

5. 陶杯（2001CWWM12：7）

6. 陶杯（2001CWWM12：9）

7. 陶灯（2001CWWM12：14）

8. 陶灯（2001CWWM12：36）

瓦子坪遗址出土陶器

图版一九

1. 陶熏炉（2001CWWM12：24）

2. 陶盂（2001CWWM12：19）

3. 陶盂（2001CWWM12：27）

4. 陶魁（2001CWWM12：21）

5. 陶楼（2001CWWM12：8）

6. 五铢钱（2001CWWM12：1）

瓦子坪遗址出土器物

图版二〇

1. 2001CWWM13

2. 2001CWWM14

3. 2001CWWM15

4. 2002CWWM1

瓦子坪遗址墓葬场景

图版二一

1. 陶钵（2001CWWM13：2）

2. 陶钵（2001CWWM13：4）

3. 陶罐（2001CWWM13：3）

4. 陶壶（2001CWWM14：5）

5. 陶釜（2001CWWM14：31）

6. 陶盂（2001CWWM14：18）

瓦子坪遗址出土陶器

图版二二

1. 陶灯（2001CWWM14∶11）

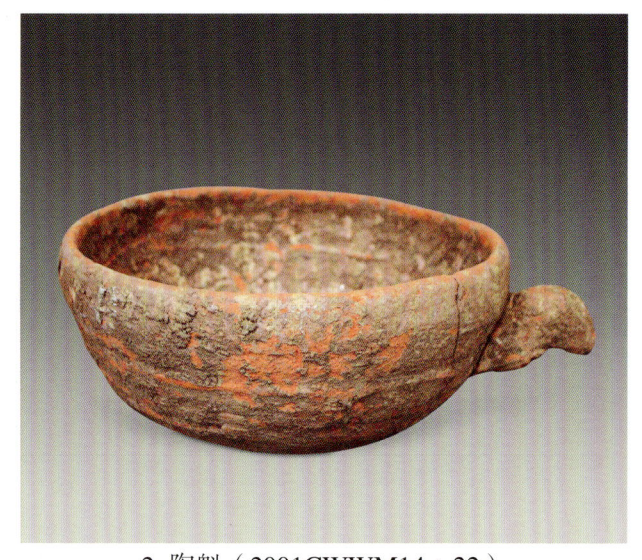

2. 陶魁（2001CWWM14∶22）

3. 陶魁（2001CWWM14∶10）

4. 陶甑（2001CWWM14∶8）

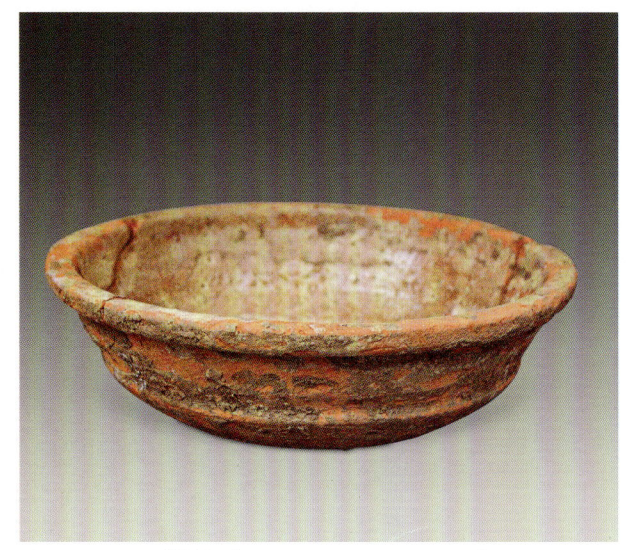

5. 陶钵（2001CWWM14∶26）

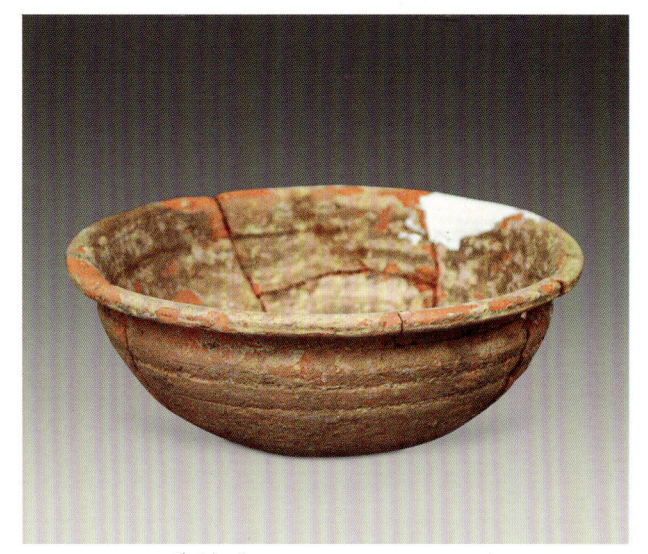

6. 陶钵（2001CWWM14∶24）

瓦子坪遗址出土陶器

图版二三

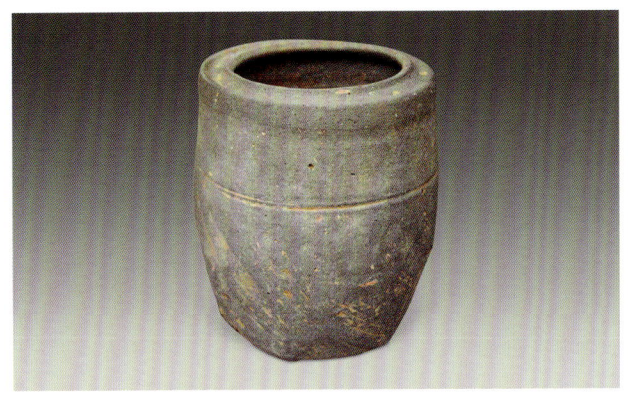

1. 陶罐（2001CWWM14:14）

2. 陶罐（2001CWWM14:19）

3. 陶罐（2001CWWM14:13）

4. 陶罐（2001CWWM14:17）

5. 陶甑（2002CWWM1:1）

6. 陶罐（2002CWWM1:3）

7. 陶碗（2002CWWM1:5）

瓦子坪遗址出土陶器

图版二四

1. 2002CWWM2墓室券顶

2. 2002CWWM2墓葬平面

3. 2002CWWM3

4. 2002CWWM5

瓦子坪遗址墓葬场景

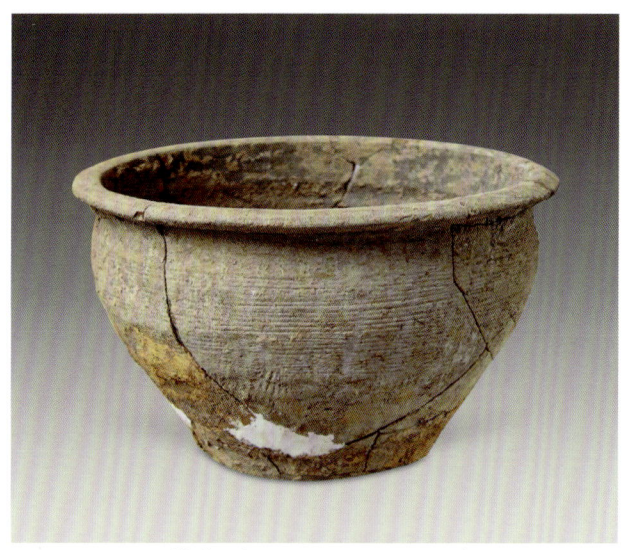

图版二五

1. 陶甑（2002CWWM2：1）

2. 陶罐（2002CWWM2：4）

3. 陶罐（2002CWWM2：5）

4. 陶盖壶（2002CWWM2：6）

5. 陶人俑（2002CWWM2：7）

6. 陶狗俑（2002CWWM2：9）

瓦子坪遗址出土陶器

图版二六

1. 陶子母鸡俑（2002CWWM2：10）

2. 陶公鸡俑（2002CWWM2：11）

3. 陶猪俑（2002CWWM2：12）

4. 铁釜（2002CWWM2：2）

5. 琉璃耳珰（2002CWWM2：13）

瓦子坪遗址出土器物

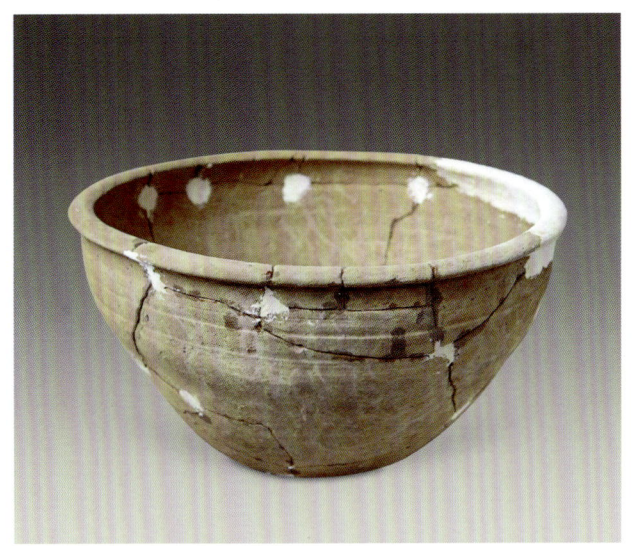

图版二七

1. 陶甑（2002CWWM3∶2）

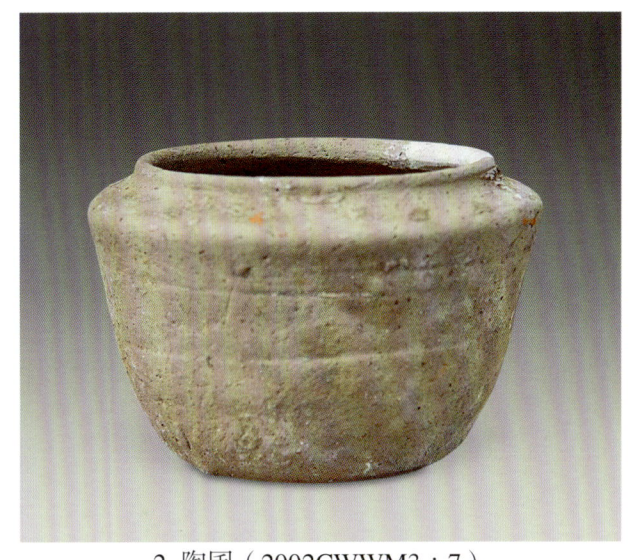

2. 陶困（2002CWWM3∶7）

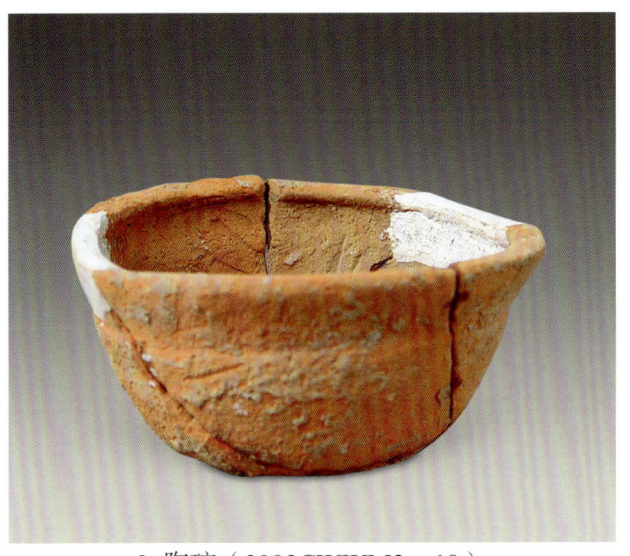

3. 陶碗（2002CWWM3∶10）

4. 陶魁（2002CWWM3∶11）

5. 陶侍俑（2002CWWM3∶12）

6. 陶熏炉（2002CWWM3∶13）

瓦子坪遗址出土陶器

图版二八

1. 陶罐（2002CWWM5∶5）

2. 陶碗（2002CWWM5∶3）

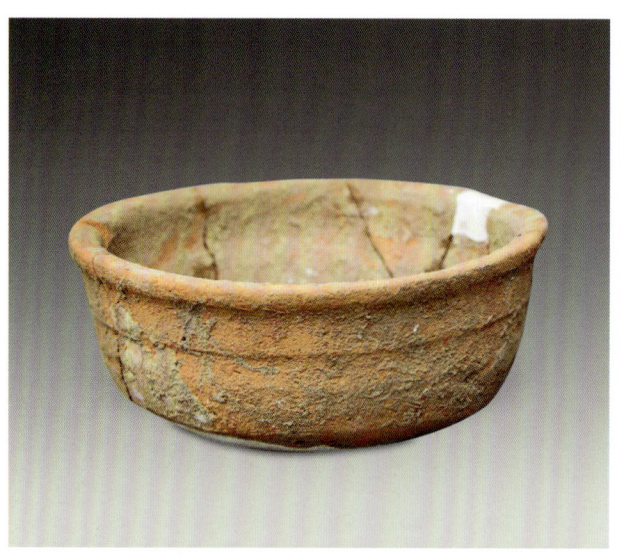

3. 陶碗（2002CWWM5∶6）

4. 陶壶（2002CWWM5∶9）

5. 陶甑（2002CWWM5∶10）

6. 陶釜（2002CWWM5∶11）

瓦子坪遗址出土陶器

图版二九

1. 2004CWWM3墓葬平面

2. 2004CWWM3墓室券顶

瓦子坪遗址墓葬场景

图版三〇

1. 陶鼎（2004CWWM3：50）

2. 陶鼎（2004CWWM3：55）

3. 陶壶（2004CWWM3：5）

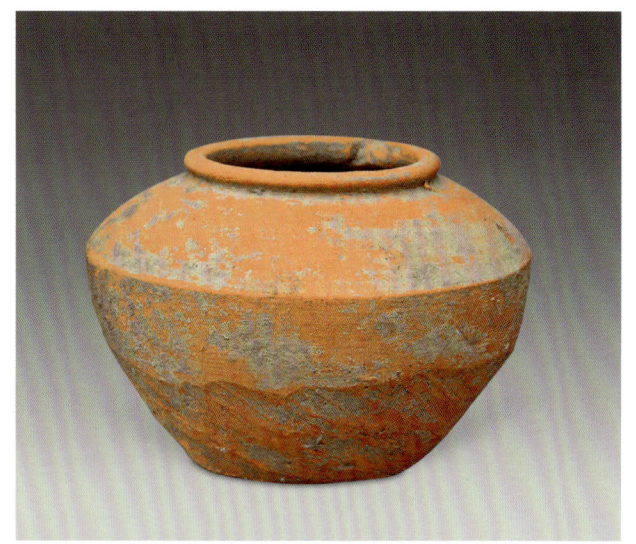

4. 陶罐（2004CWWM3：4）

5. 陶罐（2004CWWM3：7）

6. 陶罐（2004CWWM3：20）

瓦子坪遗址出土陶器

图版三一

1. 陶罐（2004CWWM3:21）

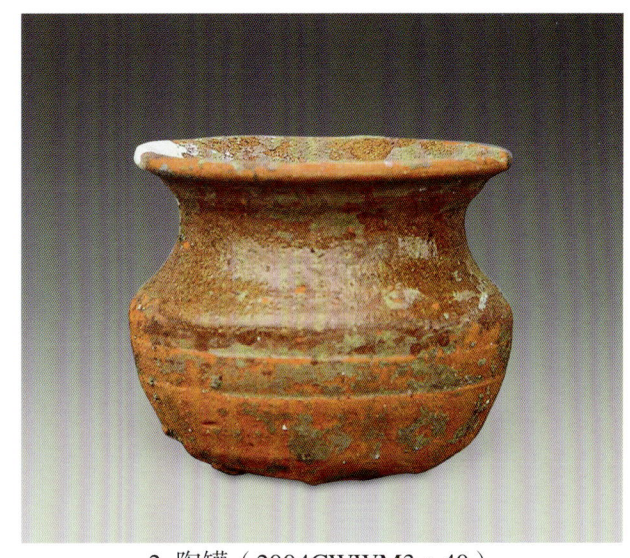

2. 陶罐（2004CWWM3:40）

3. 陶罐（2004CWWM3:47）

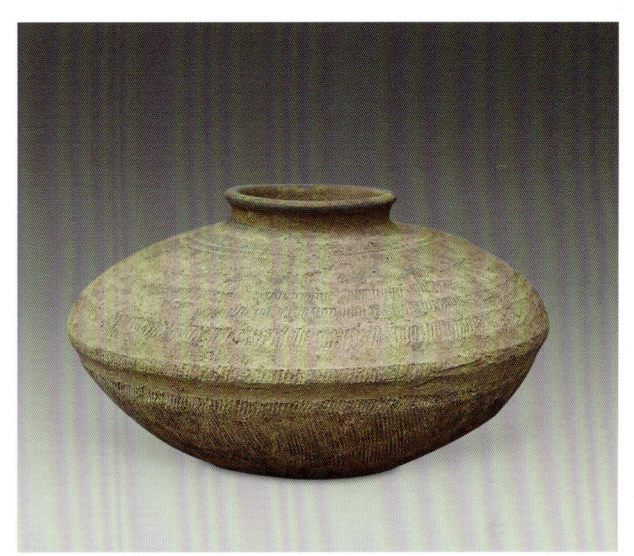

4. 陶罐（2004CWWM3:18）

5. 陶罐（2004CWWM3:22）

6. 陶釜（2004CWWM3:14）

瓦子坪遗址出土陶器

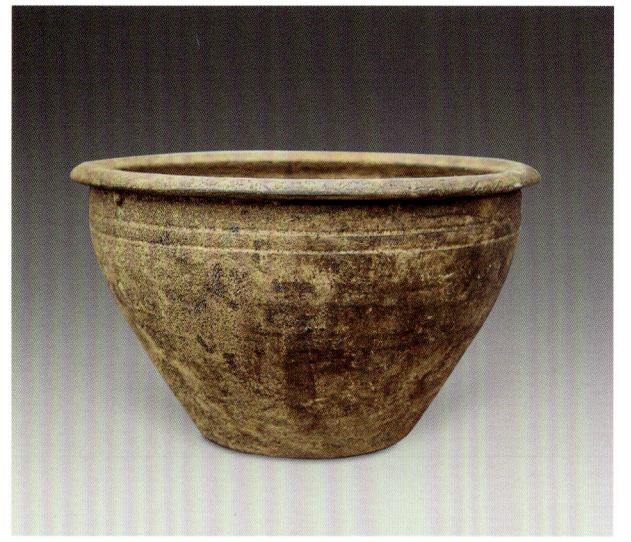

图版三二

1. 陶甗（2004CWWM3∶35）

2. 陶甗（2004CWWM3∶52）

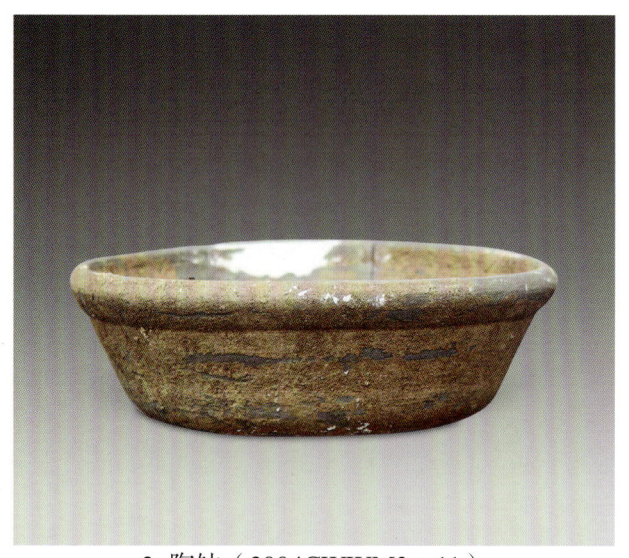

3. 陶钵（2004CWWM3∶11）

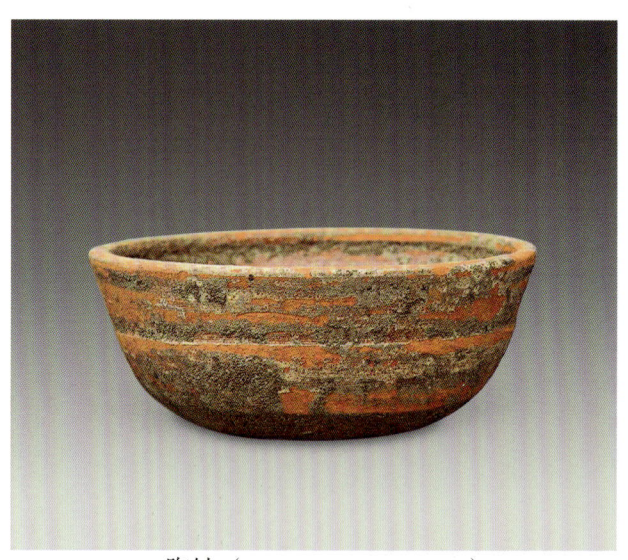

4. 陶钵（2004CWWM3∶25）

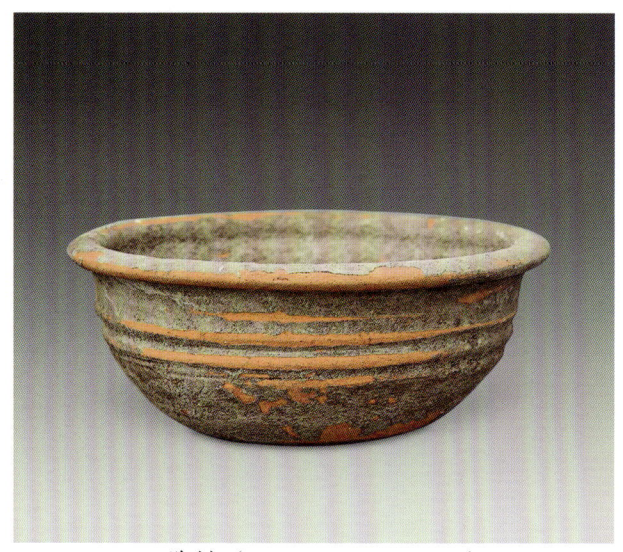

5. 陶钵（2004CWWM3∶54）

6. 陶囷（2004CWWM3∶12）

瓦子坪遗址出土陶器

图版三三

1. 陶熏炉（2004CWWM3∶31）
2. 陶杯（2004CWWM3∶26） 
3. 陶灯（2004CWWM3∶16） 
4. 陶魁（2004CWWM3∶45） 
5. 铜带钩（2004CWWM3∶1） 
6. 铜釜（2004CWWM3∶10） 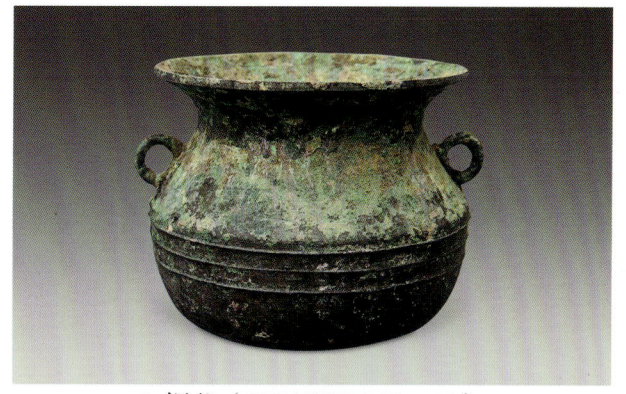
7. 铜盆（2004CWWM3∶39） 
8. 陶鼎（2004CWWM4∶7） 

瓦子坪遗址出土器物

图版三四

1. 陶熏炉（2004CWWM4∶1）
2. 陶罐（2004CWWM4∶2） 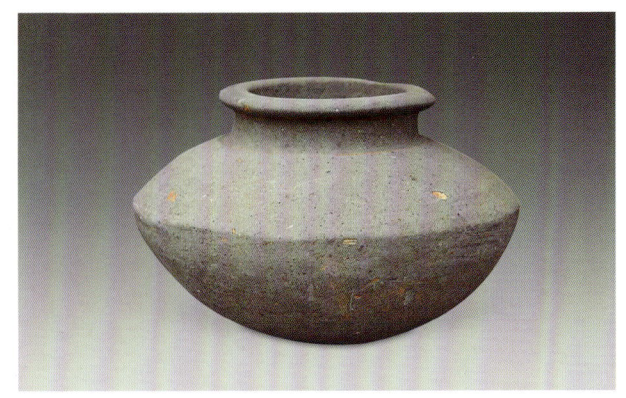
3. 陶罐（2004CWWM4∶6） 
4. 陶甑（2004CWWM4∶14） 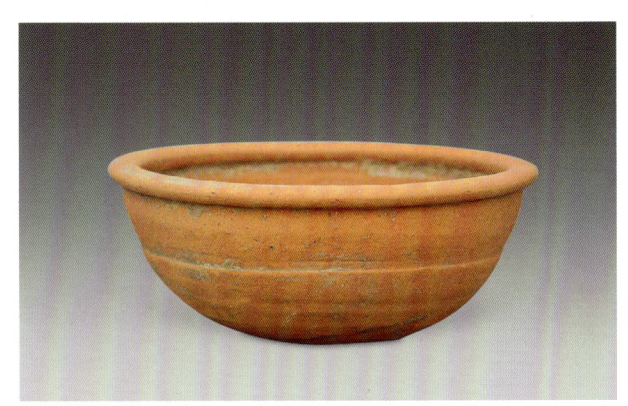
5. 陶魁（2004CWWM4∶8） 
6. 陶钵（2004CWWM4∶9） 
7. 陶灯（2004CWWM4∶17） 
8. 陶杯（2004CWWM4∶19） 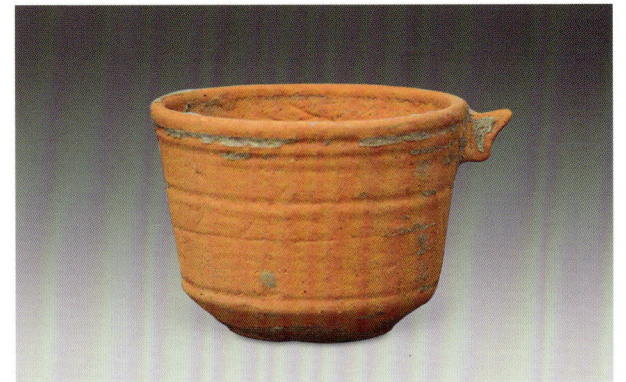

瓦子坪遗址出土陶器

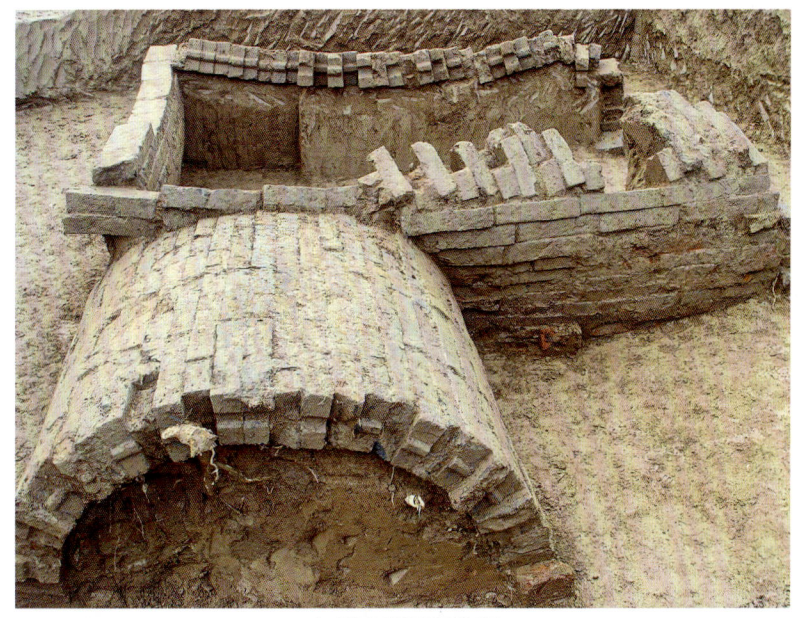

图版三五

1. 2004CWWM5

2. 2004CWWM7

瓦子坪遗址墓葬场景

图版三六

1. 陶罐（2004CWWM5：1）

2. 陶罐（2004CWWM5：3）

3. 陶罐（2004CWWM5：6）

4. 陶杯（2004CWWM5：5）

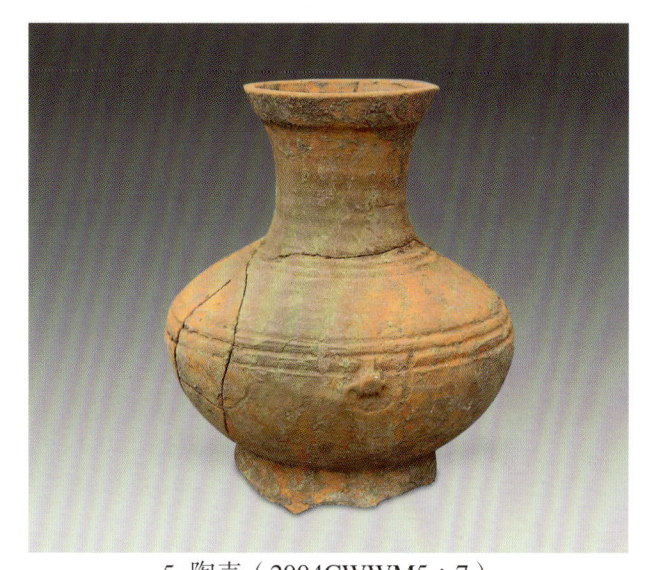

5. 陶壶（2004CWWM5：7）

6. 陶灯（2004CWWM5：9）

瓦子坪遗址出土陶器

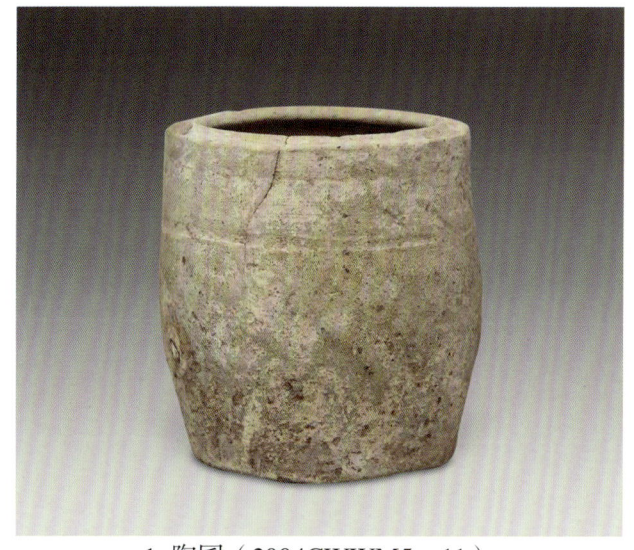

图版三七

1. 陶囷（2004CWWM5：11）

2. 铜釜（2004CWWM5：2）

3. 陶釜（2004CWWM6：4）

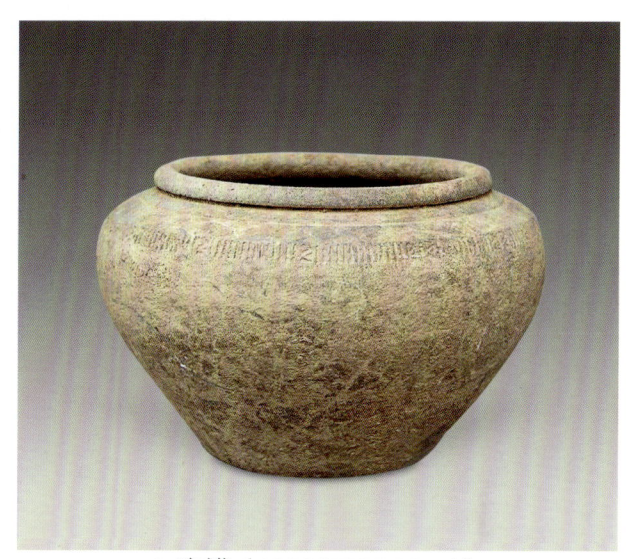

4. 陶罐（2004CWWM6：5）

5. 陶罐（2004CWWM6：3）

6. 铁带钩（2004CWWM6：7）

瓦子坪遗址出土器物

图版三八

1. 铜釜（2004CWWM7：3）

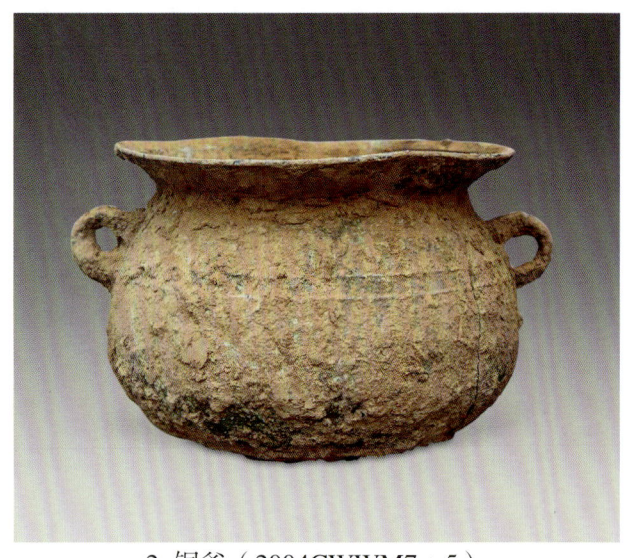

2. 铜釜（2004CWWM7：5）

3. 铜魁（2004CWWM7：17）

4. 铁釜（2004CWWM7：7）

5. 铁支架（2004CWWM7：23）

瓦子坪遗址出土器物

图版三九

1. 陶壶（2004CWWM7：16）

2. 陶壶（2004CWWM7：18）

3. 陶壶（2004CWWM7：35）

4. 陶釜（2004CWWM7：21）

5. 陶甑（2004CWWM7：9）

6. 陶罐（2004CWWM7：20）

瓦子坪遗址出土陶器

图版四〇

1. 陶罐（2004CWWM7：14）
2. 陶罐（2004CWWM7：15） 
3. 陶钵（2004CWWM7：46） 
4. 陶钵（2004CWWM7：62） 
5. 陶钵（2004CWWM7：94） 
6. 陶盂（2004CWWM7：27） 
7. 陶盂（2004CWWM7：58） 
8. 陶盘（2004CWWM7：88） 

瓦子坪遗址出土陶器

图版四一

1. 陶盒（2004CWWM7：38）

2. 陶囷（2004CWWM7：107）

3. 陶鼎（2004CWWM7：39）

4. 陶熏炉（2004CWWM7：31）

5. 陶杯（2004CWWM7：76）

6. 陶魁（2004CWWM7：52）

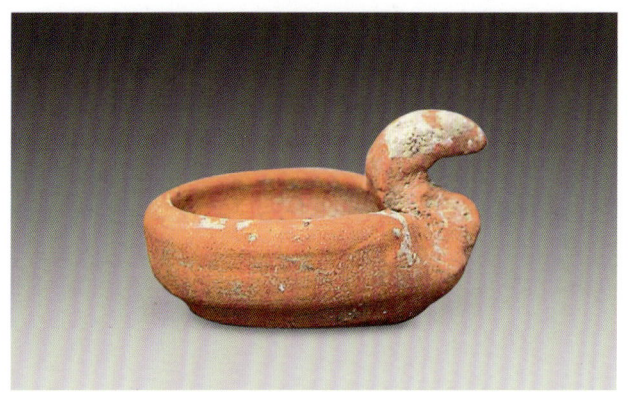

7. 陶魁（2004CWWM7：77）

8. 陶勺（2004CWWM7：56）

瓦子坪遗址出土陶器

图版四二

1. 陶楼（2004CWWM7：37-1、2004CWWM7：37-2）

2. 陶猪（2004CWWM7：83）

3. 琉璃耳珰（2004CWWM7：2-2）

4. 铜枓首（2004CWWM7：2）

瓦子坪遗址出土器物

图版四三

1. 2004CWWM8

2. 2001CWWM8

3. 2002CWWM6

4. 2002CWWM7

瓦子坪遗址墓葬场景

图版四四

1. 陶壶（2004CWWM8：15）

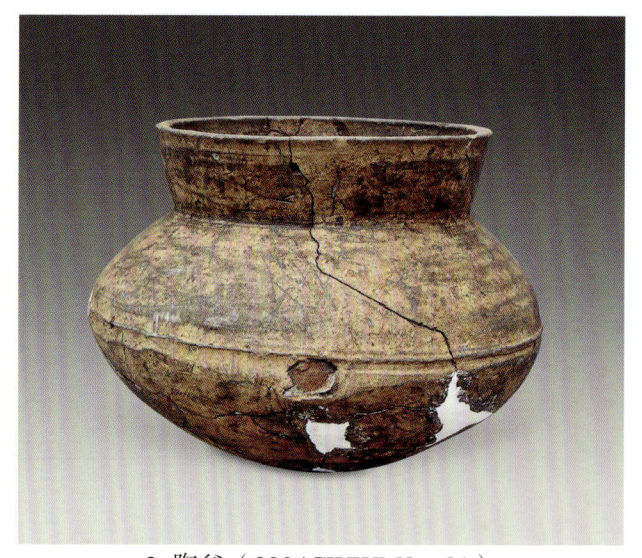

2. 陶釜（2004CWWM8：21）

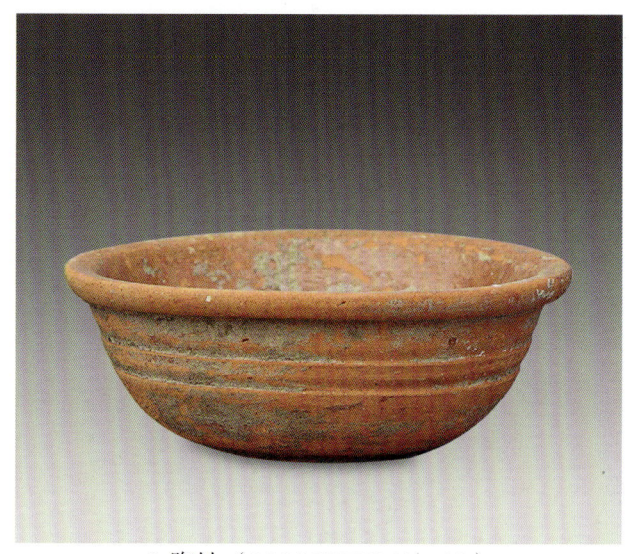

3. 陶釜（2004CWWM8：27）

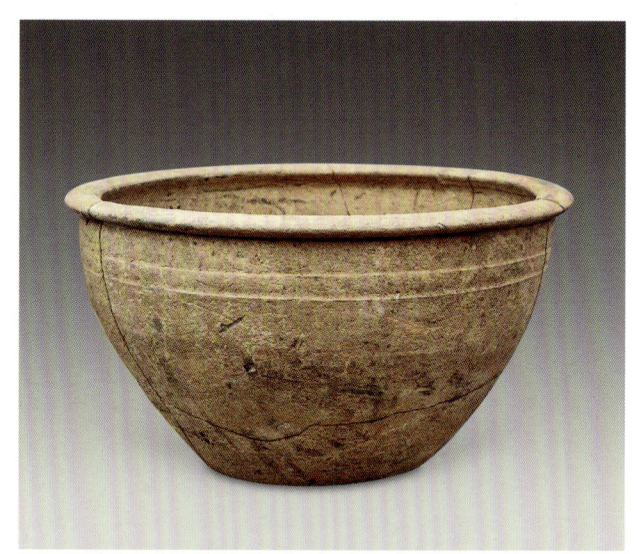

4. 陶甑（2004CWWM8：18）

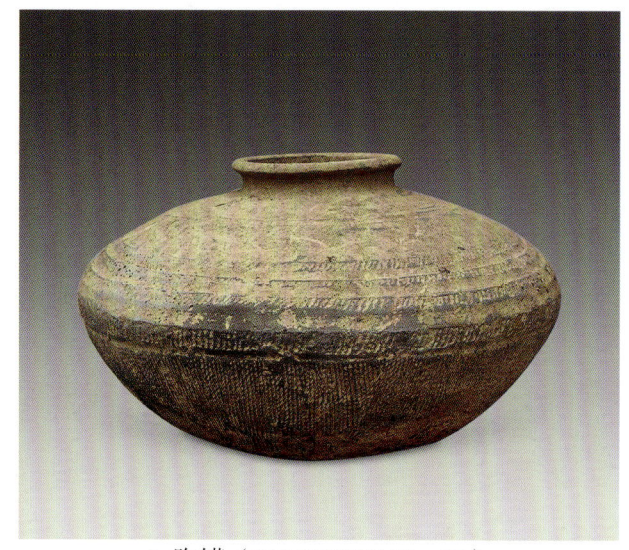

5. 陶罐（2004CWWM8：17）

6. 陶钵（2004CWWM8：20）

瓦子坪遗址出土陶器

图版四五

1. 陶囷（2004CWWM8：34）

2. 陶灯（2004CWWM8：19）

3. 陶熏炉（2004CWWM8：35）

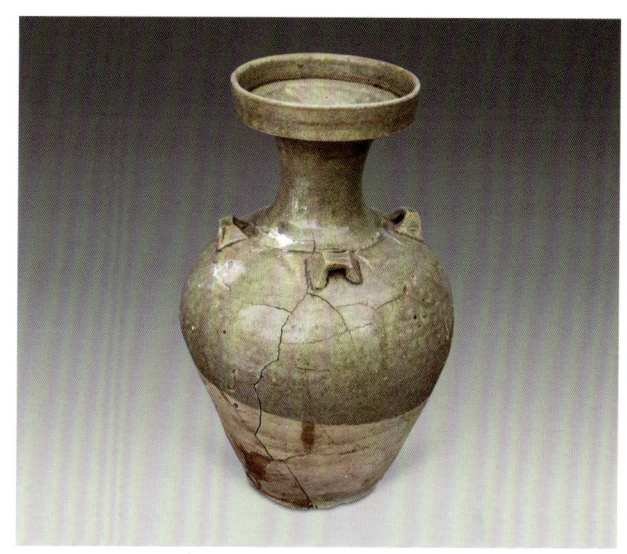

4. 瓷壶（2001CWWM8：7）

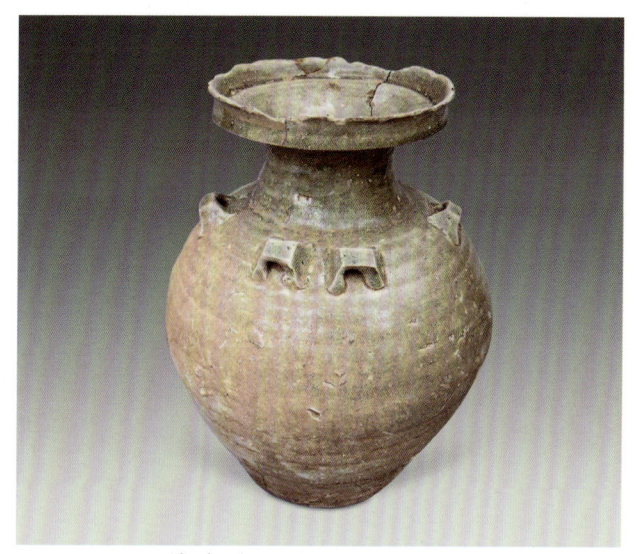

5. 瓷壶（2001CWWM8：18）

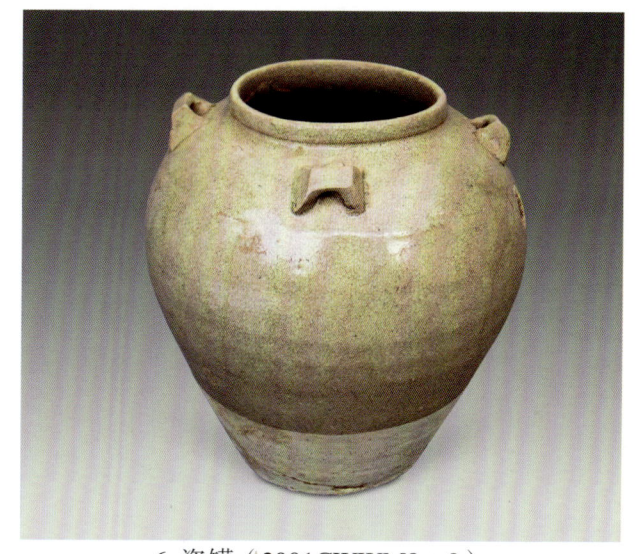

6. 瓷罐（2001CWWM8：8）

瓦子坪遗址出土器物

图版四六

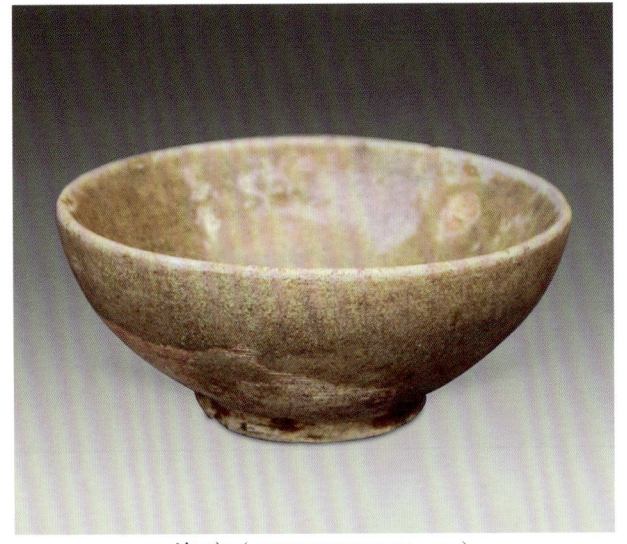

1. 瓷碗（2001CWWM8：3）

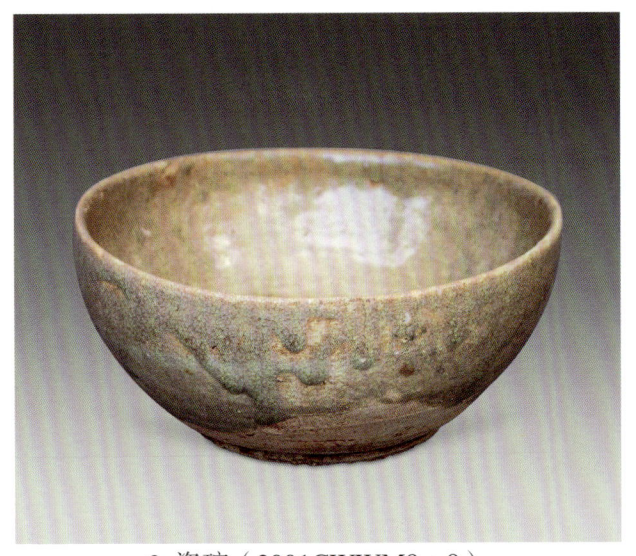

2. 瓷碗（2001CWWM8：9）

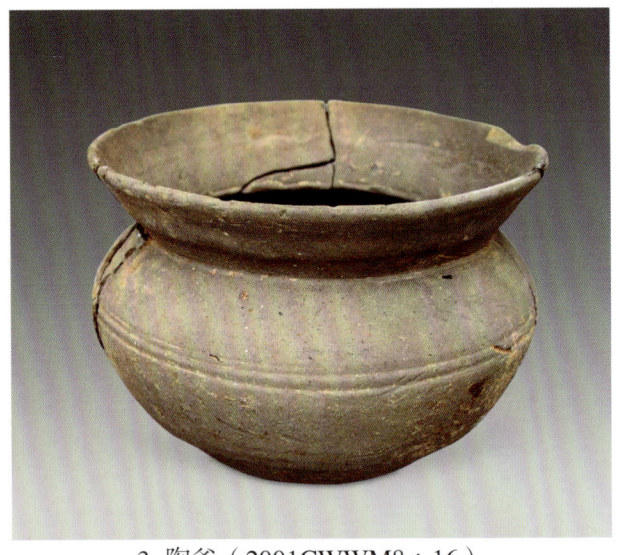

3. 陶釜（2001CWWM8：16）

4. 陶瓿（2001CWWM8：15）

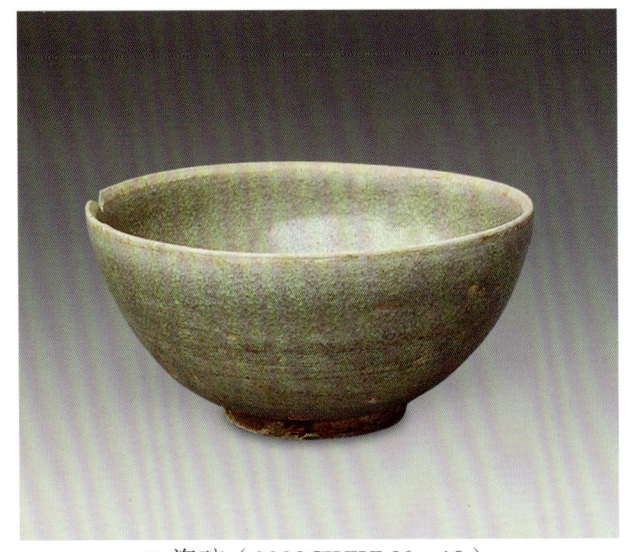

5. 瓷碗（2002CWWM6：10）

6. 瓷碗（2002CWWM6：1）

瓦子坪遗址出土器物

图版四七

1. 瓷罐（2002CWWM6:8）

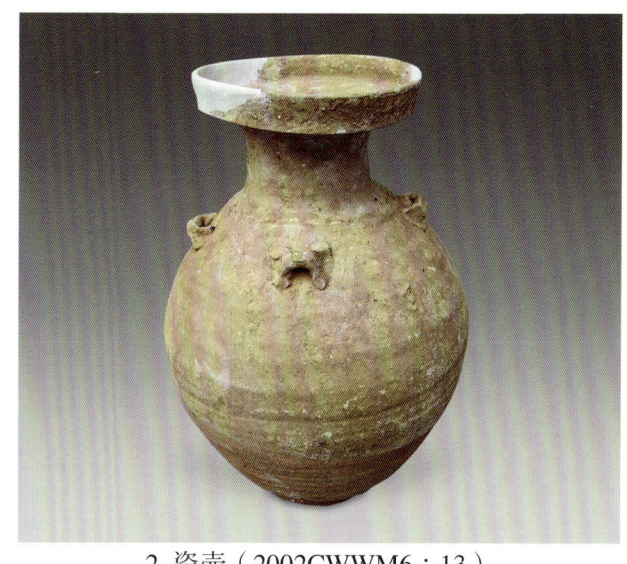

2. 瓷壶（2002CWWM6:13）

3. 瓷壶（2002CWWM7:7）

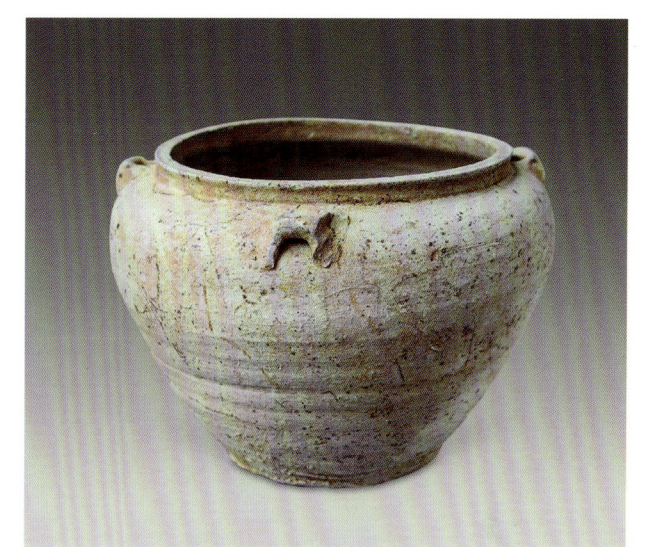

4. 瓷罐（2002CWWM7:16）

5. 陶囷（2002CWWM7:22）

瓦子坪遗址出土器物

图版四八

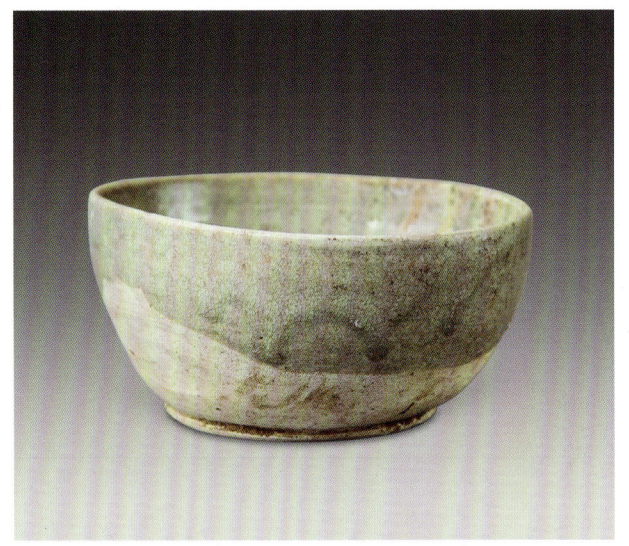

1. 瓷碗（2002CWWM7:1）

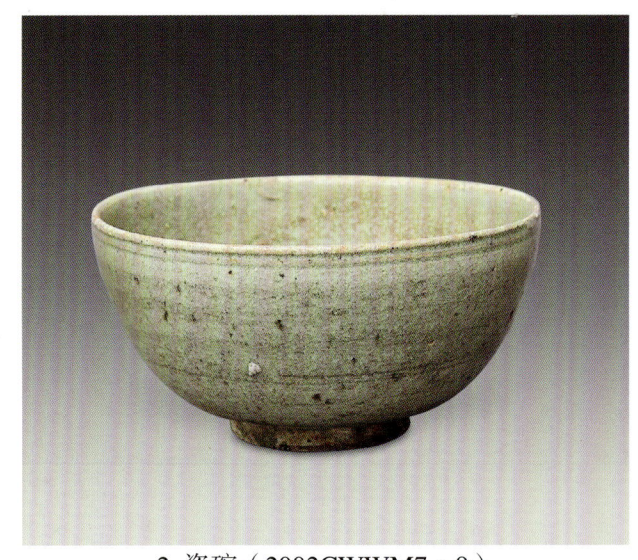

2. 瓷碗（2002CWWM7:9）

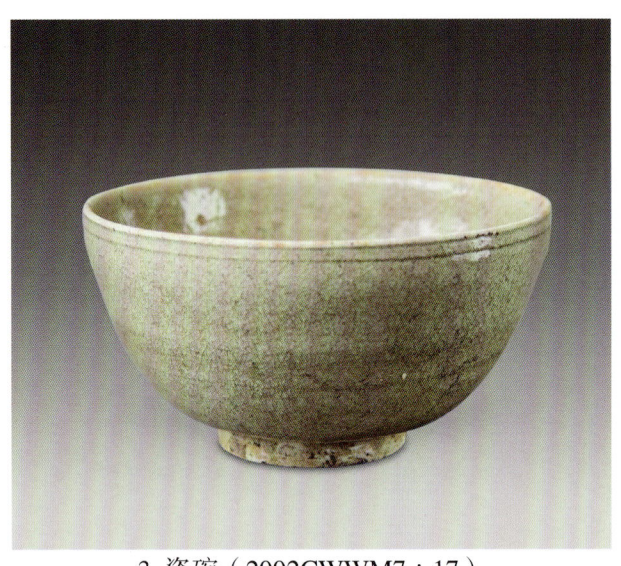

3. 瓷碗（2002CWWM7:17）

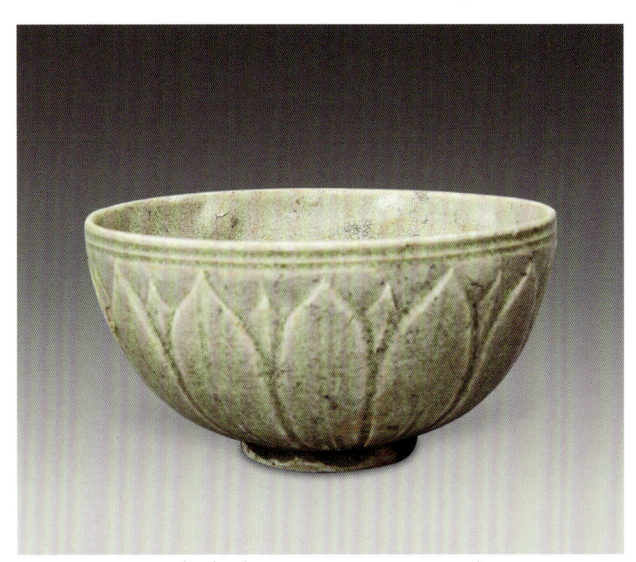

4. 瓷碗（2002CWWM7:19）

5. 瓷盏托（2002CWWM7:15）

6. 茶托组合（2002CWWM7:10～2002CWWM7:15）

瓦子坪遗址出土瓷器

1. 2002CWWM8

2. 2003CWWM4

瓦子坪遗址墓葬场景

图版五〇

1. 2003CWWM5

2. 2003CWWM6

瓦子坪遗址墓葬场景

图版五一

1. 瓷壶（2003CWWM4:3）

2. 瓷罐（2003CWWM4:1）

3. 瓷碗（2003CWWM4:4）

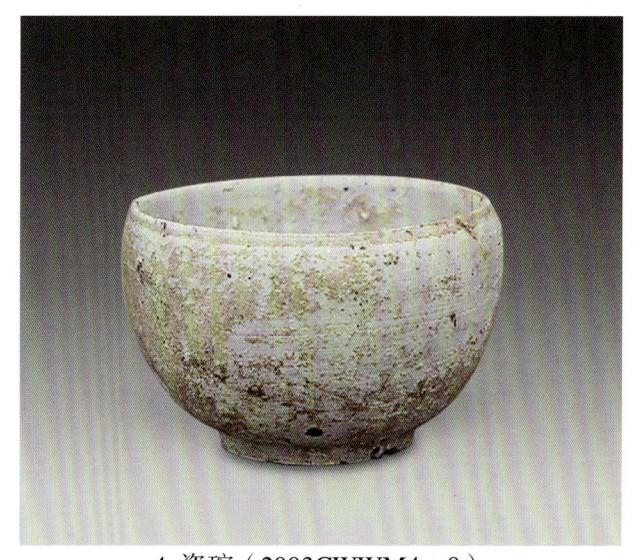

4. 瓷碗（2003CWWM4:9）

5. 瓷鸡首壶（2003CWWM5:27）

6. 瓷盘口壶（2003CWWM5:5）

瓦子坪遗址出土瓷器

图版五二

1. 瓷壶（2003CWWM5：24）

2. 瓷熏炉（2003CWWM5：38）

3. 瓷碗盏（2003CWWM5：14）

4. 瓷龙首碗（2003CWWM5：8）

5. 瓷罐（2003CWWM5：2）

6. 瓷罐（2003CWWM5：9）

瓦子坪遗址出土瓷器

图版五三

1. 瓷碗（2003CWWM5∶33） 　　　2. 陶甑（2003CWWM5∶37）

3. 瓷碗（2003CWWM6∶15） 　　　4. 瓷罐（2003CWWM6∶13）

5. 瓷罐（2003CWWM6∶16） 　　　6. 瓷壶（2003CWWM6∶14）

瓦子坪遗址出土器物

图版五四

1. 陶釜（2003CWWM6:3）

2. 陶盆（2003CWWM6:4）

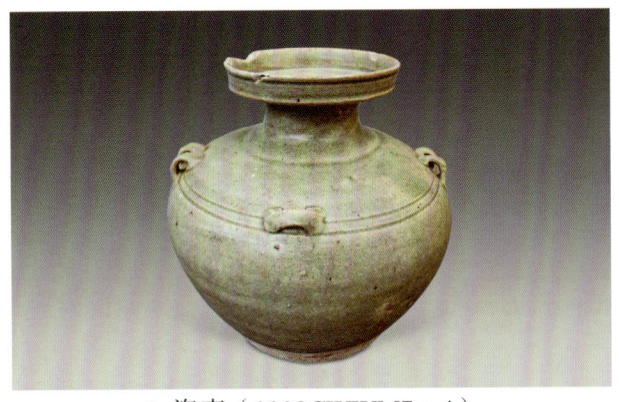

3. 瓷壶（2003CWWM7:4）

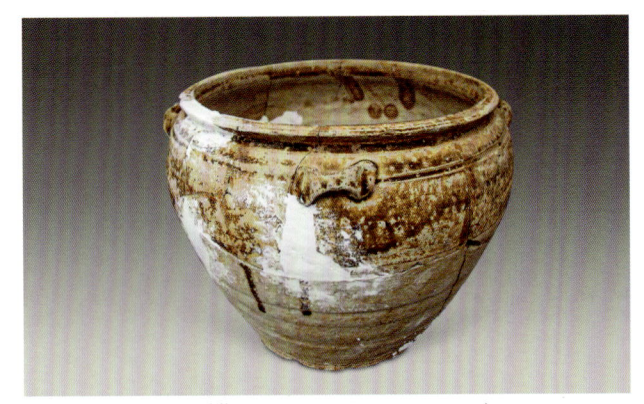

4. 瓷罐（2003CWWM7:13）

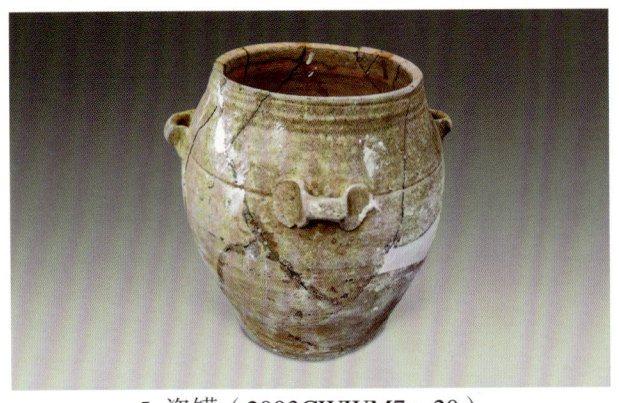

5. 瓷罐（2003CWWM7:20）

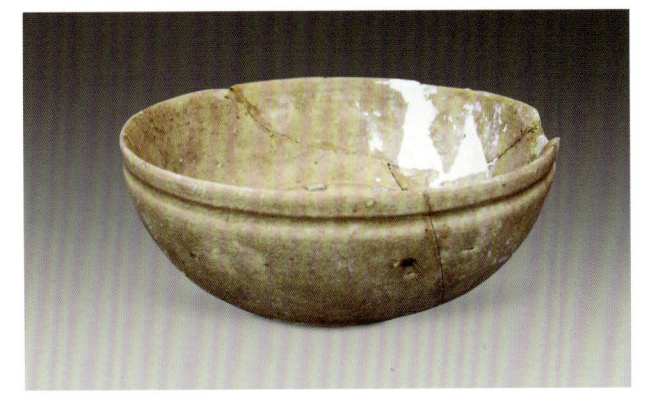

6. 瓷碗（2003CWWM7:21）

7. 石黛板（2003CWWM7:2）

瓦子坪遗址出土器物

图版五五

1. 2003CWWM7 2. 2003CWWM8

瓦子坪遗址墓葬场景

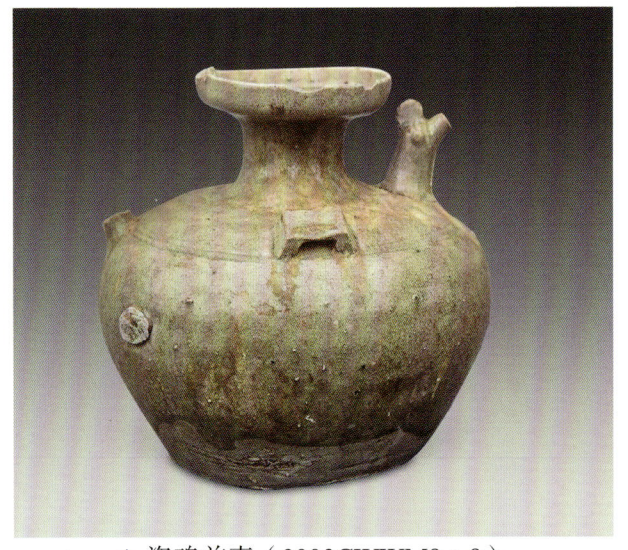

图版五六

1. 瓷鸡首壶（2003CWWM8：8）

2. 瓷盘口壶（2003CWWM8：9）

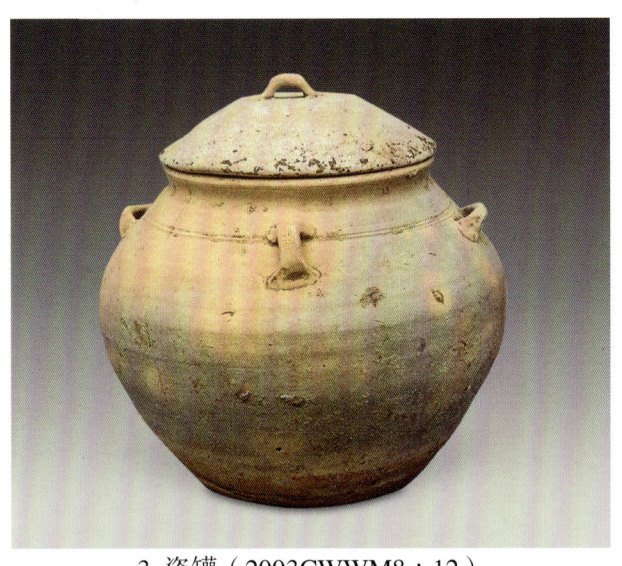

3. 瓷罐（2003CWWM8：12）

4. 瓷罐（2003CWWM8：13）

5. 瓷罐（2003CWWM8：11）

6. 瓷罐（2003CWWM8：35）

瓦子坪遗址出土瓷器

图版五七

1. 瓷碗（2003CWWM8：5）

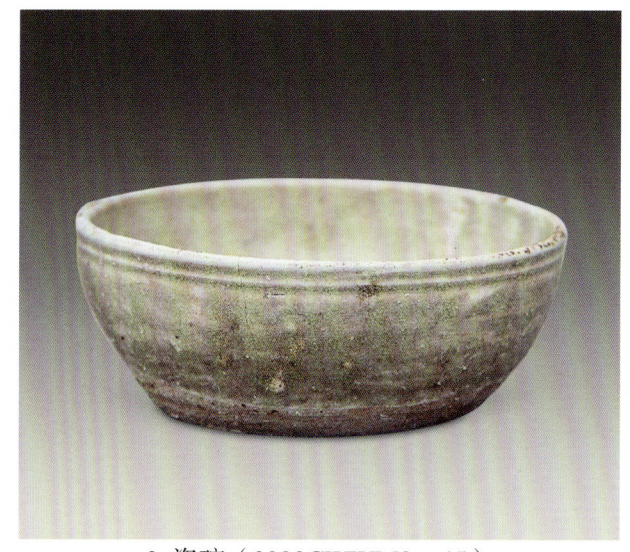

2. 瓷碗（2003CWWM8：45）

3. 瓷碗（2003CWWM8：10）

4. 瓷碗（2003CWWM8：22）

5. 瓷碗（2003CWWM8：26）

瓦子坪遗址出土瓷器

图版五八

1. 银镯（2003CWWM8：50）

2. 银戒指（2003CWWM8：49）

3. 琉璃耳珰（2003CWWM8：51）

4. 料珠（2003CWWM8：4）

瓦子坪遗址出土器物

1. 2004CWWM2

2. 2004CWWM10

3. 2001CWWM3

瓦子坪遗址墓葬场景

图版六〇

1. 2001CWWM5

2. 2001CWWM11

瓦子坪遗址墓葬场景

图版六一

1. 瓷碗（2004CWWM2：14）

2. 瓷碗（2004CWWM2：6）

3. 瓷碗（2004CWWM2：3）

4. 瓷碗（2004CWWM2：19）

5. 瓷罐（2004CWWM2：11）

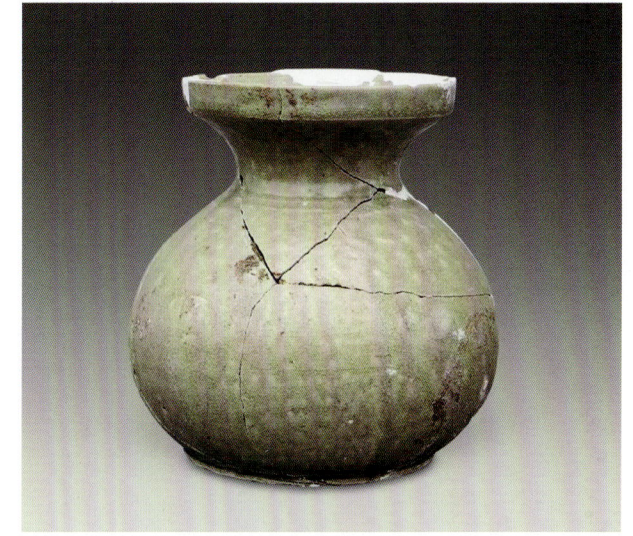

6. 瓷唾壶（2004CWWM2：16）

瓦子坪遗址出土瓷器

图版六二

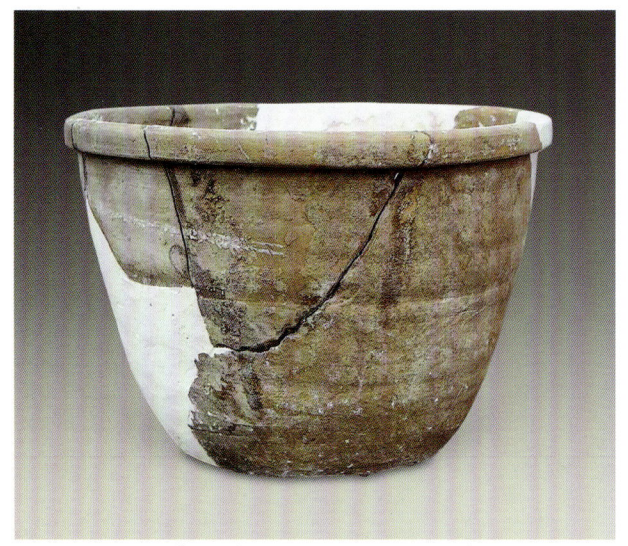

1. 陶甑（2004CWWM2∶15）

2. 五铢钱（2004CWWM2∶1）

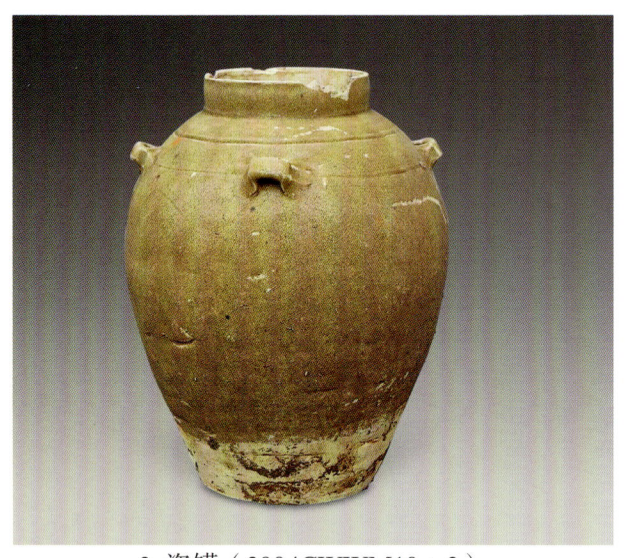

3. 瓷罐（2004CWWM10∶2）

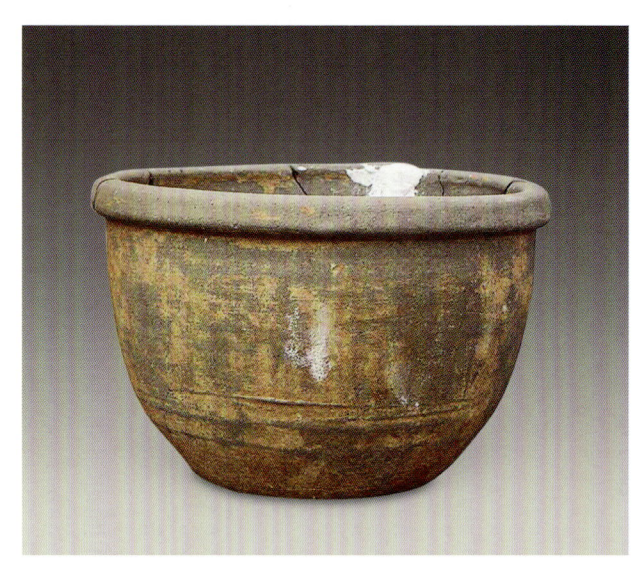

4. 陶盘（2004CWWM10∶3）

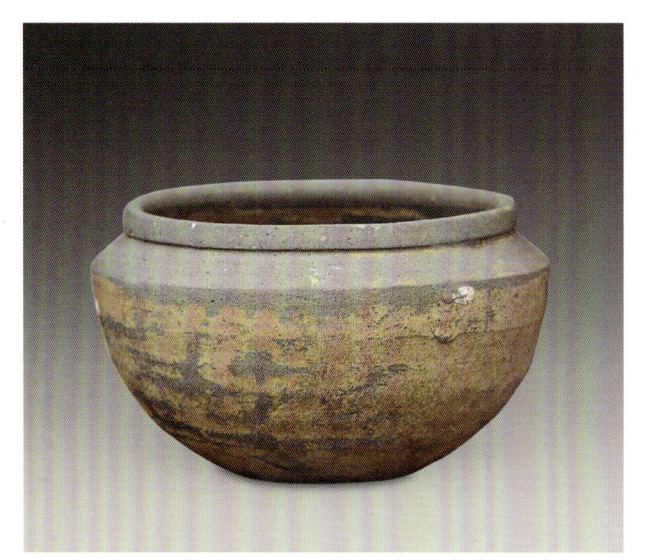

5. 陶困（2004CWWM10∶4）

6. 陶三足砚（2001CWWM3∶4）

瓦子坪遗址出土器物

图版六三

1. 瓷碗（2001CWWM3∶2）

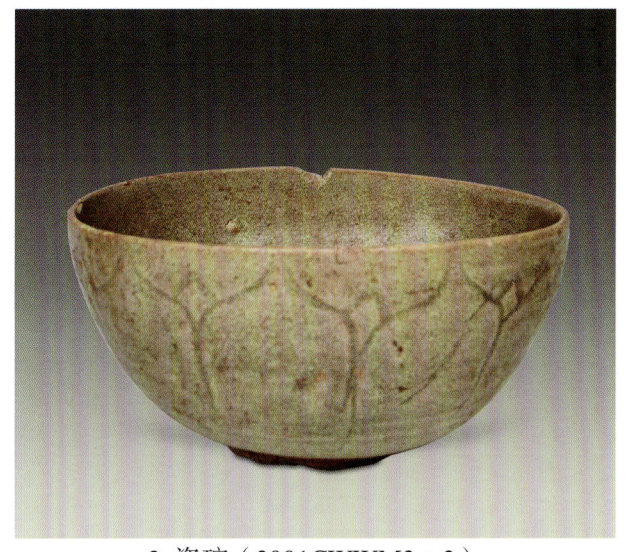

2. 瓷碗（2001CWWM3∶3）

3. 瓷碗（2001CWWM5∶9）

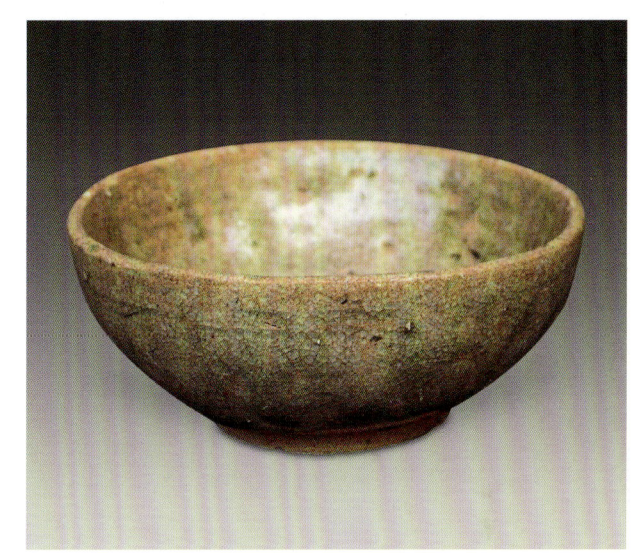

4. 瓷碗（2001CWWM5∶17）

瓦子坪遗址出土瓷器

图版六四

1. 瓷盘（2001CWWM5∶8）

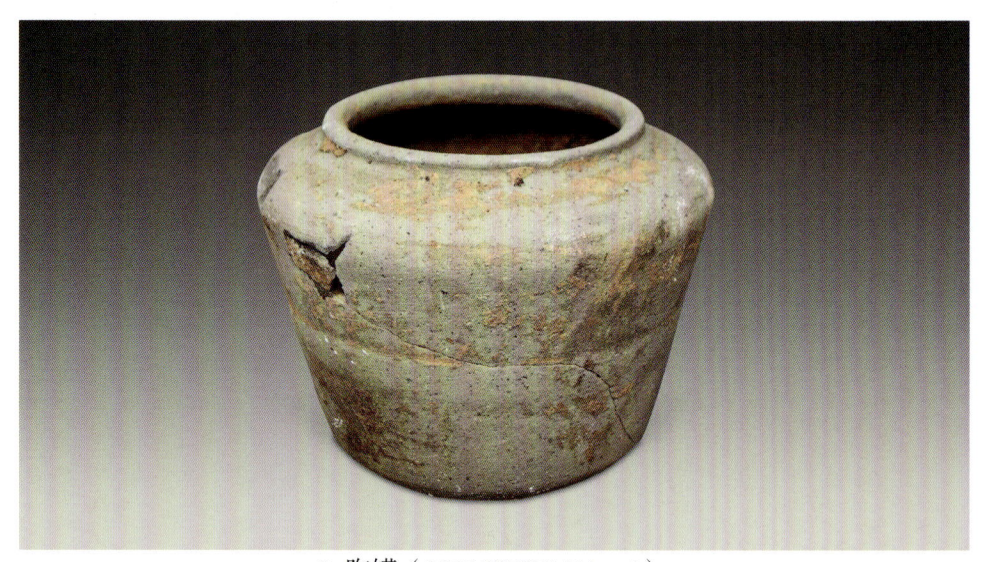

2. 陶罐（2001CWWM11∶4）

3. 陶甑（2001CWWM11∶5）

瓦子坪遗址出土器物

1. 墓砖

2. 墓砖

3. 墓砖

瓦子坪遗址墓葬墓砖

图版六六

1. 工作照

2. 工作照

瓦子坪遗址发掘工作照

图版六七

1. 工作照

2. 工作照

瓦子坪遗址发掘工作照

图版六八

1. 工作照

2. 工作照

瓦子坪遗址发掘工作照

www.sciencep.com
SCPC-BZBDZF18-0018
ISBN 978-7-03-078746-0

定 价：280.00元